凿壁借光

海外汉学论丛

程章灿 著

商务印书馆
创于1897 The Commercial Press

商務印書館（上海）有限公司 出品
The Commercial Press（Shanghai）Co.Ltd

前　言

匡衡是西汉时期的著名学者，后来成为一代名相。据《西京杂记》卷二记载，匡衡自幼好学，经常刻苦攻读，夜以继日。由于家里贫穷，买不起蜡烛，他只好把与邻舍共用的墙壁凿开一个洞，就着隔壁透过来的微弱烛光来读书。这是一段中国古代读书史上有名的励志故事，也是“凿壁偷光”这个成语的由来。本书书名借用其字面，而易“偷”为“借”，用意自然有所不同。

在匡衡“凿壁”故事中，“凿”字显然有凿空、凿通之意，这容易使人联想到西汉那位“凿空西域”的英雄人物张骞。相较而言，匡衡所凿者小，而张骞所凿者大，匡衡所通者近，而张骞所通者远，但是，这两段故事却有着共同的主题：沟通、交流与分享。“西域险阨，本无道路，今凿空而通之也。”“凿”本不易，“通”自更难，所以，“禹凿龙门，通大夏”，“唐蒙、司马相如开路西南夷，凿山通道千余里”，都被视为千秋伟业，载于史册。

匡衡所凿，区区一壁而已，比起大禹、唐蒙、司马相如以及张骞之所凿，当然是小之又小者，但其所偷之光，不仅足以照亮书册，亦足以点亮黑夜之一角，匡衡赖此光以吸收新知，开阔眼界，奠定未来人生的根基，其意义不容小觑。匡衡所凿不过是有形的墙壁而已，在这个现实世界上，实际上有更多无形的墙壁，同样会阻挡光线的穿透，妨碍人与人之间的交流与沟通。不论是时间的距离，还是空间的阻隔，不论是语言文字的障碍，还是思想观念的隔绝，都有可能成为这样的墙壁，在区域与区域之间、人群与人群之间，造成形形色色的壁垒。古代中国人喜欢将书藏于壁间，于是有大名鼎鼎的鲁壁藏书，或者将经典刻于石壁之上，于是有传承至今的石壁九经；典籍之与墙壁本来就有很深的因缘。想象邺架之上，典册累积，危如层城，远而望之，其形正如高墙厚壁。一方面是“他山之石，可以攻错”，另一方面则是“尽信书，则不如无书”，真要道理通透，心智开明，非得跨越书墙、凿破书壁不可。

“凿壁借光”中的“借”字，就是“借石他山”中的那个“借”字，借石求其尖锐，借光求其光明。无论如何，“偷”字毕竟不够光明正大，而且是单方面的，故而不取。“借”字则是双向的，可以有借有还，再借不难。再者说，还原到口语的语境中，“借光”一词也足够通俗，甚至不乏文质彬彬。

读书需要光，这光是多方面的。日常的阅读要有照明光，不管是雪光、月光之类的自然光线，还是烛光、灯光之类的人造光源，都可以，各有优长。创意的阅读要有眼光。眼光从哪里来呢？凿壁相借是其中一途。

本书汇集本人近三十年所发表的有关海外汉学研究的论文，一共二十篇，皆存沟通、交流与分享之意。这些论文大致可以分为三部分。前面七篇侧重从汉学史发展的宏观角度展开，兼及中外文化交流的话题；中间八篇围绕汉学名家的代表著作及其研究特点展开；后面五篇则聚焦汉学论著的评述，兼及其翻译、利用与接受等问题。

上述二十篇文章，长短不等，间有论析，微不足道，唯差堪作为个人三十年来“凿壁借光”之心路历程的记录而已。除此之外，寒斋书箧之中，另有专论英国汉学名家阿瑟·魏理（Arthur Waley）的一组系列论文，以及围绕海外汉学的读书短札数十篇，或已经刊发，或尚为初稿，拟稍后抽暇董理，各为一册，以志读书鸿爪，并就教于学界同好。

程章灿

2021 年 4 月 3 日

目 录

壹
想象异邦与文化利用:"红毛国"与大清朝
——前汉学时代的一次中英接触

一、1743 年前中英之间的非正式接触

真正的汉学研究，在英国是从十九世纪二十年代才起步的。在此以前，英国还没有真正意义上的汉学研究，也就没有真正意义上的汉学家。但是，至少从十七世纪开始，从著名作家、学者到一般民众，很多英国人就对中国充满了兴趣。在他们眼里，遥远的中国是一个神秘而迷人的国度，中国的社会制度、民风习俗乃至地理物产，都对他们有很大的吸引力。范存忠先生曾指出，在英国，十七、十八世纪是写作日记和书信的黄金时代，浏览当年的个人日记和朋友间的来往书信，便可以看出当时人对中国土特产的爱好。① 这里所谓"土特产"，其实包括了各种中国器物，从茶叶、瓷器到家具、

① 范存忠:《中国文化在启蒙时期的英国》，上海外语教育出版社，1991 年，页 79。

丝绸，从各种小玩意儿到园林艺术，无不令英国人喜爱不置。这种爱好实际上就是当时欧洲流行的“中国风”在英国的体现。然而，由于当时的英国与中国之间没有直接的接触，英国人只能通过间接的渠道来收集关于中国的知识，满足其了解中国的渴望。

十八世纪中叶以前，英国人的中国知识大多是从欧洲大陆输入的。其输入的媒介，主要是书籍，包括已经出版的关于中国的游记、报告之类，以及到过中国的人写的书信等。这不仅包括《马可·波罗游记》等最早的欧洲人所作的中国游记，还包括根据从十六世纪后期开始来华的耶稣会士的经历和见闻并汇集有关资料、由耶稣会士自身撰写或由他人编撰而成的关于中国的游记和报道。其中影响最大的首推 1585 年初版于罗马的西班牙人门多萨（J. G. de Mendoza）撰写的《中华大帝国史》。此书初版用西班牙文，但三年之后就有英译本在伦敦出版①，受到英国人的欢迎和重视。其次是十八世纪三十年代出版的杜赫德（Jean-Baptiste du Halde）的《中华帝国通志》（*Description de la Chine*，简称《中国通志》）。杜赫德是巴黎的耶稣会士，他和门多萨一样并没有到过中国，但长期负责编印那些从中国寄回来的耶稣会士的信件。根据这些信件，他编写了《中华帝国通志》，于 1735 年在法国出版。在当时看来，这本书对中华帝国做了相当“全面而权威”的报道，所以，此书面世不久，英国就有了两种英译本，两种译本的译者甚至为了争夺市场而相互攻讦。②

既然没有直接的接触，很多关于中国的知识只是得自道听途说、辗转传闻，那就难免做捕风捉影之谈了。即使在当时的欧洲大陆，人们对于中

① ［西班牙］门多萨著，何高济译：《中华大帝国史》之《中译者前言》，中华书局，1998 年。

② 参看《中国文化在启蒙时期的英国》，页 57—61；又葛桂录：《雾外的远音——英国作家与中国文化》，宁夏人民出版社，2002 年，页 79—93、154—171。

国的知识，也大多处在间接获取的阶段，英国人就更不免人云亦云，甚至矮子观场了。一开始，他们甚至分不清中国与契丹是一个国家还是两个，也不知道元朝的大都汗八里克（Cambaluc）就是北京城。后来，虽然有一些中国经籍被译为西文，但谈到中国的文字与文化，仍多隔靴搔痒之谈，其中不免掺杂了一厢情愿的想象，有的是正面的，有的则是负面的。

正面的评价来自伯顿（Robert Burton）、坦普尔爵士（Sir William Temple）以及大名鼎鼎的约翰逊（Samuel Johnson）博士等人。他们赞扬中国的政府和法制、中国人的道德与智慧，文官晋级制度和御史谏议制度尤其让他们感到新奇和满意。杜赫德的《中华帝国通志》对中国也给予正面评价。在读了这本书之后，约翰逊博士特别写信给一个杂志的编者，表达他对中国人、中国古代文物、中国特有的风俗习惯和美好的政治制度的称赞。[①]显然，这些人有意无意中将中国社会理想化了，虽然我们不排除这种理想化也有某种现实的目的，如借此讽世、声东击西等。

负面的评价可以举十八世纪著名作家、《鲁滨逊漂流记》的作者笛福（Daniel Defoe）为代表。在不太为人所知的《鲁滨逊漂流记》的第二部、第三部中，笛福对中国及中国人提出了严厉的批评，可谓极尽挖苦讽刺之能事。他说中国人贫穷、落后，而且愚蠢；中国的宗教是野蛮人的宗教，滑稽可笑；中国的政治法制、工艺技术等，无一不是乏善可陈；就连中国的万里长城，在他看来也不值一哂。他还在书中讥笑中国人的天文知识、军队的作战能力，乃至诸种生活习俗。[②]笛福对中国及中国

① 参看《中国文化在启蒙时期的英国》，页 11—21、61—63；又《雾外的远音——英国作家与中国文化》，页 79—93、154—171。

② 关于这一问题，陈受颐:《鲁滨孙的中国文化观》(《岭南学报》第 1 卷第 3 期，1930 年 6 月)、陈受颐:《丹尼尔·笛福：中国的严厉批评者》(南开大学《社会经济学报》第 8 卷第 3 期，1935 年 10 月)、《中国文化在启蒙时期的英国》页 45—50、《雾外的远音——英国作家与中国文化》页 94—114 等论著论述较详，请参看。

人的诸多恶评，似乎并没有什么特别理由和目的，也许只是受了道听途说的影响。值得强调的是，《鲁滨逊漂流记》第三部在1720年既已出版，乃在杜赫德之书流行英国之前，那时，英中两国间还未有正式的接触。

笛福大概不知道，在他的书出版之前三十多年，已经有一个叫作沈福宗（Fu-Tsung Shen）的中国南京人到过英国了。在早期西方人关于中国的描述中，南京这座口岸城市备受关注，城南巍峨的报恩寺塔与本地特产鲜艳的云锦，经常出现在西方人的笔下。1687年，已经皈依天主教、教名为米歇尔[①]（Michael）的南京人沈福宗跟随耶稣会士柏应理（Philippe Couplet）来到法国，随后又转往英国，并受到了当时的英国国王詹姆斯二世（King James Ⅱ）的接见。在英国期间，他与牛津大学的东方学者、阿拉伯语和希伯来语教授、波德林图书馆馆员海德（Thomas Hyde）有过通信往来。通过与沈福宗谈话和通信往来，海德获得了一些有关中国语言文字、地理以及围棋游戏等方面的比较可靠的知识。海德还邀请沈福宗帮助他编写牛津大学波德林图书馆的中文藏书目录，这显示了牛津学者对这个中国人的尊重，也说明当时牛津大学图书馆已有若干中文藏书。至今，一般被人称为大英图书馆的英国国家图书馆中还保存着沈福宗与海德之间书信往来和谈话记录的原件。可以说，沈福宗不仅是“历史上第一个访问英国大学的中国人”[②]，而且也是历史上与英国甚至欧洲学者直接接触的最早的中国人。遗憾的是，沈福

① 此据范存忠的译名，韩琦《中国科学技术的西传及其影响》（河北人民出版社，1999年）页48则译作弥格尔。

② 《中国文化在启蒙时期的英国》，页10。此节并参考《中国科学技术的西传及其影响》页47—49，此节内容亦见于韩琦：《17—18世纪欧洲和中国的科学关系——以英国皇家学会和在华耶稣会士的交流为例》第一节《波义耳、海德和南京人沈福宗：英国科学家与中国科学》，载黄时鉴主编：《东西交流论谭》，上海文艺出版社，1998年，页141—166。

宗在英国、在牛津只做短暂的停留，作为过客（visitor），他的身影来去匆匆，不仅没有对笛福产生过什么影响，也没有对英国社会及知识界产生更广泛的影响。

二、安逊舰队事件的两种不同记述

英国与中国之间正式的直接接触，始于十八世纪四十年代。虽然早在1600年，英国东印度公司既已宣告成立；早在1635年，还有一艘英国船只"伦敦号"航行到达中国海岸[①]，但没有与中国官方发生正式接触，从文化交流的意义来说，远行而来的"伦敦号"可以说是无功而返。过了两年，1637年，一艘英国船只到达澳门，与当地守军发生冲突，虽然经过交涉，最终解决了问题，但是这第一次直接的接触[②]，似乎只是一段不愉快的经历，也没有在文化上产生什么影响。此后，又隔了一百多年时间，环球航行的英国安逊舰队，因为一个偶然的原因，再次抵达中国海岸，驶进并停泊在广州虎门附近，广东沿海为之震动。这次震动既是海防意义和军事意义上的，也是文化意义上的：对中英当事双方来说，这是不折不扣的一个"文化震撼"，或称"文化休克"（Cultural Shock）。同时，这次"文化震撼"也暴露出中英双方对对方的诸重隔膜、很多不切实际的想象和猜度，这种对异邦的想象实际上是将他者作为一种文化资源进行有效利用。虽然历史已经过去260多年，但幸运的是，关于这个事件的经过，双方都保留了文字记录，值得后人细细回味。将双方的

① Earl Hampton Pritchard, *Anglo-Chinese Relations During the Seventeenth and Eighteenth Centuries*, Urbana: The University of Illinois, 1930, p.55.

② Austin Coates, *Macao and the British*, Oxford: Oxford University, 1988, p.25.

记述相互对照，不难发现，在自说自话、自以为是的真相之下，埋藏着意味深长的一些历史内涵。

1740 年，英国人乔治·安逊[①]（George Anson）率领他的舰队开始环球航行。1742 年，这支舰队来到中国澳门。当时，英国正与西班牙交战，于是舰队主舰“百总号”（Centurion）开往菲律宾列岛，与西班牙大帆船作战，大胜而归，俘获了五百多名战俘。回航途中遇海上飓风，“百总号”拖着俘获的帆船开进虎门避风，并与当地官员交涉，要求整修船只，补给粮食。那时已到了 1743 年，即清乾隆八年，大清国正处于乾嘉盛世的上升时期。朝廷上下、官吏文士对这件事的反应如何呢？先请看袁枚《小仓山房文集》卷八《记富察中丞四事》：

> 东粤近海南诸夷，中国两戒之守以广州虎门为限。乾隆八年，红毛[②]国伐吕宋，胜之，俘五百人。午，其众顺帆泊虎门，粤东大骇。总督策楞召布政使托公曰：“外夷交攻，扬兵我境，剿之乎？听之乎？于国体奚宜？”公曰：“当使进表称贡，献所俘五百人，请公处分。”策笑，有愠色，喈曰：“君直戏耳！红毛虽夷，非痴人，其肯以万里全胜之师，受驱使耶？君言之，君能之乎？”公曰：“不能，固不敢言。”策愈愠，曰：“君果能，恣君所请。”公笑曰：“无多请也。请饬印知县、杨参将听指挥，六日内复命。”印令者，才而敏；杨参将者，修干伟髯，有将貌者也。策许之。公出，召印令曰：“我欲使汝教红毛国进表称贡，献所俘五百人，请制府处分。”印令惊，如策所云。公曰：“汝直未思耳！红毛伐吕宋，涉大海数千里，粮能足乎？

---

① 或译安森，如［美］史景迁讲演，廖世奇、彭小樵译：《文化类同与文化利用》，北京大学出版社，1997 年，页 69。

② “红毛”本来专指荷兰，英国人初来中国，清初人对荷兰与英国之关系了解模糊，亦称英国为“红毛”，参看龚缨晏：《鸦片战争前中国人对英国人的认识》，载《东西交流论谭》，页 240。

船漂浪击风必损坏，不于此修篷橹，其能归乎？此如婴儿寄食于人，小加裁禁，立可饿杀，何说之不能从？制军易吾言，不问，吾故未以此意晓之。"印令大喜，奋曰："如公言，足以办矣！"与参将杨领百人，短后衣，持弹，据狮子洋而营焉。密令米商闭户遏粜。红毛人来探，告之曰："中国无他意，虑奸民欺汝外夷，以行滥物诱汝钱，故来相护耳。"红毛人不解意去，然望其炊烟，渐缕缕稀矣。居亡何，红毛总兵求见，坐定未言，印令呵之曰："中国久以虎门为限，条禁森严。汝两国交哄，不偃旗疾过，乃扬兵于此，大悖。我制府性暴，好用兵，我等未敢遽白。所以守此者，欲断汝粮，饿死汝，然后白制军。"红毛总兵意大沮，目参将；参将禁声，须髯怒张，叱嗟而已。总兵愈恐，伏地请曰："诚然粮尽，然终非有心犯天朝也。公幸赦之，且教之。"令微露其意，红毛人泣曰："若然，诚天幸也。请代申此言。"令曰："不可。吾为汝告方伯大人，方伯大人为汝告制军，阶级尚多，通达尚难。汝一旦失信，则我等先为汝获罪，故不敢也。"曰："红毛自具牒申请何如？"令为不得已而强应曰："可。"红毛人抱弩负韊，手加额，匍伏进表，贡所俘五百人，乞制府处分。策公大悦，竟以五百人仍还吕宋，而赏赐红毛，听其还国。[①]

在这段故事中，最终的胜利者无疑是"天朝上国"。故事的前台主角是印令，而幕后的英雄则非布政使托公莫属。托公即"富察中丞"："讳庸，字师健，满洲富察氏。"袁枚此文记叙富察氏生平四事，并不按照编年的顺序，发生在乾隆八年（1743）的富察妙计屈红毛一事，排在乾隆七年（1742）和乾隆四年（1739）发生的另外两件事之前。很显然，在袁枚眼里，智屈红毛是富察生平事迹中最为光辉的一笔，值得大书特

① 〔清〕袁枚：《小仓山房文集》卷八《记富察中丞四事》，《袁枚全集》第2册，江苏古籍出版社，1993年，页154—155。少数几处标点有调整。

书，置于突出地位加以表彰。《袁枚全集》中不止一次写到此事，看来他不仅对此事甚为了解，也颇为津津乐道，如《小仓山房（续）文集》卷三四即有《庆远府知府印公传》。此传传主“印公”，即前文提到的“印令”“印知县”，名光任，字黼昌，时任东莞县令：

> 东莞临大海，两戒之守，以虎门为限。癸亥六月，海大风，有二巨舶进虎门，泊狮子洋，卷发狰狞，兵械森列，莞城大震。制府策公楞欲兴兵弹压，布政使富察托公庸笑曰：“无须也，但委印令料理，抵精兵十万矣。”公白制府曰：“彼夷酋也，见中国兵兴，恐激生他变，某愿往说降之。”即乘小舟，从译者一人，登舟诘问；方知嘆夷与吕宋仇杀，俘其人五百以归，遇风飘入内地，篷碎粮绝，下碇修船。五百人者，向公呼号乞命。公知嘆酋将有乞粮之请，而修船必需内地工匠，略捉搦之可制其死命。乃归告制府及托公，先遏籴以饥之，再匿船匠以难之。嘆酋果不得已，命其头目叩关求见。公直晓之曰：“天朝柔远，一视同仁。恶人争斗。汝能献所俘五百人，听中国处分，则米禁立开，当唤造船者替修篷桅，送汝归国。”嘆酋初意迟疑，既而商之群酋，无可奈何，伏地唯唯。所俘五百人焚香欢呼，其声殷天。制府命交还吕宋，而一面奏闻。天子大悦，以为驭远人深得大体，即命海门添设同知一员，而迁公驻扎焉。①

与上一段故事略有不同的是，在这段记载中，印光任的重要性明显上升，他是自始至终的主角，即使计谋也不完全出自托庸。文中特别强调“天朝柔远，一视同仁。恶人争斗”的原则，特别强调乾隆皇帝“驭

① 〔清〕袁枚：《小仓山房（续）文集》卷三四《庆远府知府印公传》，《袁枚全集》第2册，页628。按：此传亦见录于印光任、张汝霖纂《澳门记略》卷首，题为《广西太平府知府印公传》，与《香山县志列传》并列；龚缨晏《鸦片战争前中国人对英国人的认识》称引此传，以为出自《香山县志》（《东西交流论谭》，页250），误。

远人深得大体"的褒奖，其总体精神是办理中外交涉时要特别注意政治伦理，而几乎不要考虑经济利益，至于对方是否能够理解"天朝上国"的这种政治伦理，则往往是次要的问题。

据袁枚在《庆远府知府印公传》中自述，此文乃应印氏孙之请而作，时在《记富察中丞四事》之后三十年。显然，这两篇文章的故事来源不尽相同；经过岁月的淘洗，故事本身也不免产生一些变化；同时，为了符合文章题旨，袁枚也有可能"量体裁衣"，对叙述重点做相应调整。这种种原因使得同一个人记同一件事的两段文字有所出入。为了探讨事情的真正经过，我们必须参考当事人的叙述。请看印光任、张汝霖合纂《澳门记略》上卷：

> 先是，红夷英吉利者，频年与吕宋搆衅外洋。（乾隆）八年六月，吕宋兵败，红夷将归献俘，被飓飘，二戈船入狮子洋。红夷素剽贼，明时屡入粤求市，恃其巨炮，发之可洞裂石城，震数十里，即世所传红夷炮者。时远迩惊诧。大府疏劾虎门守将王璋。光任以东莞令奉檄往勘，至则诸夷以饥乏乞济。其酋安心意殊狡黠，光任反覆开陈大义，安心悟，释吕宋俘，由澳门伺便还国，凡二百九十有九人。然后为之给廪饩，葺帆樯，严周防，至九月风便乃去。策公楞既以上闻，复念惟惩可以毖后患也，因上改设海防同知议，请即以授光任。①

这一段完全出于印光任自述的口吻，可见是印光任所撰。袁枚所作传中说印光任带一位译者前去交涉，印光任这一段自述中提到"酋首"的名字叫安心，即安逊，显然即是通过译者而得知的。这是已知的唯一关于安逊名字的最早的中文记录。另外值得注意的是，这里提到吕宋战俘只有"二百九十有九人"，而不是五百人，既然出自印光任本人所记，

① 《笔记小说大观》第30册，江苏广陵古籍刻印社，1984年，页134。

我们认为这个数字是比较可信的。那么，袁枚的两篇传记都不约而同地夸大了战俘数字，这可能是托氏和印氏后人向袁枚转述故事时所加的添饰，换句话说，后人在理解这件事时已经添加了他们对“天朝”声威远被的理解和想象。《澳门记略》卷首附《香山县志列传》之《印公传》，所记颇为简略，但俘酋的数量不减反增，变成了“五百余人”：“任时莅东莞，上宪檄委盘诘，任航海，反覆谕以王章，诸彝畏服，将所掳俘酋五百余人送出，委员交澳夷递回本国，数百生灵，借以全活。”“反覆谕以王章”，表明“天朝”对蛮夷的诚恳，也显示此事操作的难度；“诸彝畏服”，则大张“天朝”的声威；“数百生灵，借以全活”则宣扬了“天朝”泽及外蕃的大仁大德。从“二百九十有九人”到“五百人”或“五百余人”，数字的增加意味着天朝国威的放大。当袁枚和方志作者将其结撰成文时，这种对自身和他者的想象性的理解就附着在已然变形的事实中，并通过文字而固定下来，流传开来。

兼听则明，我们当然不能满足于清人的一面之词。让我们再来看另一方的说法。

1744 年，安逊回到英国后，就向英国海军部做了报告。他声称中国总督（Vice-King）“接见了他，很客气，很讲礼貌，并满足了他的所有要求”[①]。奇怪的是，安逊这个说法不仅与他部下的观感大相径庭，也与他本人在 1748 年出版的广为流传的《世界旅行记》中的有关记述颇相矛盾。他的部下中有四个人发表了航行记，其中描述比较详细、流传也比较广的是 1748 年出版的理查德·华尔德（Richard Walter）的航行记（*Voyage Round the World*, 1748）。“他谈到澳门交涉时，着重描绘港

① *London Gazette*, June 16, 1744，转引自 Arthur Waley, Anson's Dealing with the Chinese at Canton, in his *Yuan Mei: Eighteenth Century Chinese Poet*, London: George Allen and Unwin Ltd., 1956, p.208。

口官员的拖拉作风，并由此而恶意攻击中国与中国人。例如说，中国的美术工艺极其生硬，中国的语言文字极其笨拙，中国的政府极其软弱而其官员极其贪婪。至于他们人与人之间的关系，装腔作势，好象煞有介事，其实完全是表面文章，一点也不可靠。中国人的性格呢，作者说了不少话之后，说是可用一个字来概括，叫做'感觉迟钝'或'麻木不仁'(insensibility)，他们对待"百总号"就采取了这种态度。"[①] 安逊在旅行记中对中国也颇多攻讦之词。他说不仅中国人而且中国官吏也不诚实，中国人对吃一窍不通，中国人的生活混乱不堪，中国的书写文字根本上不存在，因为连中国人都不懂他们的书写语言，等等。[②] 一开始说中国人对他们礼敬有加，并满足他的所有要求，后来则说中国人对他们很不友好，在这些矛盾言辞的背后是一种矛盾的心态。从安逊的角度来说，他不仅要维护自己与舰队的面子，甚至还要维护大英帝国的面子。在这场交涉中，"百总号"无疑被当作大英帝国的代表或象征。按照中文文献的记载，应该说，广东地方当局对他并不客气，总督更没有接见过他。他有意无意间夸大自己受到的接待规格，称赞中国人的客气、礼貌，在维护面子和尊严之余，大概也是为了提升这次航行的成就感吧。难怪当时有人称赞安逊船长"迫使整个中华帝国对英国国旗表示尊敬，这是一件莫大的快事"[③]。至于华尔德，则在此事发生以前早已先期离开"百总号"回国[④]，他的叙述根据何在我们不得而知，大概不免掺杂道听途说以及自己的想象吧。

---

① 《中国文化在启蒙时期的英国》，页 51。

② 转引自《文化类同与文化利用》，页 69—72。

③ 《环球杂志》第 3 卷（1748 年 12 月），页 325，转引自《中国文化在启蒙时期的英国》，页 56。

④ Arthur Waley, Anson's Dealing with the Chinese at Canton, in his *Yuan Mei: Eighteenth Century Chinese Poet*, p.208.

三、想象异邦与文化利用

对于中国来说，安逊及其船队只是一个匆匆过客而已，他们所发表的观感与游记自然不可避免地近乎短期游客常有的那种走马观花、浮光掠影，甚至捕风捉影的主观印象式批评。短时间的一次接触，接触的对象除了印光任等少数官吏外，大多数则限于当地社会地位较低的水手、百工、商人等，凭这一点有限的资讯就来判断一个民族的性格及其文化特点，当然是十分片面而且危险的。美术工艺是否生硬，语言文字是否笨拙，以至文字是否存在，都不是短期停留者所能判断的。虎门当局故意拖延，其实正是整个计谋的核心，通过拖延造成压力以逼迫"红毛"就范。但安逊、华尔德等人误读这一行为，并产生了中国政府软弱、官员贪婪、见死不救、麻木不仁等想法。其实，虎门当局一点都不贪婪；相反，倒是慷慨大方的，他们最终将吕宋战俘经由澳门送回国，并没有索要一分一厘。在整个交涉过程中，抽象的"义"一直被高悬于具体的"利"之上，从这一点上说，交涉过程可以看作是对安逊事件的文化利用。中国人很乐意以"义释战俘"这件事，解释"天朝"的仁义慈悲泽被四海。"红毛人"的"愈恐""伏地""唯唯"等，明显带有文学夸饰[①]，恰更足以宣示"天朝上国"不仅善于用计用智，而且在维护大国的骄傲和尊严的同时，也表现了对蛮夷足够的慷慨和宽容。"天朝柔远，一视同仁。恶人争斗"，这是一副居高临下的态度，言辞中体现了一种道德与智慧的优越感，以及由这种优越感中获得的自我陶醉和自我满足。对中

---

① 正如魏理所指出的（*Yuan Mei: Eighteenth Century Chinese Poet*, p.208），最明显的一个与事实不符的文学夸饰是描写"红毛人抱弩负韊，手加额"云云。

国人来说，此事不仅关乎面子问题，而且攸关更大的面子，攸关“天朝”的面子，攸关中国的面子。

二百多年后，当英国著名汉学家魏理通过比较双方记述重新审视这段历史的时候，他清楚地看出了双方叙述中的想象与夸饰。他认为，袁枚的记述不能视为信史，而更像是一则轶事，或者是一幕中国戏剧中的场景。[①] 不过，袁枚的记述也澄清了英国人出于想象揣度的两个误解：首先，在安逊离开中国以前，策楞总督并没有向朝廷报告此事；其所以对安逊的请求迟迟不做答复，并不像英国人所想象的那样是在等候来自京城的指示，而只是故意拖延，给英国人一些压力，迫使他们乖乖地交出西班牙俘虏，“进表称贡”，以此作为向“天朝”俯首的表示。其次，总督最终让安逊一行安然无恙地离开，并不是因为安逊舰长勇敢无比，也不是因为他的手下帮助中国人灭火有功，而只是因为中国方面认为安逊已经贡献了五百多名俘虏，足够体现对“天朝上国”的敬意，从信义的角度，应该让他离开。从英国方面来说，这几百名战俘足以成为“百总号”远航归途的累赘，及时妥善地摆脱这一负担，显然符合安逊船队的实际利益。这样，一方从利的角度考虑，另一方则以义为出发点，相互误读对方，歪打正着，殊途同归，达成了一致目标。实际上，彼此对对方的用意并没有真正读懂，因此，事后的叙述就不免自说自话，掺入创作或成为充满想象和夸饰的游记。史景迁（Jonathan Spence）甚至称安逊是“一个彻头彻尾的幻想家”，评他的旅行记是一部“虚幻、荒诞和真实混杂”的作品。[②] 饶有意味的是，我们可以像弗洛伊德精神分析学一样，透

---

① Arthur Waley, Anson's Dealing with the Chinese at Canton, in his *Yuan Mei: Eighteenth Century Chinese Poet*, pp.205–209。按：此文中间主体部分为袁枚《记富察中丞四事》自“乾隆八年”至“听其还国”的英译，首尾则是对此事双方记叙的评述。

② 转引自《文化类同与文化利用》，页 72。

过这些梦幻式的想象、自言自语，乃至臆想和臆语，剥离出隐藏于深层的“文化潜意识”。

正如史景迁所指出的，“十八世纪可以说是欧洲历史上最倾慕中国的时期”[①]。在中英双方彼此接触了解的历史过程中，十八世纪中叶更是一个关键时期。安逊船队到达虎门事件在中英两国都产生了颇大影响，以此为标志，中英正式开始了文化上的直接接触，由遥遥相望到直接对话。在此之前，关于中国的一厢情愿的理想图像已经在英国受到挑战，在此之后，伴随着一系列更为猛烈的冲击，这一理想图像渐次瓦解，但是英国和整个欧洲对中国的好奇和兴趣却方兴未艾。在某种程度上，当时英国和欧洲社会对中国的强烈好奇和兴趣，也可能影响安逊及其船员，使其混合自己的主观想象，以奇谈夸饰式的畅销书笔法来构撰其旅行记。这当然也是对中国题材的文化利用。英国前汉学时代这些对中国的想象和猜度，连同其对中国的偏颇、肤浅以及模糊印象的言说，构成了十九世纪英国汉学发展成长的一个文化基础和背景。

（原载《南京审计学院学报》2004 年第 1 期）

① 转引自《文化类同与文化利用》，页 57。

贰

《望厦条约》前一个美国人的中国文化知识*

——读亨特《旧中国杂记》和《广州“番鬼”录》

在1844年中美《望厦条约》签订以前，已有相当数量的美国人来华经商或传教。从时间上来看，亨特（William C. Hunter）不是其中最早的一个[①]，但是，就所拥有的中国文化知识而言，他可能是当时美国人中最渊博的一个。他的初版于十九世纪八十年代的两本书，《旧中国杂记》（*Bits of Old China*）和《广州“番鬼”录》（*The "Fan Kawe" at Canton*），

* 本文是笔者主持的课题“American Images of China: Knowledge and Media (1784–1844)”的一部分。本课题的研究得到美国费城图书公司（The Library Company of Philadelphia）、美国宾州历史学会（The Historical Society of Pennsylvania）、芭拉国际基金会（Barra Foundation International）、美国宾州大学科学史和科学社会学系（The Department of History and Sociology of Science, University of Pennsylvania）的资助和支持，谨此致谢。

① 最早来华的美国商船是1784年的“中国皇后”号。参看齐文颖:《关于“中国皇后”号来华问题》，载《中美关系史论文集》第1辑，重庆出版社，1985年。

根据其在华的亲身经历和见闻，描述了当时“外商在广州口岸活动的情形”以及“中国方面的情形”（陈胜粦，《旧中国杂记·中译本序言》），不仅对于研究近代中外关系史和广州地方史具有重要的史料价值，而且对于研究早期中美文化关系、研究中美《望厦条约》前美国人的中国观，也具有不可替代的重要意义。

亨特书中对在华“番鬼”生活的描述，尤其是对中国政治、经济、文化、宗教、日常生活等各方面的描述，在当时西方一般读者看来，光怪陆离，充满了遥远东方古国的异国情调，散发着不同寻常的吸引力。对于有兴趣了解中国或有意在华从事贸易、传教等活动的人，他的书更提供了相当广泛而实用的关于中国文化的知识。因此，这两部书出版以后，很受欢迎，“几年后，即已售完”。1911 年，W. C. 亨特之子 A. C. 亨特委托凯利・沃尔什印刷公司（Kelly and Walsh Ltd.）刊印第二版（参看《旧中国杂记》和《广州“番鬼”录》中译本前附 A. C. 亨特《第二版序言》）。1938 年，《广州“番鬼”录》在上海又出版了第三版。1954 年，二书中的一部分曾被译为中文，收入“中国近代史资料丛刊”《鸦片战争》。1966 年，台北成文出版公司曾将二书重印。进入九十年代，这两本书的中文全译本先后于 1992、1993 年由广东人民出版社出版。[①] 本文的论述即以中文全译本为依据，必要时参考英文原本。[②]

---

① ［美］亨特著，沈正邦译，章文钦校：《旧中国杂记》，广东人民出版社，1992 年。［美］亨特著，冯树铁译，骆幼玲、章文钦校：《广州“番鬼”录》，广东人民出版社，1993 年。

② 参看梁碧莹：《早期美国商人对中国的认识和介绍——以亨特及其著作为例证》，“中美文化关系史学术讨论会”论文，南京大学—约翰斯・霍普金斯大学中美文化研究中心，1998 年 7 月。梁文以亨特这两本书为依据，考察亨特的中国观，其切入角度与论述角度皆与本文不同，自可相互参证。

一、从三个典型事例讲起

正如陈胜粦在序言中所指出的,《旧中国杂记》一书“着重描写中国方面的情形”,因此,要考察亨特的中国文化知识,也应当首先以此书为依据。《旧中国杂记》中对于中国文化的介绍,比较集中、比较细致的是《补破瓷器的人》《牛的控诉》和《孔子轶事》这三节。

在《补破瓷器的人》这一节中,亨特翻译了一个剧本。剧本的名称就是《补缸》,或者说是《补破瓷器的人》(Poo-Kang, or Mender of Broken China)。在此之前,虽然《赵氏孤儿》《老生儿》《汉宫秋》《灰阑记》等元杂剧作品已相继被介绍到欧洲,并在欧洲知识界及戏剧界引起了很大的轰动[①],但总的来说,西方对中国戏剧的了解相当粗浅,并只限于杂剧这一类型。《补缸》显然属于截然不同、富于新意的另一类。故事发生在南京城中。一个叫牛周(New-Chow)的年轻人装扮为走街串巷的补缸匠人,来到王家小姐王娘家门前兜揽生意,并将王娘拿出来的坛子故意摔破,借机接近王娘,制造机会,娶其为妻。王娘看不上这个穷补缸的,牛周卸去伪装,原来是个风流倜傥的美少年,并成功地掳获了王娘的芳心。据亨特说,这个剧目具有滑稽的风格、诙谐的表演,十分引人注目。这是它被译为英文的重要原因。

据中译本页122的校注,校者曾“查阅多种元明清剧集或剧目,未见此剧,疑为当时班本中的独幕剧,今已佚传”。确实,在今天存世的常见元明清剧集或剧目中,难以找到与《旧中国杂记》所译介的《补缸》

---

① 参看马祖毅、任荣珍:《汉籍外译史》,湖北教育出版社,1997年。黄鸣奋:《英语世界中国古典文学之传播》,学林出版社,1997年。

情节相同的剧目。不过，在《京剧剧目初探》（增订本）第十六章《朝代不明戏及补遗》[①]中有如下文字：

《锯大缸》（富）

百草山中旱魃化身为王家庄王大娘（殷凤珠），取死人噎食罐炼成黄磁缸，用以抵御雷劫。后为巨灵神撞裂，王觅人补缸。观音乃遣土地幻作补锅匠人，假作修锯，故意打碎其缸。旱魃怒欲加害，观音请天兵天将斩除旱魃。

一名《百草山》，又名《大补缸》《百鸟朝凤》。见《钵中莲》传奇。原故事系奉化窑工王合瑞漂流在外，为窑户李思泉收留。其妻殷凤珠与捕快韩成私通，韩奉差出行，往别殷氏，殷赠金钗。韩适经王合瑞窑借宿，王得灶神托梦，知其情，套问得实，杀之而以其尸烧作瓷缸，持金钗回家，责问殷氏。殷氏羞忿自尽，殓后化为僵尸，拜月炼形。灶神、门神欲拿之，殷氏皆赖缸作抵御。韩成魂因缸坏，求殷补缸，缸为土地打碎，殷始遭雷殛。全本有演出者。徽剧有《百鸟朝凤》，《川剧》有《大补缸》（又名《百草坡》），秦腔有《钉缸》，河北梆子有《王大娘锯缸》，豫剧有《王大娘钉缸》，楚剧有《补缸》，汉剧、湘剧都有此剧目。

从剧名上看，《锯大缸》《钉缸》《大补缸》《补缸》等，都与亨特译介的剧目极为相近或完全相同。从剧中人物来看，王娘与王大娘仅有一字之别，虽然有已婚与未婚的区别。从情节上看，以缸为中心，乔装打扮成补缸匠人、装作失手打破缸等，也是二者所共同的。因此，《补缸》很可能是以《钵中莲》或《锯大缸》等剧目为蓝本而改编的一出爱情小戏，至少在关目上受到过前者的影响。据亨特记载，他是和一班外国人

① 陶君起编著：《京剧剧目初探》（增订本），中国戏剧出版社，1963年，页400—401。

一起，在潘启官的乡间邸宅看到这出戏的。它究竟是独幕剧，还是一本多折，它的产生时代及其作者的情况，现在很难究诘。从亨特所译介的剧本情节来看，似乎更可能是一个片断，是一折，而不是全本。献演此剧的应该是某一民间戏班子，有一个也许很简略梗概的剧本，亨特就是据此译介的。在当时的中外贸易和日常交往中，广州的行商与来华外商包括亨特所使用的一般都是粤语，外加一些广东英语，因此，在潘启官家中为招待客人而点的这一出戏，应该也是用粤语来演出的，应该属于粤剧。据亨特说："这是中国人普遍喜爱的一个戏。"（页 121）但遗憾的是，至今为止，我们还无从确认这一剧本有汉语文本传世。如果这一剧目真的已经失传，其剧本也在中国本土失传，那么，亨特的这段记载及其英译的剧本，就显得弥足珍贵了。①

在《牛的控诉》一节中，亨特提到当时广州城里的僧人为了劝阻人们杀牛为食而分发的一种宣传品，"那上边的文字排成一只牛的轮廓线，用牛的口吻，诉说所受的苦难"（页 153）。中译本译者没有见过这个宣传品的原貌，将这段文字译成了散文体，有些句子也不是很准确。其实，这个宣传品就是所谓《戒牛图》，图见于《中国丛报》（*Chinese Repository*, Vol. 9, No. 7 [Nov. 1840], p. 509），文则是一段韵文。今录其汉语原文如下：

> 请君听我说因由，世间辛苦莫如牛。春夏秋冬勤着力，四时辛苦未曾休。犁钜背上千斤力，皮鞭百万背心抽。恶言臭语千般骂，喝声奔走不得留。田硬水深难进步，肚中无草泪双流。
>
> 指望早晨来放我，谁知使到申时休。肚饥口咬田中草，全家人口骂啾啾。我在山中食百草，种得田禾你自收。粘米得来做饭

① 此段论《补缸》与其他剧目的关系，曾与友人南京大学中文系陆炜教授商榷讨论，并获得启发，谨此致谢。

食，糯米得来做酒头。绵花麦粟千般有，芝麻豆菜满园收。婚男嫁女吉庆事，无钱写我别人租。钱粮紧急无由计，心中又想卖耕牛。

见我老来无气力，卖与屠行做菜牛。屠行带我回家去，眉心一下铁斧头。那时死去栖惶甚，剥皮削骨有何仇？人生受苦多零落，自忖前缘不算修。破肚取肠又取骨，尖刀削骨断咽喉。卖我之人亦不富，食我之人亦不肥。杀我之人真不善，将我皮来扪鼓打，惊动地府鬼神愁。良田万顷无牛使，子子孙孙把锄头。子细思量行恶者，来生依我变耕牛。

对照亨特的英语原文，可以知道他对这篇韵文的理解基本正确，中译者的翻译也基本忠实于原文。但是，“卖我之人亦不富，食我之人亦不肥。杀我之人真不善”三句，在亨特的英语原文中，列于“惊动地府鬼神愁”句后，语序与汉语原本略有不同。

《孔子轶事》一节所介绍的孔子与一个聪明的儿童的对答，读来兴味盎然，无论对中国读者还是外国读者来说，都有相当强的吸引力。编排关于孔子的轶事，可以说自先秦时代既已开始，经唐宋以迄明清，历百千年而此风未歇。先秦诸子书中提到孔子，有相当一部分即属于编排的轶事。秦汉时代关于孔子的诸多轶事，今本《孔子家语》中颇有采辑。[①] 关于天才儿童项讬与孔子对答的传说也源远流长。项讬的名字始见于《战国策》，初始多写作“项橐”。《战国策·秦策五》：“甘罗曰：‘夫项橐生七岁而为孔子师，今臣生十二岁于兹矣！君其试焉，奚以遽言叱也？’”[②]《史记·甘茂传》附《甘罗传》记甘罗语亦作“项橐”，语句大

① 〔三国〕王肃注：《孔子家语》，上海古籍出版社，1990 年。

② 诸祖耿编撰：《战国策集注汇考》卷七，凤凰出版社，2008 年，页 443。

同，可能来自相同的史源。① 此外，《淮南子·说林》《汉书·董仲舒传》《论衡·实知》《新序·杂事》等其他汉代文献中，都提到项橐。可见这一人物的出现，应在秦汉以前，最迟不晚于汉初。②

项橐的故事代代相传。敦煌变文中有一篇《孔子项讬相问书》，据王重民考察，这篇故事在敦煌卷子中计有十个传本，可见在当时流传极广。"明本《历朝故事统宗》卷九有《小儿论》一篇，文字尚十同八九。明本《东园杂字》也有这一故事。又解放前，北京打磨厂宝文堂同记书铺，还有铅印《新编小儿难孔子》在出售，与敦煌本文字犹十同七八。"③ 显然，《旧中国杂记》中译本页220所谓《东园杂志》就是《东园杂字》的误译。证据之一，此书英文原题作"*Tung-Yuen-Tsa-Tsze*"。从当时广东话的发音看，"字"音与"Tsze"相符。《中国丛报》(Vol. 4，No. 3）中介绍《三字经》一书时，"字"正拼作"Tsze"。证据之二，《东园杂字》是一本通俗读物，内容庞杂，在民间流传颇广。其中所记孔子与项橐对答，与亨特所记相同。项橐（讬）的名字，亨特根据粤语的发音拼作"Sing Tuh"，是不错的，中译本回译为"邢德"，则是误译。

实际上，《东园杂字》一书在《中国丛报》上也有过介绍，见Vol. 10，No. 11（Nov. 1841），题为"A Chinese Toy-Book, The Tung Yuen Tsa-Tsze, or Eastern Garden's Miscellany"，列在《中国人事例释》(Illustrations of Men and Things in China）专栏之下。该文介绍《东园杂字》是一本游戏之书，对其性质的把握也基本正确。这篇文章的作

---

① 《史记》卷七十一《甘茂传》附《甘罗传》记甘罗语："大项橐生七岁为孔子师。"〔唐〕司马贞《索隐》："橐音托。尊其道德，故云'大项橐'。"参看点校本二十四史修订本《史记》，中华书局，2013年，页2803。疑"大项橐"为"夫项橐"之讹，司马贞所见已为讹本，故其《索隐》亦曲为之说。文渊阁本《四库全书》此二处皆不作"大项橐"。

② 关于项橐其人，参看〔清〕俞正燮：《癸巳类稿》卷十一《项橐考》，商务印书馆，1957年。

③ 参看王重民等编：《敦煌变文集》，人民文学出版社，1984年，页235—236。《小儿论》已附于该书页240，《新编小儿难孔子》附见该书页241，可参看。

者很可能就是亨特。[①]

以上三个事例可以作为代表性例证，说明亨特所具有的中国文化知识比较偏重于民间的、俗文学、俗文化的层面。这可以说是早期外国人接受中国文化的共同倾向。着眼于宗教宣传的民间通俗韵文、滑稽诙谐的地方戏剧目以及以夸张的笔调嘲笑孔圣人的民间故事，在一个初来乍到中国的人眼里，充满了新奇。这些民间流传的韵文、剧本以及故事的文本，还包括一些蒙学读物，在社会上流传较广，较为易得，在文字上相对也比较容易理解，比较容易为外国人所接受。除此之外，当然还有其他原因。

二、获取中国文化知识的途径或媒介

与亨特同一时代、同样背景的西方人，如果要了解或学习中国文化，大概有如下几种途径和媒介。

首先是阅读并参考西方语言中关于中国的文献，尤其是十六世纪来华西方人有关中国的著述。这些书绝大多数在欧洲出版，所用语言较杂，英、法、西、德等语种都有，在启蒙时代的欧洲流通颇广。美国独立以后，开拓对华贸易的迫切愿望也刺激了对中国知识的需求，导致了大量有关书籍的进口。[②] 据亨特自述，他至少读过纽霍夫所著的关于荷兰东印度

---

① 《东园杂字》一书虽为民间俗书，在十九世纪来华欧洲人中却流行甚广，据 G. Schlegel 编成于 1883 年的《莱顿大学收藏中国书目》(*Catalogue des Livres Chinois: Qui Se Trouvent Dans la Bibliothèque de L'Université de Leiden*, Leide: E.J. Brill, 1883)，当时莱顿大学收藏有两种《东园杂字大全》，当即《东园杂字》。编者说这是一部"小型通俗百科全书"。

② 范存忠先生在他的一部杰出著作中曾涉及此一问题。参看《中国文化在启蒙时期的英国》。美国费城图书公司所收藏的有关中国的书目，一开始都是从欧洲购进的。参看 *China on Our Shelves*, Philadelphia: The Library Company of Philadelphia, 1984。

公司使团出使北京的纪行报告[①]、金尼阁（Nicolas Trigault, 1577—1628）神父所著的《基督教远征中国史》[②]，很有可能也看过法国汉学家雷慕沙（Abel Rémusat, 1788—1832）、儒莲（Stanislas Julien, 1797—1873，或译茹连）及英国汉学家德庇时（Davis, 1795—1890）所译的多种杂剧和小说。[③]至少，我们可以肯定他读过儒莲所译的元杂剧《灰阑记》，否则，他不可能在《旧中国杂记》《案件的审判》一节中缕述该剧的情节。从个人经历来看，亨特初到中国时年仅十三岁，这些书比较可能是到中国以后才开始接触并阅读的。

在西方文献中，能给亨特提供中国知识的还有一些当时西方人在广州、香港、澳门、马六甲等地出版的英文报刊，其中最为重要的一个是《中国丛报》。《中国丛报》自1832年5月创刊，1851年底停刊，历时二十年，共出版20卷236期，可谓皇皇大观。它侧重向西方读者介绍中国各方面的情况，也择要刊发十七世纪以来西方人关于中国的论著[④]，在向西方人传播中国文化知识方面做出了突出的成绩。亨特是它的热心的读者和积极的投稿者。

其次是向在华的或到过中国的外国人咨询请教。在华的外国人，其中既有较亨特先来的，也有后来者；既有美国人，也有其他各国来的，都有可能成为亨特学习中国文化知识的媒介。他跟当时在中国的几个“中国通”，如马礼逊、德庇时、郭士立等人，来往密切，并有很好的私交。普鲁士传教士郭士立在当时堪称见多识广，由于他也在马六甲学过

① 参看《旧中国杂记》页79及当页下之校注。

② 此书现有中译本，题为《利玛窦中国札记》，何高济等译，中华书局，1983年。参看《旧中国杂记》页210—212及页212校注。

③ 参看《旧中国杂记》页121及当页下校注。

④ 参看陈绛：《裨治文与〈中国丛报〉》（内容大要），“中美文化关系史学术讨论会”论文，南京大学一约翰斯·霍普金斯大学中美文化研究中心，1998年7月。

中文，与亨特之间“就有了一种友情”①。他还很受当时的著名汉学家、《华英字典》的编者马礼逊博士的赏识。②据亨特书中自述，他不仅人缘好，社交能力强，接触的人也各色各样。

实际上，当时在广州的外国人，已经形成了一个社群。这个社群当中的人，彼此之间常交流信息，组织一些活动，后来发展到出版报刊，报告有关中国的情况，交流有用的知识。需要指出的是，亨特是当时广州西方人社群中的活跃分子。1828 年，他在第二次来中国的轮船上，认识了到中国的第一批美国传教士裨治文（E. C. Bridgeman）和雅裨理（Abeel），每天在途中为二人讲授中文。③他在中国生活前后达二十多年，不仅积极参与组织西方人在广州的各项活动，还认真阅读《中国丛报》并为之积极撰稿。在《旧中国杂记》中，他多次引证《中国丛报》上的有关报道。④《补缸》的译文，最初就是在《中国丛报》(Vol. 6, No. 12 [Apr. 1838]) 上登出的，署名是一位通讯员（a correspondent）。将英文原本《旧中国杂记》与《中国丛报》做对照，明显可以看出，这段译文在收入《旧中国杂记》时，做了较大幅度的修订。《戒牛图》也是先刊载于《中国丛报》，而后收入《旧中国杂记》的。这一期的《中国丛报》上，也有一个《中国人事例释》的栏目，在这一栏目里所收的诸篇短文，其文体颇与《旧中国杂记》相近，很有可能也出自亨特之手。至少，与《戒牛图》同在《佛教徒的传单》(Tracts of the Buddhists）的标题下的那一篇《牧童歌》(The Herd boy's Songs)，应该是出于亨特的手笔。加上前文提到的对于《东园杂字》的介绍，我们可以说，亨特为《中国丛报》撰作的文章，其数量当不限于后来收入《旧中国杂记》的区区

① 《广州“番鬼”录》，页 52。
② 《旧中国杂记》，页 174—175。
③ 《广州“番鬼”录》，页 14。
④ 参看《旧中国杂记》页 23、80、121、191。

二三篇。由于发表时通常不署真名，他的文章有不少恐怕只能永远被视为无名氏的作品了。

此外，当时在广东的西方人还可以向他们接触到的中国人学习请教。亨特所能接触到的中国人大致有三类。第一类当然是与生意有关的行商、通事、买办之类人等，他与这些人来往最多，并和其中一部分成了朋友。第二类是他学习中文的过程中遇到的老师和同学，例如他1827年时进修中文的指导老师李先生、他在马六甲英华书院时的老师朱先生和同学袁德辉。[①] 袁德辉是四川人，小名小德，他不仅熟识拉丁文，而且在中文方面有高深的造诣，当时正在专攻英语。离开英华书院之后多年，二人之间还保持着联系，并曾多次会面。通过亨特的转介，小德后来当上了北京理藩院的通译，再后来，林则徐作为钦差大臣来到广州时，他也在随员班中。[②] 第三类是在日常生活中接触的各阶层的一般中国人，像他在商馆广场上见到的卖滑稽曲本的、变戏法的、补缸的、修伞的、编藤的、乞丐等等。[③] 在这三类中国人中，显而易见，第一类人的文化素养不见得很高。第二类人中有一小部分可能受过较好的文化教育，例如袁德辉，但与科第出身的文士相比，也未见得是博雅之才，他们指导亨特读的也无非是《四书》《三国演义》之类的最常见、中国士人自幼就读的东西。[④] 在亨特的交往中，这一类人所占比例并不多。第三类属于引车卖浆者流，更没有多少文化素养。总的来看，亨特交往的中国人里，缺少官绅和士大夫，其文化层次总体不会太高，这就决定了亨特通过他们所了解到的中国文化知识主要不是传统士大夫所精研的经史之学和诗词歌赋，而更多的是关于中国社会的知识、民间风俗和生活习惯。《旧中国杂记》中提

① 《广州“番鬼”录》，页13。
② 《旧中国杂记》，页273—275。
③ 同上书，页15—17。
④ 同上书，页273。

到“生在苏州，住在广州，死在柳州”的俗话，提到中国人过新年的风俗[①]，就是亨特在这些接触中所掌握的。

戏剧在古代中国老百姓的日常生活中占有相当重要的地位，当时“广州大户人家请客饮宴的时候，常常还加上演戏”[②]，行商们招待外侨请客吃饭时，也免不了要雇请戏班演戏。亨特肯定不止一次经历这种场合，因此，他对当时戏台的布置、点戏的程序、演员的服装、表演的特点，都做了细心的观察和记录，并留下了自己对于中国古代戏剧的一些独特思考。[③]

在和中国人接触的过程中，亨特观察到中国人的饮宴场面，观察到中国人折书与外国人的不同。[④]他还体会到中国人对待生活的文学态度和与众不同的对想象力的看重。中国人十分重视书信这样一种在他看来不那么重要的文体，在写作中发挥诗才和想象力；在生活中也常常引证诗词、以诗词相酬答。他认为，中国人虽然看起来有点怪癖，“但却常常具有诗人气质，充满了想象力”[⑤]。

最后，中文书籍也是西方人了解和学习中国文化的一个重要媒介，当然，这局限于那些懂得中文的西方人。亨特学习中文，始于1825年，也就是他作为“公民号”上仅有的两名乘客之一、经过125天的航行抵达中国海岸的那年。到1826年，他在马六甲英华书院已学习了一年多中文，期满，经过英华学院的创立者马礼逊博士的考查，他得到了“好”的评价。此后，他还不断地进修中文，抓紧做生意的余暇继续进修中文，逐渐成为当时在广州的“番鬼”中中文水平最高的一位。这一方面归功

① 《旧中国杂记》，页3、7—8、235—239。
② 同上书，页119。
③ 同上书，页119—129、141。
④ 同上书，页138—139、140。
⑤ 同上书，页37。

于亨特好学，用功用心；另一方面也是由于他开始学习中文时年龄较小，接受力较强。除了这两点在梁碧莹教授的论文中已经指出的原因外，还应该承认，亨特在语言学习上是有一定天赋的。在马六甲生活了才几个月，他就能讲一口流利的马来话[①]，就是很好的证明。他对汉字似乎还产生过深究的兴趣。他提到《康熙字典》，也向朱先生借阅过一本关于“中国文字的起源”的小册子。[②]

在西方人眼里，中文普遍被认为是一种很难学习的语言，一般外国侨民对此不免有畏难情绪，乃至知难而退。另一方面，清廷又曾严令禁止教洋人中文，使在广州的外国侨民中有意学中文者也难觅好的师资。所以，亨特说:“在我到来后的许多年里，外国侨民中懂中文的只有3人——马礼逊博士；现在的德庇时爵士……还有一位美国人，即我本人。”[③]这显然是很不够的。在中国人方面，“当时广州的中国人，没有一个是能够读或写英文的”，“除了行商以外，在其他中国人当中，和外国侨民联系最密切的就是通事”，可是，他们也“只通中文，并不懂外文”[④]，难免造成交流中的困难和误解。亨特对中文能读会讲，所以，中外交涉的场合常少不了他，这使他得以更多地接触中国人和中国社会，更多地了解中国文化。

亨特的中文水平，不仅可以应付日常生活交往的需要，还能够阅读翻译一些难度较高的作品。在两种语言的对译之中，文学作品的翻译历来被认为最精致、最困难，人人视为畏途。亨特所翻译的中文中,《补缸》和《戒牛图》都属于不易着手的文学作品。将《戒牛图》的中文原本与

① 《旧中国杂记》，页260。
② 同上书，页78、240。
③ 《广州“番鬼”录》，页44。
④ 同上书，页33、37。

亨特的英译本相对照，可以说，亨特的翻译是相当准确的，即使以今天的标准来衡量，也不失为基本忠实于原文。此外，他还能够欣赏讲究文采的书信，并写作中国式的赏格文体。

与此同时，我们也必须指出，亨特的中文水平之高是相对而言的。实际上，他在阅读一些经典著作时，不免发生一些误解。如将《论语·子罕》"后生可畏，焉知来者之不如今也"的后半句误解为"我们都不知道未来究竟会发生什么事情"。[①]亨特用英文记录他所获得的中国文化知识，在译回汉语的过程中，有一些很难乃至无法还原。比如《旧中国杂记》《中国文字的起源》一节中，有一段叙述中国文字起源的文字，据亨特说，这是出自一本"很好的罕见的小册子"[②]。究竟是什么样的小册子，一时难以查考。这种情况可能是由于这一知识的来源（如某本书）已失传，像一根线断了头，也可能是由于中译者对有关的知识不是很熟悉，还有可能是由于亨特误解了原文，导致这一知识的歧义或变形。

三、亨特所知见的中国文化典籍

亨特究竟读过哪些中文书？或者说，有多少中国文化典籍是他所知见的？根据他留下的这两本书，我们基本上可以回答这一问题，并进而推断他关于中国典籍与文化的知识的深度和广度。

本文依据传统的经史子集四部分类法，将亨特所知见的典籍列叙如下：

经部方面，亨特很早就通读过一些经典著作，例如《四书》，这是他在《旧中国杂记》页273中明确说过的。在《四书》中，《论语》可能是

① 参看《旧中国杂记》页223—224及页224校注①。
② 同上书，页240。

亨特最为熟悉的。《旧中国杂记》页 223、270 两处引到《论语》中的语句。前一处引文有些误解，而后一处引文则是有名的“有朋自远方来，不亦乐乎”。同时，他还在书中提到《三论》(*Shang Lun*)、《夏论》(*Hea Lun*)。一处在页 273，校注云:“*Hea Lun* 仅作音译，原书未详。”另一处在页 38，他译录的小罗信中引了《三论》中的一句话:“与好朋友相别一日，就如花木一个季节没有滋润的夏雨和太阳的温暖。”校注云:“《三论》,《论语》的别名，因其有《鲁论语》《齐论语》和《古文论语》三种，故称。然《论语》中未见有与此处所引相近语句。”其实，这是译者和校者的误解，需要做一些辨证。《中国丛报》(Vol. 4, No. 3) 中介绍《三字经》一书时，书名中的“三”拼作“San”，而不作“Shang”。可见《三论》不会拼作“Shang Lun”。清人喻昌有《尚论篇》八卷，即使可以简称为《尚论》，但它属于医书之类，也不可能是亨特此处所指者。所谓《三论》《夏论》，其实就是《上论》《下论》。作为科举考试的必读书目——《四书》的重要组织部分，《论语》《孟子》由于篇幅较大，在明清时代曾被分为上下两部分，分别称为《上论》《下论》《上孟》《下孟》。[①] 亨特所引的文句，当即出于《上论》。而今本《论语》之所以“未见有与此处所引相近语句”，可能是小罗误记或亨特误解了。

此外，亨特还提到过孟子:“他是孔子的同时代人，他的‘言论’至今构成中国经典的重要部分，这就是《孟子》。据说他的家族也还生活在山东省，离孔子的家族不远。”[②] 这些陈述大抵不错。如果泛泛而言，说

---

① 据《莱顿大学收藏中国书目》页 12 著录，其所收《孟子》即分为《上孟》(*Chang-meng*)、《下孟》(*Hea-meng*)。翟理斯编《剑桥大学图书馆威妥玛藏汉满书籍书目》(H. A. Giles ed., *A Catalogue of the Wade Collection of Chinese and Manchu Books in the Library of the University of Cambridge*, Cambridge: Cambridge University Press, 1898) 页 11 也著录有《二论启幼引端》一种，所谓“二论”，即《上论》《下论》也。

② 《旧中国杂记》，页 149。

孟子是孔子的同时代人也不见得就“有误”。[①]他还提到朱夫子“评注孔子的‘四书’”，这应当是指朱熹的《四书章句集注》。当然，说《四书》是孔子的著作，也显得太笼统而不够准确。[②]

史部方面，亨特也提到了朱熹的著作。《旧中国杂记》页157写道：“一位中国哲学家，根据‘最可靠的资料来源’，编写了一部中国历史，弄清了它起源的许多情况。他生活在公元12世纪，著有一部一百卷的编年史著作。”这里，我同意校注者的看法：“朱熹的编年史著作应指《资治通鉴纲（目）》，然该书只有五十九卷。始于伏羲，并无下面所谓天王、地王、人王之说。”为什么亨特所记在内容及卷数上都与原书不符呢？我认为，亨特所见的如果不是后人伪托朱熹的作品，就是民间所传的经过较多改编而后来不再流传的版本。《莱顿大学收藏中国书目》页9著录《御批资治通鉴纲目》一种，一百一十卷，与亨特所记比较接近，亨特所指很可能是这部书。

由此可以看出，亨特所接触的中国历史著作，并不是一些记事相对严谨、体例规范的正史，而多是一些民间流行的通俗读本。在这方面，他知识有限，有时不能做出在今天看来很容易做出的判别。例如，他提到的《三国志》，实际上不是二十四史中的那一部正史，而是小说《三国志通俗演义》的简称，他将二者混为一谈。因此，尽管他对中国历史似乎特别有兴趣，他的两本书中提到历史年代、人名乃至史实时，失误之处却几乎比比皆是，概率之高甚至让人诧异。其荦荦大端者，如关于中国各个朝代的起讫：

周：前585—前243（《旧中国杂记》，页58），应为：前11世纪—前256；

① 《旧中国杂记》，页149校注。
② 同上书，页157—158及页157校注②。

周：前1100—前242（同上，页224），应为：前11世纪—前256；

汉：公元2至3世纪（《广州“番鬼”录》，页3），应为：前206—220；

东汉：63—226（《旧中国杂记》，页147），应为：25—220；

汉桓帝（173—194）（同上，页33）；应为：146—167；

晋：286—416（同上，页58），应为：265—420；

宋：967—1281（同上，页58；又《广州“番鬼”录》，页80），应为：960—1279；

明：1397—1643（《旧中国杂记》，页58），应为：1368—1644。

这些年代都与我们所熟知的年代相差甚多，现在看来，错得颇为蹊跷。亨特提到各朝代起讫，几乎无一精确。至于其他史实错误或记述不精确的，更是不一而足。如《旧中国杂记》页78以康熙为清朝第三个皇帝，即与通常的说法不符；又如页225误以秦始皇卒于前204年，《广州“番鬼”录》页23误嘉庆为乾隆；等等。《旧中国杂记》中《青铜瓶和青铜鼎》《中国印刷术的起源》两节中的人名时代错误最多。即使一些当代的人事，亨特所记也有与事实不符的地方，如《广州“番鬼”录》页102和《旧中国杂记》页133称林则徐是泉州人，其父是一个陶瓷作坊的工匠；《旧中国杂记》页91称洪秀全为广西人，1851年来到广州；等等。[①] 凡此种种，都足以表明亨特的中国历史知识不够准确、失之严谨，与亨特在其他方面的中国知识相比，是相形见绌的。这与他的历史知识的来源途径有限是密切相关的。

① 此处所举诸例，中译本校注均已指出，请参看。

子部方面，亨特提过的先秦诸子只有管子。《旧中国杂记》页48引述了《管子·水地篇》中关于玉之九德的一段文字，但文句次序经过重新排列，与原书有所不同，译释中也与原意有些出入。[①]他还在同书页39引了朱子的一句话："居高则俯视，处低则仰视！人遇升迁，至须谨慎，以免挫跌！"此语未详出处。仅从语气上看，它有可能出自《朱子语类》，但据检索，《朱子语类》中亦无与此意思相近的文句。[②]

亨特可能读过《子不语》。前述小罗信中提到《子不语》，亨特加了一个注："《子不语》是一本充满了神怪有趣故事的书，书名的意思是'孔子不讲的东西'。"[③]《中国丛报》(Vol.6，No.9)载文介绍了《子不语》一书，并翻译了其中的四段。因此，亨特有可能读过袁枚的这本书，至少可能读过英译的《子不语》中的这些故事。

小罗信中还提到一本，罗万记(Low-Man-Ke)的《烹饪要诀》(*Hints to Cookery*)，据亨特原注，罗万记是"一位著名的厨师，写有关于烹饪的著作，据说原是北京人"[④]。我不能肯定这里对人名、书名的汉译是否有误，但可以肯定的是，小罗来信至少给亨特提供了一些关于中国烹饪的知识。

集部方面，亨特提到过屈原以及《元人百种曲》《三国志通俗演义》等书。他是在《旧中国杂记》《龙舟节的起源》一节中提到屈原的。他称屈原为"屈原平"(Kueh-Yuen-Ping)，"将其名与字混在一起"[⑤]，又称他写了一些"离别之辞"(大概即指《离骚》)，可惜没有留传到现在。这说明亨特对屈原其人及其作品都没有很多的了解。

---

① 参看《旧中国杂记》页48校注①。
② 承汪维辉教授代为检索上海师范大学《朱子语类》全文语料库，谨此致谢。
③《旧中国杂记》，页39。
④ 同上书，页40。
⑤ 同上书，页155校注。

他提到《元人百种曲》时，称其为“最流行的剧集”[①]。这是元杂剧流传最广的一种选本，明人臧懋循编，通称《元曲选》。亨特肯定听说过这一部剧集，也有可能读过其中的剧作。亨特对戏剧特别有兴趣，在《补破瓷器的人》一节中，他对中国戏剧有颇为细腻的观察和颇为到位的理解。例如他说：

> 中国的戏台没有能落下来的幕，也没有整套更换的布景，很多东西纯粹留给你想象。表演“开门”，是把双手举到设想中的锁的高度，然后将“门扇”朝左右推开，一脚跨过想象中的门槛，于是观众就想象出另一个景致或另一个房间。如果要表演“上马”，骑马人就把右腿跨过想象中的马背，抓着想象中的轡绳，用鞭子抽那想象中的坐骑的臀部。这样，当他继续步行演他的角色时，观众却已想象他是骑在马背上了。外国人总觉得这些很好笑，不管这个戏的主题是喜剧还是悲剧。[②]

戏剧表演散见于民间，西方人接触较早，亨特本人接触也比较多，有比较深入的理解是很自然的。

亨特提到的《三国志》，其实是《三国志通俗演义》，即《三国演义》。《旧中国杂记》页147谈到关羽时说：“一本讲到这次动乱（黄巾之乱），叫做《三国志》（*San-Kwo-Che*）的，这样描写他这个人：身高九尺，髯长二尺，面如重枣，唇若抹硃；丹凤眼，卧蚕眉，相貌堂堂，威风凛凛。”校注云：“这一段描写出自《三国演义》或说书家，《三国志》并无这类写法。”具体说来，这一段文字见于《三国演义》第一回，亨特显然将《三国志通俗演义》与《三国志》等同起来，从而混淆了讲史小

---

① 《旧中国杂记》，页120。
② 同上书，页128—129。

说《三国演义》与纪传体正史《三国志》。①

《旧中国杂记》页68还提到明皇（Emperor Ming）以写茶的颂歌（《瓦壶的颂歌》，The Pride of the Pot）而闻名。明皇一般指唐玄宗，检《全唐诗》及《全唐诗补编》，唐明皇无此诗。进而考察中国历史上以“明”为号的皇帝，有汉明帝、魏明帝、晋明帝、宋明帝、齐明帝、北魏孝明帝、北周明帝及唐明皇、后唐明宗、元明宗诸人，皆无此诗。《瓦壶的颂歌》大概出于后人假托，是民间相传的说法，具体作品如何还待详考。

据《旧中国杂记》页191和页214记载，除了通过阅读亦称《广州官报》的《朝报》以及《中国丛报》中的相关报道，可以多少了解当时政治形势、官员任免迁黜之类的情况外，亨特以及当时在广州的西方人很少有机会与地位较高的官绅来往，交游圈中士大夫文雅之士较少。因此，《中国丛报》上所介绍的中国典籍与文化，也以“三百千”、二十四孝、蒙学读物、通用读本之类的通俗浅近的内容居多。这既构成了亨特以及当时在广州的西方人了解中国文化知识的大背景，也决定了他们的中国知识与中国视野的特点。

（原载《文明对话：本土知识的全球意义：中国哈佛—燕京学者第三届学术研讨会论文选编》，上海外语教育出版社，2002年）

① 《中国丛报》（Vol. 7, No. 5 [Sept. 1838]）曾载文介绍《三国志》，其实说的都是《三国演义》，看来也是将二书混淆了。此文题为“Notice of the San Kwo Che, or History of the Three Kingdoms”，见该期页233—249，作者署名“a correspondent”，这是亨特曾用过的署名。看来，这篇文章很有可能即出自亨特之手。

叁
早期法国汉学研究四题

法国学者将关注的眼光投向中国，至少从启蒙时代就开始了。当时，以伏尔泰（Voltaire, 1694—1778）为代表的一批法国哲学家、思想家、学者以及其他知识分子，就对中国尤其是中国文化表现出了浓厚和长久的兴趣。1814年，法兰西公学院（Collège de France）决定设立“汉学讲座”（Chaire de Sinologie），并聘请雷慕沙担任首任汉学讲座教授。此举的意义不可小觑：这是作为一门学科形态的汉学在西方学术史舞台上的首次亮相，它象征着汉学作为一门学科受到学术界的承认，象征着这一学科的成立。欧美汉学由此掀开了历史的新的一页。

从1814年算起，法兰西的汉学研究至今已走过两百来年的征程，其间出现了很多著名学者，留下了许多重要论著。当我们回顾这一段历史，从故纸堆中点检当年的历史文献资料之时，我们不禁发现，从法国第一位职业汉学家雷慕沙到十九世纪来华的传教士汉学家，他们的著作中无不透露出来一种中国趣味与情怀。这使今天的我们在兴致盎然之余，仍然不能不为之感动。

一、雷慕沙与《汉文启蒙》

不妨从第一位汉学讲座教授雷慕沙说起。1822 年，雷慕沙出版了《汉语语法基础知识》(*Éléments de la Grammaire Chinoise*)，亦名《汉文启蒙》。此书后来多次重印，笔者曾经看到一个 1857 年刊印的版本，值得注意的是，其封面上印有这样几行汉字：

图 1：雷慕沙《汉文启蒙》书影

咸丰丁巳年镌

阿伯儿辑

汉文启蒙

巴理城　墨颂讷佛书肆发客

这里虽然只有寥寥几行，却颇有说头：

第一，咸丰丁巳年即公元1857年。那时，雷慕沙已经辞世二十五年，而他的这本《汉文启蒙》仍在刊印发行，这足以证明这本汉语入门教科书的实用性和影响力。

第二，毫无疑问，《汉文启蒙》就是该书书名的标准汉译，应该说，在汉语中，这样一个书名是很地道的。换句话说，《汉文启蒙》可以说是一个很中国化的书名。顺便说一下，这本书的法语书名很长，*Éléments de la Grammaire Chinoise, ou principles généraux du Kou-Wen, ou style antique, et du Kouan-Hoa, c'est-a-dire, de la langue commune generalement usitee dans l'empire chinois*，耿昇先生译为《汉语语法基础知识，或者是古文总法则，还叫做中华帝国通用的共同语言官话》。[①] 这是当时欧洲图书的命名习惯，相比之下，汉语书名太简洁了。

第三，"阿伯儿"显然是Abel的汉译。让我们略微感到诧异的是，作者的名字并不是今天为学界所熟悉的雷慕沙（仅取其姓名的后半）或者雷缪萨，而是我们所不大熟悉的阿伯儿（仅取其姓名的前半）。假设没有前后文语境的界定，相信绝大多数人，包括笔者本人在内，都不会把阿伯儿与雷慕沙联系起来。更值得一提的是，在这部书的《前言》之后，还钤有两方印章，一方为"阿伯儿印"，那是雷慕沙的名字印，没有问题。印文选用小篆字体，从效果来看，似乎只是描得像一方印的样子，未必真的刻过这么一方印。而且说实在的，这几个篆字写得也并不怎么高明。1822年，《汉文启蒙》初版问世之时，雷慕沙还在世。如果初版上即有这两方印，说明这个印经雷慕沙本人过目，并且得到他的认可。如果这样的话，那么，对这位法国汉学鼻祖，我们应该名从主

---

① ［法］戴密微著，耿昇译：《法国汉学研究史》，载［法］戴仁（Jean-Pierre Drège）主编，耿昇译：《法国当代中国学》，中国社会科学出版社，1998年，页27。

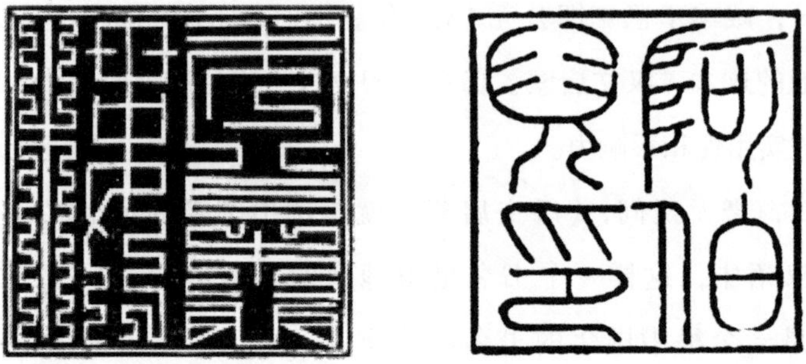

图 2:《汉文启蒙》中所钤雷慕沙印二方："阿伯儿印"（右）、"秀想楼"（左）

人，称为"阿伯儿"才是。[①] 由于未见到初版，笔者目前对这一点尚无法确定。另一方印为"秀想楼"。从效果上看，更像是真的刻出来的一方印，用的是九叠篆。在一般人眼里，这种字体重重叠叠，弯来绕去，不易辨识，显得特别玄妙。也许正是因为这样的原因，早期欧洲汉学家对这种字体似乎情有独钟。十九世纪英国著名汉学家翟理斯（H. A. Giles, 1845—1935）在其《古文选珍》一书的封面上，也用过这种字体，即可为证。在中国文化传统中，一个文人学者除了有名，有字，往往还有一个室名别号。我揣测"秀想楼"就是雷慕沙所取用的室名或别号。"想"字在印文中被刻作"目""木""心"三截，上下结构，先"目"后"木"，颇有点奇怪，可能是不谙篆法的人所为。再者，"秀想"一词颇不经见，所以，有人提出这可能不是"想"字，而是"财"字，或者是"鼎"字。但是，从字形构造上看，"财""鼎"似乎皆不及"想"字合理，而且，"秀财""秀鼎"也不大能讲得通。

---

① Rémusat 之名，通行汉译作雷慕沙，如何寅、许光华主编:《国外汉学史》，上海外语教育出版社，2002 年，页 166—168；或作阿贝尔·雷缪萨，如［法］马伯乐著，马利红译:《汉学》，载阎纯德主编:《汉学研究》第 3 集，中国和平出版社，1999 年，页 48。按：近读黄时鉴《苦竹斋札记三则》，黄氏译其姓为雷缪沙，译其名作"阿伯而"者，参看《黄时鉴文集》第 3 册，中西书局，2011 年，页 132—137。

第四，“巴理”无疑就是巴黎，是当时人对 Paris 的一种译法，至于“墨颂讷佛书肆”显然是指刊印这部书的出版社，设在巴黎。在法语中，这家出版社写作 Paris Maisonneuve et Cie。“墨颂讷佛”是法语姓氏，书肆之名即来源于其老板或创始人的姓氏。

第五，关于这部书的著作形式，封面上写作“辑”，这是中国古典目录学中惯用的一种著作形式。根据目录学中的定义，“辑”的书与“撰”“著”之类不同，表示作者依据或采用别人的材料比较多。如果这样理解不错的话，那么，雷慕沙编写此书之时，究竟参考或采纳了哪些书的内容，便值得好好考索一番。目前为止，我们可以确定的是，雷慕沙曾经参考了法国传教士汉学家马若瑟（Joseph de Prémare, 1666—1736）的《汉语札记》（1728 年），并从中得到很多启发。[①] 这说明，称雷慕沙此书为“辑”不是没有根据的。

总之，这个封面上的几乎每一条信息，在我看来，都是富有历史价值和文化意义的。而其中最重要的一点便是，第一位职业汉学家雷慕沙在出版其汉语入门教科书之时，在封面设计的每一个细节上都尽量中国化。

二、儒莲与《景德镇陶录》

1832 年，年仅 44 岁的雷慕沙“被巴黎发生的一场造成大量死亡的流行性霍乱夺去了年轻的生命。他最优秀的学生儒莲（Stanislas Julien, 1797—1873），成为其事业的继承人”[②]。儒莲的汉学著作甚多，涉及语

① 《法国当代中国学》，页 27。
② 同上书，页 28。

言、文学、地理、民族、佛教等方面，“他更为注重实用方面的著作是《景德镇陶录》的译本《中国瓷器的制作和历史》(1856 年)，这主要是供法国塞夫勒皇家作坊中的瓷器制作工使用的”[①]。下面是这本书封面的书影：

— 26 —

爾梁翰林院儒蓮譯

丹家造作先生薩勒佛塔補注

景德鎮陶錄

咸豐丙辰年聚珍板印

帕哩城瑪勒巴舍烈書肆發客

图 3:《景德镇陶录》书影

尔梁翰林院儒莲译

丹家造作先生萨勒佛塔补注

景德镇陶录

咸丰丙辰年聚珍板印

帕哩城玛勒巴舍烈书肆发客

---

① 《法国当代中国学》，页 29。

《景德镇陶录》是清乾隆、嘉庆年间景德镇人蓝浦著、其门人郑廷桂补辑的一本瓷器专著，全书共十卷。自从中欧开始通商以来，中国瓷器在欧洲各国广受喜爱，瓷器出口在中外贸易中占有重要的位置。与此同时，欧洲人也开始学习中国陶瓷制作技术。《景德镇陶录》被译为法文，就是为了满足当时法国国内的这一需要，而译者正是被同时代人王韬称赞为“人皆仰为宗师、奉为圭臬”[①]的法国汉学大师儒莲。法译书名是 *Histoire et Fabrication de la Porcelaine Chinoise*。

儒莲的姓名，有人根据其读音，译为斯坦尼斯拉斯·于连。[②]从尊重历史和名从主人两个角度考虑，笔者认为，还是译作儒莲比较合理。《景德镇陶录》法译本出版于咸丰丙辰年（1856），其时儒莲尚在世，而在书上署此汉名，表明他本人对此名是认可的。1870年，王韬自英国返回香港，途经巴黎，拜访了这位法国汉学家。其后，王韬在其《漫游随录·巴黎胜概》《法国儒莲传》《与法国儒莲学士》《汉学家儒莲》等篇章中，亦以儒莲相称，但显然已在《景德镇陶录》之后。由此可见，“儒莲”一名并非王韬为其所起，而是儒莲本人认可的。要之，此名在汉语世界行之既久，不烦改译。儒莲是法国中部尔梁（d'Orléans，今译奥尔良）人，1832年继雷慕沙之后就任法兰西公学院中文教授，次年，被选为铭文学院会员。所谓“铭文学院”，法文全称是 L'Académie des Inscriptions et Belles-Lettres，类似当时中国的翰林院。按照中国旧式写法，严格地说，内封第一行应作“翰林院学士尔梁儒莲译”才是。

除了儒莲，还有一位丹家的制陶业者，所谓“造作先生”Alphonse Salvetat，汉译萨勒佛塔，为此书补注，不知道这是否即戴密微（Paul Demiéville, 1894—1979）文中所说的塞夫勒。《景德镇陶录》原有作者

---

① 〔清〕王韬著，王稼句点校:《漫游随录图记》，山东画报出版社，2004年，页61。
② 《汉学研究》第3集，页48—53。

和补辑者二人，译本也有译者和补注者合作，似乎也是亦步亦趋，照葫芦画瓢。连 Paris 的那家 Mallet-Bachelier 出版社，也同步转换成“帕哩城玛勒巴舍烈书肆”。据说，这是“译者欲使西洋读者略知中国印书名及作者之惯例，故仿我国旧法写明其籍贯（即尔梁城）及头衔（即翰林院，按氏为铭文学院会员）”[①]。乍一听，这话说得颇有道理。中国人看在眼里，会意在心里。

此书既是用法文译述，应该是在法国出版，面向广大法国读者。不用说，法国读者大多数看不懂这些汉字，更无法理解其格式。如果要取得预期效果，显然，译者还要额外再对封面做一番解释，其效果如何不得而知。我想，这样做的目的，恐怕不一定是考虑真有多少读者看得懂汉字，而是要展示译者对异域风物的认知，满足他对东方古国的想象。

三、德理文与法译《离骚章句》

1943 年，中法汉学研究所在北京举办了一个专题展览，名为“十八世纪十九世纪之法国汉学”，展出了不少珍贵的早期法国汉学著作，其中就有德理文（Hervey de Saint-Denys, 1823—1892）法译《离骚章句》一本。

儒莲去世翌年，德理文侯爵继任法兰西公学院中文教授，时当 1874 年。1876 年，德理文以法译《文献通考·四裔考》第一次获得为纪念儒莲而设立的、后来成为西方汉学界重要奖项的儒莲奖（the Stanislas Julien Award）。他于 1878 年当选为铭文学院会员，在十九世纪西方汉学史上颇

① 北京中法汉学研究所编：《十八世纪十九世纪之法国汉学》（*Deux Siècles de Sinologie Française*），北京中法汉学研究所，1943 年，页 26。

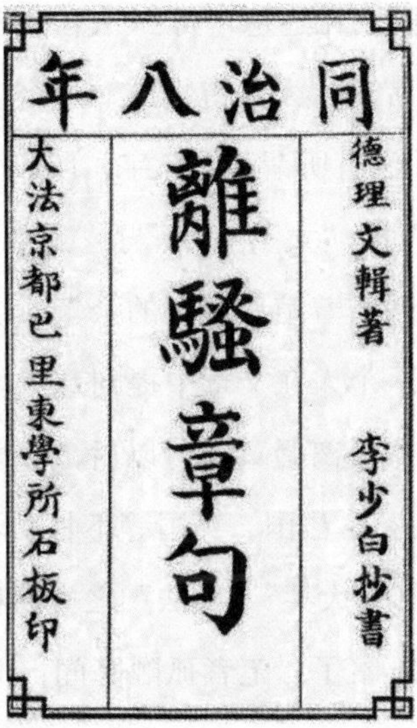

同治八年
德理文輯著　李少白抄書
離騷章句
大法京都巴里東學所石板印

图 4：德理文法译《离骚章句》书影

有地位。作为儒莲的学生，德理文在很多方面受到儒莲影响，包括对译介中国文学的兴趣。在早期法国汉学家中，德理文可以说对中国文学情有独钟，除了《离骚章句》之外，他还翻译过唐诗，也翻译过《今古奇观》，都是中国文学史上的经典作品。

这本《离骚章句》刊行于同治八年，即 1869 年。[①] 不采用西元纪年，而采用清帝年号，也是为了营造一种“东方”气氛。此书不仅翻译《离骚》全文，还附有注释和汉语原文的文本。这个文本依据的是朱文公的《楚辞集注》。南宋以后，学者都尊称朱熹为朱文公，至晚清犹然。所以，早期西方汉学著作中提到朱熹，往往都这么称呼。戴密微十分肯定此书对当时法国文学界产生的影响，他说，这个《离骚》译本“既没有华丽的词藻，也没有语法形式上的典雅，但在第二帝国的文学沙龙中却引人注目”[②]。

① 原书法语标注的版权信息则作 1870 年。
② 《法国当代中国学》，页 30。

值得注意的是书影图上左边这一行："大法京都巴里东学所石板印"。很长一段时间以来，笔者对"大英博物馆"这个汉译名称有点"心怀不满"，查验英文原名，并没有所谓"大"字，所以一直纳闷这个"大"字从何而来。"大不列颠"的"大"，似乎与"大英"并没有必然的联系。窃以为这个称呼中可能残留着殖民主义的余氛，汉语中用此名称，也有自我矮化的嫌疑。所以，个人在文章中提到这个博物馆，便径自改译为"英国博物馆"。看了这本《离骚章句》以后，才恍然大悟：原来，由于当时中国政府自称"大清"，法国、英国等不甘示弱，援引外交对等的原则，起而效仿，于是有了"大英""大法"之类的称呼，并相沿至今，久而久之，人们也就习焉不察了。笔者孤陋寡闻，似乎还没见到有人翻过这一页陈年旧账。

所谓"巴里东学所"，应该指的是当时巴黎的东方现代语学校（L'Ecole des Langues Orientales Vivantes），不做解释，一般人恐怕也会莫名其妙。顺便说一下，德理文还有一本译作《中华文集全本》，其封面标注出版信息的格式与《离骚章句》一样，也署有"同治八年，德理文辑著，大法京都巴里东学所石板印"。而且，从法语标注来看，这两本书与《汉文启蒙》一样，都是墨颂讷佛书肆印行的。从汉学史的角度来看，这个书肆特别值得注意。

《离骚章句》上抄书的李少白，是最早到法国的中国人，曾担任德理文的助手。清代中国驻英法公使郭嵩焘《伦敦与巴黎日记》记载："有蜀人李少白者来（名洪芳，大筑［？］人），询知居法十余年，娶法女为妻。有世爵德理文，喜华文，请其帮同翻译，闻译有《诗经》及《楚辞》诸书。德理文在学馆教习华文，其学问想亦非浅。"[①] 耿昇在其《试论法

① 〔清〕郭嵩焘著，钟叔河、杨坚整理：《伦敦与巴黎日记》，岳麓书社，1984年，页564。按："大筑"字后问号原书所有，似当作"大足"。

兰西学院的中国学讲座》中也提到："觊觎该职位的保尔·伯尔尼（Paul Perny）神父到处散发传单，攻击德理文不称职，声称'德理文侯爵绝对无能力讲汉语，更不能用汉文书写6行文字或自汉文翻译'。因为《离骚》并非是由德氏自汉文翻译的，而是转译自德文译本，而且还使用'捉刀人'——中国助教李少白。"①

四、方殿华与《南京今昔》及其他

十九世纪来华的法国传教士汉学家中，方殿华（Louis Gaillard S. J., 1850—1900）似乎很少受到注意。这位来自法国的天主教传教士，于

图5：方殿华像

① 载阎纯德主编：《汉学研究》第9集，中华书局，2006年，页153。关于李少白，详参陈亮：《欧美楚辞学论纲》第九章《法国汉学家德理文及其〈离骚章句〉》，中华书局，2020年，页212—232。

1885 年来到中国，此后有相当长一段时间住在南京传教。他不仅出版了一系列关于中国艺术包括绘画、木刻、石刻的论文，而且对于南京这座古都的历史、地理以及考古都饶有兴趣，出版了以《南京今昔》（*Nankin d'Alors et d'Aujourd'Hui*）为总名的三卷专书。他还想将南京与北京进行比较，对于中国都城进行更深入的探究，于是从南京北上入京，打算实地调查研究。不幸的是，他刚到达北京就染病去世，那是 1900 年 4 月 16 日。所以，严格地说，方殿华是十九世纪的法国汉学家，而且几乎可以说是一位被人遗忘的汉学家。1943 年出版的《十八世纪十九世纪之法国汉学》对他的生平著述还有简要的介绍，又过了几十年，到戴密微撰写《法国汉学研究史》的时候，就没有再提到他的名字。

方殿华最主要的著作，都与南京有关。首先要提到的是《南京今昔》。实际上，此书又分为三卷，第一卷是《江宁府城图》（*Plan de Nankin*），1898 年 12 月作为"汉学丛刊"（*Varietes Sinologique*）第 16 种

VARIÉTÉS SINOLOGIQUES N° 16

NANKIN D'ALORS ET D'AUJOURD'HUI

江甯府城圖

PLAN DE

NANKIN.

(DECEMBRE 1898.)

PAR LE P. LOUIS GAILLARD, S. J.

CHANG-HAI.

1916.

图 6:《南京今昔：江宁府城图》书影

图 7:《南京今昔：开放口岸南京》书影

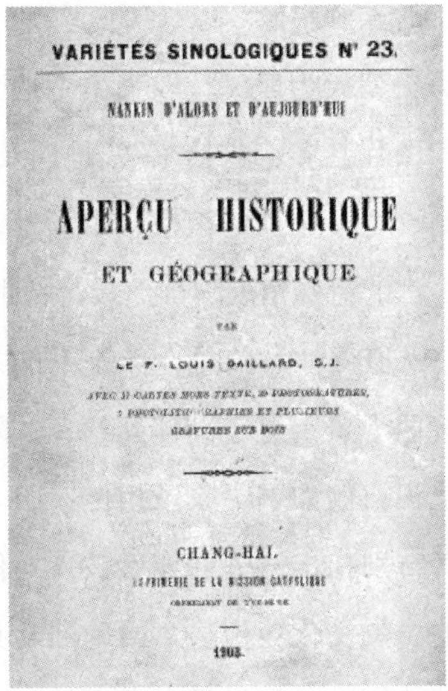

图 8:《南京今昔：历史地理一瞥》书影

在上海由天主教使团出版。顾名思义，此卷是关于南京的地图。第二卷是《开放口岸南京》(*Nankin Port Ouvert*)，1901 年作为“汉学丛刊”第 18 种在上海出版。第三卷题为《历史地理一瞥》(*Aperçu Historique et Géographique*)，作为“汉学丛刊”第 23 种，1903 年在上海出版。1904 年,《南京今昔》获得当时欧洲汉学界最重要的奖项——儒莲奖，可见它在当时汉学界的影响。

总的来看，这三卷相互配合，较为全面地展现了南京这座古都的地理、历史以及现状。由这些内容中可以看出，方殿华在南京居住生活的这十五年里，是花了很大功夫学习中国语言、历史和文化的，更花了很多时间做实地考察、绘制地图等。从出版时间来看，第二、三卷面世之时，作者方殿华已不及见。因此，第二和第三两卷中的内容，可能经过其他人的编订。这是现存最早的外国人对古都南京的研究成果之一。这三卷的共同特点是注重图片，以图配文，留存了许多有关十九世纪末南京的重要影像。以《历史地理一瞥》一卷为例，此书共分 12 章，大抵以历史朝代为顺序，较为集中地介绍了建都于南京的六朝。书中所附地图和图片甚多，包括 17 幅地图及 34 张图片等。这些图片不仅将我们带回到一百多年前的南京城市场景，而且透露了一个外国居民观察这座历史古都的特殊角度，因而具有特别的历史文献价值。

值得注意的是，作者不仅关注“金陵四十景”等名胜古迹，对“金陵四十景”逐一翻译介绍，并附四十景图以示意；而且对各种文物相当重视，例如书中收录相传三国名将关羽曾经用过的印玺，并附有图，作者特别指出，关羽死后被人神化，受人崇拜，成为中国历史上很有影响的一位文化英雄。又如碑刻及其拓本，书中收录了汉校官碑以及晋卞壶碑的拓本，可见是有眼光的。名胜古迹方面，尽人皆知的台城、鸡鸣寺塔、神功圣德碑等皆入录，这些名胜古迹不仅堪称当年南京的城市地标，至今仍然令人瞩目。当然，书中记述的名胜古迹有的今日已不复存在，例如谢公墩、太平门等，而本书却为我们保存了关于这些遗迹的图片，是南京城市史研究中十分重要的一份图像资料。

说到南京史的研究，《南京今昔》中有许多珍贵的历史资料有待发掘。例如关于十九世纪末住在南京的外国人的情况，《开放口岸南京》就有非常详细的记载，不仅分门别类，而且逐一载录他们的名字。根据方殿华的记载，我们可以知道，当时住在南京的美国人，有 17 名长老会的人员，又有 15 名汇文书院的职员，所有人的性别、姓名都登记在案，可以覆按。众所周知，汇文书院是金陵大学的前身，而金陵大学又是南京大学的前身之一，但是，大家未必注意到的是，早在 1901 年以前，汇文书院就已采用 Nanking University（后来的金陵大学英文名称同此）作为自己的英文名称了。又如，《开放口岸南京》中还记载了当时的很多街巷地名，并配有地图，比如本书页 232 就有以天主教堂为中心的一张地图，描绘了罗寺转湾（今天或写作“螺丝转弯”）一带的街巷地形，并记载了丰府巷（今天写作“丰富路”）、铁罐巷（今天写作“铁管巷”）等地名，这对于考察这一带街巷及其地名的变迁，都是极为难得的材料。

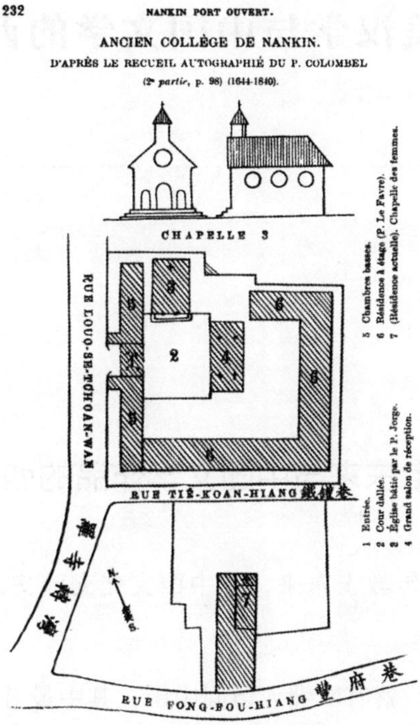

图 9：罗寺转湾一带街道图

（原载《国际汉学研究通讯》第 4 辑，中华书局，2011 年）

肆
欧美汉学与中国文学的西传

一、西方传教士东来与中国文学作品的西传

十六世纪西方传教士东来，在中西文化交流史上是一件划时代的大事。

早在十三世纪，就有欧洲人访问中国，其中最著名的是中世纪伟大的旅行家马可·波罗（Marco Polo, 1254—1324）。他在元朝政府中任职长达十七年，他所留下的游记，使当时以及其后的西方人对中国产生了巨大的兴趣，也开拓了很大的中国想象的空间。尽管如此，在十六世纪以前，由于受当时各种交通和物质条件的限制，中西之间直接的接触还非常少，而且，这些零星的接触基本上与文学没有什么关系。

西方人对中国的兴趣，最初主要着眼于传教、通商贸易甚至殖民等实际目的，因此，以宗教传播为使命的传教士、不远千里逐利而来的商人、为了西方国家的政治和军事利益而东来的外交官以及军人，就在中西交往

中扮演了十分重要的角色。这里首先要提到的是耶稣会传教士。从十六世纪到十七世纪，沿着自十五世纪末以来由葡萄牙人所开辟的海上新航路，大批欧洲耶稣会士东来，使中西交流进入了一个新的历史阶段。最早的中国典籍也由此输入欧洲。大约在1572年，“曾在中国传教十二年之久的葡萄牙传教士格雷戈里奥·贡萨尔维兹（Gregorio Gonzalvez），为了表示对当时西班牙国王腓力二世（Felipe Ⅱ）的忠诚与殷勤”①，将他在中国传教期间搜集到的一批中国图书送给国王，作为向当时正在兴建的圣·劳伦佐修道院的献礼。这批图书现藏西班牙埃斯科里亚尔的圣·劳伦佐皇家图书馆（Real Biblioteca de San Lorenzo del Escorial），其中最值得一提的是《新刊耀目冠场擢奇风月锦囊正杂两科全集》《新刊按鉴汉谱三国志传绘像足本大全》和《新刊补订源流总汇对类大全》。特别是《风月锦囊》这部明刻本戏曲集，收录宋元及明初的散曲及南戏数十种，包括《苏秦》《昭君冷宫冤记》《岳飞东窗记》《苏武牧羊记》等。换句话说，在第一批输入欧洲的中国典籍中，已经包括了中国通俗文学作品。由此可见，中国文学典籍西传至迟自十六世纪已经开始了。

在传教的过程中，来华传教士学习了汉语，包括一些汉语方言，编纂了一些汉语与西方语言对照的双语辞书；在读书以及与中国人的接触过程中，掌握了一些关于中国历史和文化的知识。他们还出于职责的要求，利用教会的渠道，向欧洲报道了一些中国的情况，使欧洲人对遥远而神秘的中国文化充满了向往之情。这些耶稣会传教士主要来自葡萄牙、意大利、法国、西班牙等国家。意大利利玛窦（Matteo Ricci, 1552—1610）、龙

---

① 孙崇涛、黄仕忠:《风月锦囊笺校·前言》，中华书局，2000年。按：差不多与此同时，1575年，西班牙奥斯定会会士拉达（Rada, 1533—1578）率领一个西班牙使团到达中国福建，于当地获得一批中国文献并将其带回欧洲，这一批珍贵的中国文献现藏西班牙马德里国家博物馆，参看吴孟雪:《明清时期：欧洲人眼中的中国》，中华书局，2000年，页179—180。

华民（Nicolas Longobardi, 1559—1654）、卫匡国（Martino Martini, 1614—1661），葡萄牙曾德昭（P. Alvarus de Semedo, 1585—1658）、金尼阁、白晋（Joachim Bouvet, 1656—1730）、冯秉正（Joseph-François-Marie-Anne de Moyriac de Mailla, 1669—1748）等人是来华耶稣会士的代表，在中西文化交流中发挥了重要的作用。他们根据在中国居留期间的生活经历和积累的中国知识，或者撰写专书，或者以书简报告的形式，向欧洲人介绍他们所了解到的中国。其中比较重要的著作，有利玛窦《中国札记》、曾德昭《大中国志》、卫匡国《中国先秦史》、冯秉正《中国通史》等。1995 年，上海人民出版社出版了朱静编译的《洋教士看中国朝廷》，书中摘译了一些十七、十八世纪来华耶稣会士的书简。2001 年和 2005 年，大象出版社先后出版的《耶稣会士中国书简集》共六卷，使我们可以更多地窥见耶稣会士书简的内容与价值。总的来看，这些著作和书简中较多涉及的是中国历史、语言和文字，涉及文学作品尤其是文学作品翻译者很少。

尽管如此，这些论著和书简仍然为当时的欧洲尤其是西欧人提供了关于中国的知识。那些对中国充满好奇的欧洲学者，虽然没有到过中国，只靠消化这些相关的报道，汇总各种来源的资讯，就能在书斋里编成一部有关中国的专书。这类作者缺乏对中国的切身接触或实地体验，当然不免道听途说，但这种类似“攒”出来的书，意在求全，追求面面俱到，却在很大程度上满足了当时欧洲人探索中国的求知欲望，而且产生了广泛而持久的影响。例如，《中华大帝国史》的作者、西班牙历史学家门多萨，就从来“没有到过中国或亚洲”。他收集整理了使华传教士的信函、文件、报告等，参考当时已经出版的多种有关中国的著作，在 1585 年用西班牙文在罗马出版了《中华大帝国史》。此书“是编写而成，因此在编写过程中，自然由于缺乏亲身感受，有的地方出现疏漏或者错误”[①]，但它仍然旋即被译成多种欧洲语言，风靡整个欧洲。此书对中国的介绍涉及方方面面，也简单提到中国的语言和文字，却并没有涉及中国文学。至于来华传教士的著作，如卫匡国的《中国先秦史》、利玛窦的《中国札记》等书，基本上也都没有对中国文学的专门介绍。这是因为，一方面，对旨在向中国人灌输基督教信仰的传教士来说，了解中国文学对他们的宗教事业并没有多少直接助益，自非当务之急。即使在西书中译的过程中，传教士们所翻译的书籍大多数也是与其传教相关的，少数是有关天文历法之类的书籍，因为后者较易吸引中国皇帝及士人的注意。1625年，金尼阁所选译的《伊索寓言》[②]，其着眼点亦在于传教而不是文学传播。即使这样的例子，在当时也是相当罕见的。另一方面，当时大多数传教士还只能粗通中文，对他们来说，理解文学作品，哪怕是小说、戏曲等通俗文学，都相当费力，更不必说翻译精深雅丽的中国诗歌。对中国文学的介绍和研究滞后于对中国语言、历史、地理等方面的介绍与研究，其主要原因就在这里。中国文学西传的步伐较慢，原因也在这里。

耶稣会士致力于汉语学习，了解中国文化，译介中国典籍，经历了一个渐进的提升过程。随着在华耶稣会传教士汉语水平的提升，中国典籍的西译亦被提上了议事日程。在中国典籍之中，既是儒学思想经典、同时又是当时中国士人必读典籍的《四书》，最先受到耶稣会士的关注，并被译为西方文字。在早期耶稣会士中，利玛窦的汉语能力比较突出，“遗著甚多，泰半皆为汉文作品”[③]。1593年，利玛窦将《四书》翻译为拉丁文，并略加注释。此后，比利时传教士柏应理与人合作完成了《西

---

① 《中华大帝国史》之《中译者前言》。

② 译者将其改题为《况义》刻于西安，参看［法］费赖之著，冯承钧译:《在华耶稣会士列传及书目》，中华书局，1995年，页122。

③ 同上书，页41。

文四书直解》，此书更详细地介绍了孔子的生平以及《四书》中所体现的孔子思想。众所周知，《四书》包括出自《礼记》的《大学》《中庸》两篇以及《论语》《孟子》二书，而《礼记》《论语》《孟子》三书又可以视为中国先秦散文的代表，因此可以说，这两部《四书》译本在向欧洲输入儒学学说的同时，客观上也译介了中国文学作品。

1641 年，葡萄牙传教士曾德昭以葡语完成了《大中国志》一书。1642 年，此书被译为西班牙语，在马德里出版，其后又被译为意、法、英等文字。在这部十七世纪中期最为重要的汉学著作中，曾德昭不仅介绍了中国社会文化的各个方面，还介绍了中国的诗词（特别是五律诗体与中国诗歌中的对仗）。所以，有学者认为，“在来华传教士中，曾德昭最先认真研究了中国文学，并向欧洲介绍”[①]。同时稍后的另一位葡萄牙传教士安文思（Gabriel de Magalhães, 1609—1677）也娴习中国语言文字，曾撰文译介《大学》的片断，并介绍了《诗经》。其书被译为法文，1688 年在巴黎出版，名为《中国新志》。

十七世纪后期，法国耶稣会士大批来华。他们大都受过良好教育，有很好的科学文化素养，所以来华之后，他们在中国语言文化的学习与研究方面也表现出很强的能力，达到了较高的水平。这批传教士之中，包括张诚（J. F. Gerbillon, 1654—1707）、白晋、马若瑟、冯秉正等著名传教士。《四书》《五经》是他们译介的重点。据文献记载，白晋曾著有《诗经研究》一编，其详细内容未详。[②]马若瑟精通中文，不仅与白晋等人一起钻研《周易》《春秋》《老子》《淮南子》等中国经典，还依据《尚书》来研究中国上古史，研究中国古代神话，撰有《〈书经〉以前时代与中国神话之寻究》，附刊于宋君荣所译《书经》之前。他的《书经》

---

① 计翔翔：《十七世纪中期汉学著作研究》，上海古籍出版社，2002 年，页 84 注 1。
② 《在华耶稣会士列传及书目》，页 438。

和《诗经》译文，后来皆附载于杜赫德《中华帝国通志》之中。此外，法国传教士傅圣泽（Jean-François Foucquet, 1663—1739或1740）也“开始翻译《诗经》，附有解说，曾将基督教教义附会中国旧说”①。其后，他的同胞孙璋（Alexandre de la Charme, 1695—1767）亦有《诗经》译文，在翻译过程中，孙璋曾参考了当时的满文译本。1830年，孙璋的译本刊刻于斯图加特。②

《四书》《五经》之外，戏剧、通俗小说、散文、传记等各种体裁的文学作品，也相继进入了耶稣会传教士的视野。1731年，马若瑟翻译了元代剧作家纪君祥的作品《赵氏孤儿》。如果按照传统学术分类，不把《诗经》《四书》等中国经典当作文学作品，那么，《赵氏孤儿》应该是第一部被译介到欧洲的中国文学作品，马若瑟则是第一位真正从事中国文学翻译的欧洲人。法国汉学家雷慕沙说，“若瑟之传教热忱，鼓励其研究中国语言文字。其研究与一般传教师异，盖其志不仅在肄习传教必需之语文，而尤注重于寻究中国载籍中之传说，有裨于宗教者予以利用，发挥教理，若瑟此类研究成绩甚优，甫数年即能用优美的中国文字著书立说”；又说，“传教中国诸传教师中，于中国文学造诣最深者，当推马若瑟与宋君荣二神甫。兹二人之中国文学，非当时之同辈与其他欧洲人所能及”。③

差不多与此同时，法国传教士殷弘绪（François-Xavier d'Entrecolles, 1662—1741）翻译了《今古奇观》的四篇作品，包括《庄子休鼓盆成大道》《怀私怨狠仆告主》《念亲恩孝女藏儿》《吕大郎还金完骨肉》。这四篇作品的主题都与家庭伦理关系有关，可以由此窥测中国人的家庭生活及其社会关系，也许这就是殷弘绪在诸多拟话本作品中对它们情有独钟

① 《在华耶稣会士列传及书目》，页559。
② 同上书，页748。
③ 同上书，页526、527、528。

的原因。赫苍璧（Julien-Placide Herieu, 1671—1746）翻译了康熙钦定《古文渊鉴》和刘向《列女传》等[①]，前者是一部自《春秋左传》至宋代的古文选本，后者则是一部女性传记集。在当时，《今古奇观》是近代文学作品，而《古文渊鉴》和《列女传》则是古代文学作品，可见译者的态度并不厚古而薄今。

到了十八世纪，中国文学西译的广度和深度都有了进一步发展。钱德明（Jean-Joseph-Marie Amiot, 1718—1793）是这一时期汉籍西译的重要人物。他得到华人杨雅各的帮助，翻译乾隆皇帝《盛京赋》，成《御制盛京赋译注》，1770年"由吉涅在巴黎刊行"。这很可能是第一篇被译介到西方的赋作。"译文并附有东三省地理物产，以及中国古俗与（满文）三十二体字之说明。"由于《盛京赋》是一篇京都大赋，篇幅较长，翻译难度相当大，因此，钱德明的法文译本"过于偏重意译，未免疏舛"，也是可以理解的，"译文后附有乾隆御制诗两篇：一咏茶，一咏某村荒年发现藏谷事"。[②] 钱德明还翻译了乾隆《平定金川颂》，并介绍了1757年御制的《平定厄鲁特诗》。[③] 尽管作者乾隆身份特殊，但这些译作无疑可以表明译者对当代文学作品的重视。此外，据《在华耶稣会士列传及书目》，韩国英（Pierre-Martial Cibot, 1727—1780）也曾翻译过中国古诗，题曰《司马光之园》，可惜原书未指明其具体所译是哪一首诗。[④] 韩国英所撰《论中国语言文字》一文中，也杂有《诗经》若干篇之译文[⑤]，那么，他对中国诗歌的语言特点应该有所了解。

朱静在《洋教士看中国朝廷·前言》中说，十七到十八世纪是天主

---

① 《在华耶稣会士列传及书目》，页591—592。
② 同上书，页882。
③ 同上书，页884。
④ 同上书，页942。
⑤ 同上书，页945。

教教士汉学的黄金时代，并称这些传教士“开创了欧洲的汉学研究”。严格来讲，传教士的这些著述大多数都只是对中国情况的介绍和报道，虽然比一般观光客的游记报告之类要深入具体一些，但大多数还算不上职业的学术研究。此外，他们的精力主要花在西书中译而不是汉籍西译上，其真正的兴趣在于传教而不在于中国文化之研究；因此，他们的影响一开始往往局限于宗教圈之内，只有当其著作由于种种机缘而面向社会大众，其影响才扩散到当时的知识界和学术界，而这种结果与他们的主观预期是有一定距离的。

二、中国文学艺术在启蒙时代的欧洲

中国知识的到来，为风起云涌的十八世纪欧洲的知识界和思想界带来了一股清新的风气。启蒙时代的欧洲，从这些中国知识中汲取了宝贵的资源，并根据自身的文化需要，进行阐释、转化与利用。

十八世纪中叶以前，英国人的中国知识大多数是从欧洲大陆输入的。其输入的媒介主要是书刊文本，包括已经出版的关于中国的游记、报告之类，以及到过中国的欧西人士寄回的书简等。这不仅包括《马可·波罗游记》这部最早的欧洲人所作的中国游记，还包括根据从十六世纪后期开始来华的耶稣会士的经历和见闻并汇集有关资料、由耶稣会士自身撰写或由他人编撰而成的关于中国的游记和报道。其中影响最大的首推1585年初版于罗马的西班牙人门多萨撰写的《中华大帝国史》。此书初版用西班牙文，但三年之后就有英译本在伦敦出版[①]，并受到英国人的欢

① 《中华大帝国史》之《中译者前言》。

迎和重视。再如，《中华帝国通志》的作者、巴黎耶稣会士杜赫德，和门多萨一样并没有到过中国。他长期负责编印那些从外国寄回来的耶稣会士的信件，根据这些信件，他编写了《中华帝国通志》，于 1735 年在法国出版。当时的欧洲人都认为，这本书对中华帝国做了相当“全面而权威”的报道，所以，书一出版，马上就有不止一种英文本在英国翻译出版，有两种译本的译者甚至为了争夺市场而相互攻讦[①]，足见当时英国对中国知识的热切渴望。此书之出版毕竟在《中华大帝国史》之后一百多年，因此书中所叙述的中国知识也比《中华大帝国史》准确全面一些，虽然两书都较少涉及中国语言文学及其艺术。

无论是出于简单的猎奇心理，还是为了严肃的知识积累，对中国文献典籍的搜集与积累都是不宜延宕的要务之一。除了前文提到的西班牙圣·劳伦佐皇家图书馆那批中国文献积存之外，马若瑟在这方面也做出了突出的贡献。他大量收集中国文献典籍，寄回法国，极大地充实欧洲的中国文献资源，利己利人。汉籍西传，为欧洲人理解与研究中国提供了文献基础，也推动了中国知识在欧洲的传播，使中国文化对社会一般民众和知识分子都产生了影响。在这一过程中，中国文学艺术所发挥的作用是相当突出的。

在思想史上，柏应理《西文四书直解》等书及其所介绍的孔子与儒家学说，对莱布尼兹、伏尔泰、孟德斯鸠、狄德罗等启蒙时期的欧洲重要思想家都产生了显著影响，并成为十七世纪末发源、十八世纪达到高潮的启蒙运动的重要思想资源。伏尔泰在其名作《风俗论》中称赞孔子“不是先知，他不自称得到神的启示，他所得到的启示就是经常注意抑制情欲；他只是作为贤者立言，因此，中国人只把他视为圣人。他的

---

① 参看《中国文化在启蒙时期的英国》，页 57—61；又《雾外的远音——英国作家与中国文化》，页 79—93、154—171。

伦理学跟爱比克泰德的伦理学一样纯粹，一样严格，同时也一样合乎人情。……世界上曾有过的最幸福、最可敬的时代，就是奉行孔子的律法的时代”[①]。于是，“孔子成了十八世纪欧洲启蒙运动的守护神。惟有通过他，才能找到同中国的联系。惟有孔子和经典著作才为人所译，为人所读”[②]。

关注中国戏剧和小说，是启蒙时代欧洲“中国热”的一项重要内容。与对中国艺术的接受相同，欧洲人在对中国戏剧和小说的理解与利用中，也是充满了自身的想象。《赵氏孤儿》是最早传入欧洲的中国戏剧作品，并在欧洲产生了始料不及的广泛影响。这是很典型的对外来文化进行创造性利用的例子，范存忠在《中国文化在启蒙时期的英国》一书中已作过详细的论析。1731 年，已经在中国传教多年的法国耶稣会士马若瑟将元代作家纪君祥杂剧《赵氏孤儿》翻译成法文。这一剧本很快被另一位耶稣会士杜赫德编入其《中华帝国通志》中，在欧洲广为流传，在法国、英国、德国、意大利等国，这一剧本被多次翻译或改编上演。在英国，就有不止一种译本和改编本。《赵氏孤儿》说的是一段发生在春秋时代赵国的故事，其主题是表彰程婴、公孙杵臼等人的忠义，其故事来源于《史记·赵世家》，在中国可谓人人耳熟能详。虽然这些翻译改编本与纪君祥原本相比，并不见得忠实准确；但是，翻译改编本似乎更能体现当时欧洲人对中国戏剧的理解、接受与利用。

先来看英国改编本。英国人哈切特（William Hatchett）的改编本，改题为《中国孤儿：一个悲剧的故事》，这说明他不仅将《赵氏孤儿》作

① ［法］伏尔泰著，梁守锵等译：《风俗论》，商务印书馆，2009 年，页 253。

② Adolf Reichwein and J. C. Powell tr., *China and Europe: Intellectual and Artistic Contacts in the 18th Century*, London: K. Paul, Trench, Trubner, 1925, p. 77。参看《明清时期：欧洲人眼中的中国》，页 206。

为中国戏剧的代表，而且以西方的悲剧与喜剧观念来区分中国戏剧。英国批评家理查德·赫德（Richard Hurd）则认为，《赵氏孤儿》“是模仿自然的成功的作品，是中国人民的智慧的产物，是可以跟古代希腊的悲剧相比”[①]。他特别指出，此剧与古希腊悲剧家索福克勒斯的《厄勒克特拉》(*Electra*）很相似，两者都是“以怨报怨”的主题。[②]其次，在这一改编本中，《赵氏孤儿》一剧中的人物、地点、结构乃至主题都有很大改动。“哈切特的《中国孤儿》卷首有一张剧中人物表，在略为知道一些中国文物的人来看，一定觉得是非常可笑的。元曲《赵氏孤儿》里的人名都给改了，换上一些古怪的名字，但仔细推敲起来，都有其来源。来源就是杜赫德的《中国通志》。《中国孤儿》里的角色，有些是历史人物的名字，有的是地理名词，有的则是小说人物的名字，来自《今古奇观》。杜赫德的《中国通志》刊载了《今古奇观》的部分译文，一共四篇，其中两篇是《怀私怨狠仆告主》与《吕大郎还金完骨肉》。很奇怪，这两篇里的一些人名、地名变成了《中国孤儿》的角色。更奇怪的是，地名变为人名，男名变为女名，女名变为男名，上下数千年历史人物的姓名随便安排，屠岸贾改成萧何，公孙杵臼改成老子，提弥明改成吴三桂，赵武改成康熙，真是扯得太远了。哈切特还对‘康熙’二字作了解释，说是在‘苦闷与悲伤’中得胎的。”[③]据说，这是为了讽刺当时的英国首相罗伯特·沃尔波尔（Robert Walpole, 1676—1745），它“以首相弄权、朝廷腐败为主题。这本采取戏剧来进行政治斗争的作品，就在沃尔波尔于1742年被迫下台前不久出版”[④]。这一改编本的政治讽喻目的至为明

---

① 《中国文化在启蒙时期的英国》，页117。
② 同上书，页115。
③ 同上书，页121—122。
④ 同上书，页75。

显。在这里,《赵氏孤儿》成为欧洲人的社会现实批判的凭借。

法国改编本出自伟大的启蒙思想家伏尔泰之手。伏尔泰改编的《赵氏孤儿》亦改题《中国孤儿》,故事的背景从春秋改成了成吉思汗征服中国的时代,剧本中的人物与情节也做了相应的改动,原先的忠义主题也变成了文明与野蛮、理性与蛮野的较量。显然,这位启蒙思想家要利用这一剧本来宣传自己的思想主张,这从其改编本的副标题"孔子道德五幕剧"中亦可以看出。在他看来,孔子的道德思想是这一剧本的核心,欧洲人可以从中汲取启迪和教化。《中国孤儿》1755年在巴黎上演,为法国大众了解古老的中国文明和儒家传统,树立了一个生动的榜样。后来其剧本被译介到英国,颇受欧洲观众、读者的欢迎。1759年,英国演员和谐剧作家出身的阿瑟·谋飞以伏尔泰本为基础再做改编,意在通过此剧"从中国的东海之滨给咱们英伦人士勇敢地带回了一些孔子的道理"[①],说教意味比较浓厚。其舞台演出十分成功。剧中中国抵抗鞑靼,鼓舞了当时处于英法七年战争的英国,有政治意义。"在十八世纪后期,这一剧本不但在英国舞台仍能上演,而且也走上了爱尔兰舞台与美国舞台。"[②]

1781年,德国伟大诗人歌德(Johann Wolfgang von Goethe, 1749—1832),也利用《赵氏孤儿》的情节结构,创作了《额尔彭诺》,其故事背景从古中国改成古希腊,与伏尔泰改编本异曲同工。总之,在介绍、翻译和改编《赵氏孤儿》的过程中,欧洲人利用中国文化的目的性也是十分明确的。

此外,这一时期也出现了很多中国主题小说,借用中国题材,编造故事情节,假设中国人物,以充满异国情调的人物故事背景以及理想化

① 《中国文化在启蒙时期的英国》,页137。
② 同上书,页142。

的东方形象，来吸引读者，达到宣传自己的思想与社会主张的目的。欧洲人的这种想象之中，固然充溢了对遥远中国的热情，但由于缺乏直接了解，其描述也不免理想化、一厢情愿、推崇过当。

中国文化对启蒙时代欧洲产生影响，除了通过文献典籍这一媒介，输入欧洲的中国器物产品也是一种重要媒介。如果说典籍文本所提供的详细的文字记载，主要是关于中国古代经典和历史的记忆，那么，器物产品则使欧洲人通过直接使用和接触，而对现实中国以及中国人的生活方式及艺术特点有所理解。一物之微，对欧洲人来说往往意味无穷，足以引发他们的丰富想象。例如，从中国出口到欧洲的茶叶、瓷器和扇子，经由多种渠道进入欧洲的中国绘画以及各种工艺品也不胜枚举，引起了欧洲宫廷、贵族以及知识分子的广泛兴趣。来自中国的美术品，早在1700年巴黎商品展览会上就有销售。十七世纪画家伦勃朗的一些风景画作品，如《冬天的风景》，带有颇为明显的中国意味，很可能受到了中国画的影响。在当时欧洲社会中，刮起一阵“中国风”，先从上层贵族开始，继而向社会上广泛传播。十九世纪欧洲大文豪、法国著名作家雨果（Victor Hugo, 1802—1885）酷爱中国文物，收藏了大量中国瓷器，至今在巴黎雨果故居的客厅中，仍然摆满了包括瓷器、丝绸在内的各种风格的中国文物，古色古香，散发出浓烈的中国韵味。当雨果得悉圆明园被英法联军焚毁时，他发出了强烈的抗议，这体现了他对中国文化的深挚感情。

所谓“中国风”，就是以使用中国器物产品、模仿中国人的生活方式为时髦。实际上，这是一种文化情感的寄托，是对他者的一种文化利用。在对中国生活方式并不精确的模仿中，体现的是西方人对遥远的东方的一种想象。这些来自中国的器物产品，重要的不是其具体的使用价值，而是其所代表的文化符号及其所承载的文化意义。瓷杯、茶壶、挂

利传教士马国贤（Matteo Ripa, 1682—1745）到了英国，这个曾经绘有《避暑山庄三十六景》、精通园林绘画的传教士，将中国园林元素引入欧洲，对十八世纪的英国园林以及欧洲园林都产生了显著的影响。无论是在当时西方人所绘的中国园林中，还是在模仿中国园林而兴建的园林中，也就是说，无论是在想象还是在现实中，"塔"往往成为中国化园林中不可或缺而又十分突出的中国元素。[①] 始建于明初的大报恩寺塔，高耸于南京城南，在十九世纪六十年代毁于战火之前，它一直是南京城最引人注目的地标。早在十六世纪，这一地标就引起了耶稣会士的注目，在十九世纪到访南京的西方人士的报道中，报恩寺塔也向来是一项不可缺少的内容。这一方面是因为报恩寺塔高耸矗立，十分醒目；另一方面更因为在西方人的眼中，塔是中国园林建筑的重要标志，具有文化上的震撼力和冲击力。

三、中国文学作品的外译

中国文学作品的西译始于十六世纪来华的西方传教士，在十九世纪以前，其规模与数量都相当有限。由于缺乏全面理解，其认识自有偏差，其利用也比较主观。例如，英国人珀西（Thomas Percy）对中国语言文学颇有兴趣，编译有《好逑传》，还编有《中国诗歌片断》和《中国杂文汇编》等。《中国杂文汇编》介绍中国诗文。《中国诗歌片断》计二十首，包括《诗经》中的三篇，还有一些难以找到原出处，这也是早期译作中常见的问题，大多是因为其不注出处，或者翻译不够准确所致。珀

① 参看《东西方美术的交流》，页 573—575。又严建强：《十八世纪中国文化在西欧的传播及其反应》，中国美术学院出版社，2002 年，页 136—140，曾列举一些当时有塔的欧洲园林的例子。

西《好逑传》译本序言里说过，“中国人的才能在各种文艺方面显得渺小和贫乏”[①]，这当然是盲人摸象之谈。

如前述《赵氏孤儿》之例所示，欧洲人早期对中国文学的翻译与研究，主要是以利用为目的。例如，十八世纪著名语言学家、东方学家和诗人威廉·琼斯爵士（Sir William Jones, 1746—1794）就希望通过翻译《诗经》来研究中国的民族问题，同时希望东方的诗可以为陈陈相因的西方诗歌提供新的意象、比喻和典型。他翻译了包括《诗经》在内的很多东方的诗歌，但由于其汉语能力有限，只能作诗人的发挥，他翻译的《诗经·淇奥》一篇，虽然“格律整齐，吐辞干净”，但整体上看，却是“典型的十八世纪的英国诗歌，但其中没有中国气味，没有一般人所向往的东方的魅力”。[②]

另一方面，这些西译的中国文学作品，也吸引了当时欧洲著名的学者和作家，如德国的席勒、洪堡、歌德等人，使他们产生了对中国文化的向慕之情。歌德读过《赵氏孤儿》《好逑传》《玉娇梨》《花笺记》等中国古代文学作品的德文译本，这些作品对歌德的文学思想和文学创作都产生了影响。在中国，《好逑传》本来是一部以才子佳人为主题的小说，又名《侠义风月传》，在民间被称为“第二才子书”，但在中国文学史上并没有多高的地位，也没产生多大的影响。1761 年，这部小说的译本在英国出版，几年之后又被翻译成法文和德文，在欧洲大陆广为流行，前后产生了十余种译本。欧洲读者们所看重的，是书中主人公铁中玉和水冰心所代表的那种中国道德，即两人在恋爱中所表现出来的以理性战胜欲望的坚贞品质。歌德在读过《好逑传》之后，非常兴奋，也十分赞赏，认为“中国人有成千上万部这类作品，而且在我们的远祖还生活在野森

---

① 《中国文化在启蒙时期的英国》，页 157。
② 同上书，页 197。

林的时代，他们就有这类作品了”[①]。他甚至认为：“世界文学的时代已快来临。”[②]他的诗作《中德四季晨昏杂咏》，则是在英译《花笺记》的影响下创作的，这也表达了他对中国文化、对东方文化的向往之情。除了《赵氏孤儿》《好逑传》《花笺记》之外，其他译作也对欧洲产生了影响。例如《庄子休鼓盆成大道》。庄子休之妻田氏被称为“中国式的以弗所妇女”（Ephesian Matron a la Chinoise），伏尔泰在哲理小说《查第格》（*Zadig*）中也利用了其中的一些情节。[③]

十九世纪以后，中国文学作品西传加快了步伐，扩大了规模，其水平也有了显著提高。造成这一结果的一个十分重要的因素是职业汉学家的出现。1814 年，法国设立了欧洲第一个汉学讲座，其首任汉学讲座教授雷慕沙的汉学研究，就是以传教士马若瑟等人的研究为起点的。马若瑟为第一批欧洲汉学家提供了相关的中国文献基础，也为他们的研究翻译奠定了基础。作为中西文化交流的重要内容之一，欧洲人翻译中国文学作品有如下几个主要特点：

第一，在翻译中国文学作品时，译者根据自己的理解，对原作题目有所改动，或者删繁就简，或者根据文意重新命题。例如，魏理英译中国诗歌时，将汉乐府《上邪》改题为 Oaths of Friendship（友谊誓词）；白居易《游悟真寺》之题则被简化为 Temple（寺庙）。“上邪”二字取原诗首句为题，对于主题没有多少指示作用；改题则代表了译者对这首诗的新理解，虽然这一理解与本诗为爱情诗的传统理解颇相径庭。改题不只限于诗歌翻译，在其他体裁的文学作品中也不少见。例如魏理英译《西游记》，改题为 *The Monkey*（猴子）。

① ［德］爱克曼辑录，朱光潜译：《歌德谈话录》，人民文学出版社，1978 年，页 103。
② 同上书，页 116。
③ 《中国文化在启蒙时期的英国》，页 159。

第二，早期的翻译往往不完整，限于译者水平，不免避难就易，或基于其他原因而有所删略。例如1731年马若瑟所译《赵氏孤儿》，只翻译了其中的对白，而较难翻译的唱词部分则没有翻译。1834年，法国汉学家儒莲在马若瑟的基础上，完成了对《赵氏孤儿》全部曲词的翻译。长篇作品一般先有摘译，后有全译，某些作品被译者删减，甚至被改写。“三言二拍”等较大型的作品，是分期分批被译介到西方的。英国汉学家翟理斯和魏理翻译的诗歌及小说，有时有删略。魏理认为《西游记》某些情节重复冗长，故其译本对原书有所删节。这种选译性译介，固然可以看作是有意的误读，更可以从中看到西方人对中国文学的态度与理解。

第三，中国文学中的经典作品往往有多种译本，同一个译本也往往经过多次修订。以《诗经》为例，理雅各（James Legge, 1815—1897）译本最早，计有两种，译法都比较传统，一种是采用英诗押韵体式，另一种用苏格兰民歌体。法国汉学家葛兰言（Marcel Granet, 1884—1940）在其《中国古代的聚会与诗歌》（*Fêtes et Chansons Anciennes de la Chine*, 1919）中译介《诗经》，主要是将《诗经》当作从社会史角度研究古代中国的材料，他在翻译中几乎全盘接受毛、郑之说，而不加辨证。语言学家出身的高本汉（Bernhard Karlgren, 1889—1978）则能参考从汉到清各家说法，并充分发挥其语文学家在文字训释方面的特长，其译文比较严谨，学术性也比较强。诗人庞德（Ezra Pound, 1885—1972）所译《诗经：孔子编的经典诗歌》（*The Confucian Odes: The Classics Anthology Defined by Confucius*, 1954）则是属于文学利用型的译写，较多创造性的解释。魏理参考诸家译文，特别是参考了高本汉的译本，而更加注意其文学表达与诗歌的可读性，文学性最强。这几种译本各有特点，从一个角度反映了西方中国文学翻译的阶段性特征，也体现了其文

西方汉学界贡献了一批成就卓著的学者。

从出身背景来看，西方汉学家的构成，不外乎外交官、商人、传教士和职业学者等四种，但各自选择汉学研究人生的因缘又有所不同。外籍学者之所以选择汉学研究作为自己的终身职业，往往与家庭背景或早年经历有关。有的汉学家原来是使华外交官或在华传教士，如英国早期汉学家翟理斯、威妥玛（Thomas Wade, 1818—1895）、德庇时就是英国在华外交官出身，而美国早期汉学家、以《中国总论》（*The Middle Kingdom*）一书驰名欧美汉学界的卫三畏（Samuel Wells Williams, 1812—1884），则是身兼传教士和外交官两种身份。他们都是从外交官任上退职后，才出任英美名校的汉学教授的。撰有《旧中国杂记》《广州“番鬼”录》的亨特，则是在广州经商的美国商人。翟理斯之子翟林奈（Lionel Giles, 1875—1958）后来也成为一名汉学家，明显有其家庭影响。有的汉学家出生于在华西方传教士家庭，少小曾在中国生活过，后来回国接受教育，又选择汉学研究为终身职业，如以研究六朝文学蜚声学界的美国著名汉学家马瑞志（Richard B. Mather, 1913—2014）；有的汉学家则是由于有一段在华工作或生活的经历，而走上了汉学研究的道路，如研究中国艺术史的专家苏立文，“二战”期间，他曾在华工作，从此与中国艺术结下了不解之缘。还有的则是由于在人生旅途的某一段邂逅美丽而迷人的中国文学，从此恋恋然不能割舍，而走上汉学研究的道路，如德国汉学家顾彬（Wolfgang Kubin, 1945—）、美国哈佛大学教授韩南（Patrick D. Hanan, 1927—2014）和宇文所安（Stephen Owen, 1946—）、西雅图华盛顿大学教授康达维（David R. Knechtges, 1942—）等人都有这样的经历。此外，也有很多华裔学者在西方从事汉学研究。

总的来看，在上述四种背景中，传教士、外交官或商人背景的汉学家大多出现在汉学史的早期阶段。自第二次世界大战以来，在大学或研究机构从事汉学研究者，则基本上都有职业教育的背景，华裔学者所占的比例也明显提高，这一趋势至今未曾减退。同样是华裔汉学家，由于个人的生活经历与学术背景不同，其所选择的学术道路、所采用的学术方法也就有所区别；其共同点是他们无一例外地受到西方学术传统的影响，不同点只是所受影响的程度深浅不同而已。刘若愚（James J. Y. Liu, 1926—1986）是中国古典文学研究名家，在中国古典诗词、中国文学理论、游侠文化等领域都有专深的研究，体现出较多的西方文学理论与学术传统的影响。在他的多种专著中，《中国文学理论》一书从西方文学理论观点出发，重新梳理中国文学理论的体系，表明他对西方文论体系沉潜有年，深有体会。周策纵（Tse-tsung Chow, 1916—2007）治学出入文史、跌宕古今，在“五四”运动史、上古文学、红学以及诗词创作等方面，都有引人注目的成果。从总体来看，他虽然长期执教于美国大学，但其学术风格仍然显露鲜明的中国传统学术的特色。当然，这并不意味着他的研究丝毫没有西方学术的影响。实际上，他的颇具分量的长篇论文《诗字古义考》既融合了文献学、古文字学和上古史等中国传统学术方法，也应用了比较文学、人类学等西方学术的视角，体现了中西交融的学术特色。[①]叶嘉莹（1924—）早年毕业于辅仁大学中文系，师从著名学者顾随，在古典诗词创作、鉴赏与研究方面打下了坚实的基础。后来，她又长期执教于加拿大不列颠哥伦比亚大学亚洲学系。这种特殊的经历，使她不仅在运用中国传统文献与学术方法方面得心应手，而且熟知西方文学理论，所以能够将新旧中西多元多姿的文化融会贯通，取精用宏，形成自己的研究特色。她的专著《杜甫秋兴八首集说》凝聚的是她对中国文学研究的传统方法的谙熟与尊重。她

① ［美］周策纵著，程章灿译：《诗字古义考》，载《古典文献研究》（1993—1994），南京大学出版社，1995年；后收入赵益、程章灿编：《借石他山：〈古典文献研究〉三十年译文精粹集》，商务印书馆，2019年。

发表于《哈佛亚洲学报》(*Harvard Journal of Asiatic Studies*，简称 *HJAS*)上的论文《吴文英词的现代观》(Wu Wen-ying's T'zu: A Modern View, *HJAS*, Vol. 29)则集中体现了她所承受的现代西方文学理论的影响。她的《从现象学到境界说》，又以西方现象学说来解释王国维的"境界说"，使"境界说"的诠释更明晰精切。至于她与四川大学教授缪钺合作完成的《灵溪词说》，从实质意义和象征意义两方面都可以说是中西古今理论与方法的结晶。[①]

与华裔学者接受西方学术观念和研究方法相映成趣的是，非华裔的欧美汉学家往往取有汉名。这些汉名以其西文姓名为基础，通过巧妙的音义配合，散发着浓郁的中国文化气息。卫三畏的名字出自《论语·季氏》"君子有三畏"，以研究汉魏六朝文学驰名的法国汉学家桀溺(Jean-Pierre Dieny, 1927—2014)之名亦出自《论语·微子》。至于高本汉以及另一位法国中古文学研究名家侯思孟(Donald Holzman, 1926—)，其高度汉化的名字也非常切合他们的职业。这些汉名有的是中国人代拟，有的则是他们自取，但不管怎样，这些名字多少都体现了他们对中国文化的某种认同。至于在研究方法上，尽管他们都是在西方文化之中成长起来的，但由于不同的教育背景和学术追求，他们在研究中国文学的过程中也呈现出不同的学术个性。那些在中国语言文学研究领域成就卓著的学者，其研究方法基本上都形成了独特的学术风格。

从宏观的角度来看，西方人研究中国文学的学术方法，可以分为两大派别。一派是传统欧洲汉学的语文学(philology)研究方法，比较重视以语文训释为基础对文本展开阐释，其研究工作注重对原著的翻

① 叶嘉莹:《杜甫秋兴八首集说》，上海古籍出版社，1988年。叶嘉莹:《从现象学到境界说》，原为1986年起在《光明日报》连载之"迦陵随笔"之三，后收入叶嘉莹:《词学新诠》，北京大学出版社，2008年。缪钺、叶嘉莹:《灵溪词说》，上海古籍出版社，1987年。

译、详细注释和评论，瑞典汉学家高本汉就属于这种路子。他不仅从流传著录角度，而且从语法结构及其历史语言学的角度，致力于先秦典籍研究，完成了《诗经注释》《书经注释》《左传注释》《礼记注释》《老子注释》等著作，还发表了《〈左传〉成书及其真伪的研究》（On the Authenticity and Nature of "The Tso Chuan", 1926）、《中国古籍的真实性》（The Authenticity of Ancient Chinese Texts, 1929）、《〈周礼〉和〈左传〉的早期历史》（The Early History of "The Chou Li" and "Tso Chuan Texts", 1931）、《颂诗韵考》（The Rimes in the Sung Section of "The Shiking", 1935）等论文，学风朴实，功力深厚。以翻译《世说新语》闻名的马瑞志和以英译《文选》而著称的康达维，同样属于这样一种学术风格。他们在译文中所体现出来的学术功力，令人赞叹。另一种流派则主要将社会科学的各种研究方法引入文学研究，包括社会学、统计学、人类学、民族学等，探索新的研究途径与阐释可能。曾经师从法国著名社会学家杜尔凯姆（Émile Durkheim，旧译涂尔干）的法国汉学家葛兰言，较早采用社会学和民族学的方法研究《诗经》。他利用在中国边疆地区某些民族中观察得到的事实进行可比性研究、佐证，认为《诗经》十五国风的作品，是古代农业村社青年男女在季节性节日赛歌时的男女轮唱，其成果集中体现于博士论文《中国古代的节日和歌谣》（1919年）以及《古代中国的舞蹈与神话》（1926年）等论著中。这一研究思路对于侯思孟、桀溺等后辈的法国汉学家皆有影响。如果说前一派方法可以称为传统汉学（Sinology）研究方法，那么，后一派的研究方法则可以称为中国学研究（China studies）方法。

这两派研究方法的升降，与西方汉学的发展有着密切的联系。第二次世界大战之后，欧美汉学有了长足发展，其中最值得注意的趋势有两个，一个是汉学研究中心从欧洲转到了美国，一个是美国学术界所倡导的作为地区研究（area studies）之一部分的中国研究越来越受到重视。随着美国国力的强盛，“二战”期间和战后，有很多汉学人才从欧洲移居美国，同时也由于东西方“冷战”格局的形成，各大学和研究机构中的中国研究项目受到了政府和基金会的资助，获得了强劲的发展动力。这一点在中国文学史的研究领域表现得尤其突出。在1945年以前，专门研究中国文学的职业汉学家犹如凤毛麟角；而在1945年后，这一现象明显改变。海陶玮（James R. Hightower, 1915—2006）教授在哈佛大学开坛讲学，编写《中国文学专题》（*Topics in Chinese Literature*）以培养人才，这本身说明了中国文学教育的普及及其重要性的提升。二十世纪六十年代，仅在美国，就出版了陈受颐（Ch'en Shou-yi, 1899—1978）、柳无忌（Liu Wu-chi, 1907—2002）、赖明（Lai Ming，音译）、华滋生（Burton Watson, 1925—2017）等四种英文本中国文学史。虽然四书重点各异，篇幅长短亦各不同，但其服务于西方汉学教学之需要，着眼于中国文学知识之普及与西渐，却是殊途同归的。[①] 时过境迁，这批文学史的出版距今已近半个世纪了。在这半个世纪中，西方的中国文学翻译与研究，无论就其深度与广度而论，皆已今非昔比。进入二十一世纪，随着中国国力的上升，在国际舞台上的影响力也与日俱增，学习中国语言文学的西方学生的数量也日益增长，于是，剑桥大学出版社和荷兰莱顿大学出版社分别组织一批西方学者，编写新的中国文学史著作，以反映最新的中国文学研究成果，并适应当今西方汉学教育和学术研究的要求，也满足日新月异的西方读书界了解中国文学的需要。

从学术研究队伍组织和力量分布来看，大学无疑是当今西方汉学研究的核心。有关汉学的师资和研究人员，大多分布在大学中的亚洲系或

---

① 参看拙撰《五种英文本中国文学史著作评述——兼谈中国文学史的编撰问题》，《跨文化对话》第2辑，上海文化出版社，1999年。现已收入本书。

者东亚系、外语系、语言中心或者比较文学系，此外在人类学、历史系等人文社会科学系科，也有一些从事中国研究的人员。就美国而言，目前从事汉学研究的机构与人员明显多于欧洲。在美国，除了美国亚洲学会（the Association of Asian Studies）、东方学会（the American Oriental Society）、中国文学和比较文学国际学会等这一类规模比较大的学会之外，根据研究范围划分的断代研究学会也有不少，比如早期中国研究会、中古中国研究会、唐代研究会，并都出版有学会刊物。作为民间组织，这些学会将为数并不太多的同行组织起来，定期召开会议、讨论切磋，彼此交流成果、协同合作，取得了不少的成绩。他们的教育、翻译、研究及其出版的成果，对于中国文学在西方的普及推广，是至关重要的。

第二，中国古代诗歌与二十世纪英语诗歌创作。

中国古代诗歌对二十世纪英语诗歌创作产生了明显影响，这主要是以汉学界的汉诗英译为中介而完成的。这种影响主要表现在三个方面：以庞德为中心的意象主义诗歌运动，魏理对中国古诗的创造性的英译，二十世纪五十年代末至六十年代初以美国旧金山文艺复兴（San Francisco Renaissance）为代表的诗歌运动对中国诗歌的吸收。

在二十世纪英语文学史上，一〇年代的意象派（Imagism）诗歌运动可以说是最引人注目的事件之一。二十世纪初的伦敦，被认为是当时英语文学的核心和圣地，庞德等英美诗人就是从伦敦开始他们的意象派诗歌运动的。参加这一运动的英美诗人，先后有庞德、休姆（E. Hulme）、佛令特（F. S. Flint）、威廉斯（W. C. Williams）、杜丽特尔（Hilda Doolittle，亦简称 H. D.）、艾丁顿（Richard Aldington）、弗莱彻（J. G. Fletcher）、艾米·洛威尔（Amy Lowell）等。从 1909 年起，这些诗人就聚集在伦敦，东方诗学、日本俳句和中国古代诗歌成为他们研讨的主要对象，他们期望从中吸取英语诗歌创作的灵感，更新诗歌意象。他们不仅出版诗刊，发表诗作和诗歌评论，还从事中国诗歌的翻译和介绍，通过翻译体会中国古代诗歌的创作技巧和艺术特点，并融入自身的诗歌创作中。通过研译中国古诗，庞德认识到“诗歌应当不加解释或评论地直接描绘所观察到的事物，客观地表现从一连串意象中得到的感官体验的数据”[①]。庞德的诗《在地铁车站》(In a Station of the Metro) 就是这种审美趣味的典型代表，堪称意象派诗歌的代表作：

出现在人群里这一张张面孔；

湿而黑的树枝上一片片花瓣。

尽管庞德只承认这首诗是学习俳句的形式，实际上，此诗意象并列平铺式的安排，完全是中国传统诗歌的路数。

中国古代诗歌对意象派诗人创作的直接影响，主要表现在他们的汉诗英译上。庞德、艾米·洛威尔和威廉斯三人都曾经翻译中国古诗，影响比较大，1915 年庞德出版著名的汉诗英译集《华夏集》(*Cathay*)，1921 年艾米·洛威尔出版了她翻译的《松花笺集》(*Fir-Flower Tablets*)。两位诗人翻译家有一个共同点，即他们本身都不太懂中文。《华夏集》是庞德在东方学家费诺罗萨（Ernest Fenollosa）所撰中国古诗译稿的基础上修订完成的，《松花笺集》则是在长期寓居上海的罗伦斯·艾斯库夫人完成直译唐诗的稿本基础上修订完成的。实际上，他们的翻译不是简单的翻译，而是诗人创造性的改写，甚至应该看作是他们的创作，是对外来文学资源的创造性利用。特别是庞德《华夏集》，与其说是一部中国古诗翻译集，不如说是一部庞德创作集，其中的《长江别》(Separation on the River Kiang) 和《别友人》(Taking Leave of a Friend) 实际上是根据李白《送孟浩然之广陵》和《送友人》的诗意重写的。

---

① [美] 杰夫·特威切尔（Jeff Twichell）著，张子清译:《庞德的〈华夏集〉和意象派诗》，《外国文学评论》1992 年第 1 期。

庞德对中国儒家经典也有浓厚的兴趣，他阅读理雅各所英译的《中国经典》，并期望从中寻找济世的思想资源，同时从经典文本中汲取文学灵感。《论语·学而》："子曰：'学而时习之，不亦说乎？有朋自远方来，不亦乐乎？人不知而不愠，不亦君子乎？"庞德曾在《比萨诗章》第七十四章中化用《论语》此章之意：

学而见时光之白翼飞驰而过
　　这不是我们的快乐吗
有朋友从远方的国土来
　　这不是欢乐吗
也不要计较自己是否见知于人？①

显然，这并非《论语》的原意，由于庞德并不熟悉中文，因此，诸如此类的误读、误译、误用，在其作品中屡见不鲜。从另一个角度来说，也许，不谙中文反而给了他大胆误读的机会，成为其创造性译写的基础。意象派诗歌运动通常又被认为是现代派诗歌运动的先声，通过误读与挪用，中国古代诗歌参与了二十世纪英语诗歌现代化的进程，这是二十世纪中西文学交流融合最好的例证之一。

除了庞德以及意象派诗人以外，叶芝、艾略特这两位二十世纪英美诗坛最为重要的诗人，都相当关注并在不同程度上接触了中国古代诗歌。实际上，在二十世纪上半叶的英国，以伦敦布鲁姆斯伯里文化圈（Bloomsbury Group）为核心的许多重要知识分子，都饶有兴趣地阅读过中国古代诗歌，只不过他们所阅读的是魏理的英译本，而不是中文原本。魏理是二十世纪英国伟大的翻译家和汉学家。他一生译介了大量东方古典文学作品，他翻译的从《诗经》到袁枚的大量中国古代诗歌，在英语世界

① ［美］伊兹拉·庞德著，黄运特译，张子清校订：《庞德诗选——比萨诗章》，漓江出版社，1998年，页29—30。参看黄译本所附赵毅衡《儒者庞德——后期〈诗章〉中的中国》一文。

产生了巨大而深远的影响，不仅受到汉学家的好评，也获得包括叶芝、庞德、沃尔夫、莫纹（W. S. Merwin）在内的众多现当代英美诗坛名家的高度评价。他的英译汉诗，特别是《汉诗170首》（*Introduction to A Hundred and Seventy Chinese Poems*）和《中国诗歌》一版再版，还被转译为多种西方文字，甚至被谱成乐曲，广为流传。英美著名商业出版社和大学出版社竞相出版他的英译汉诗，行销近百年，至今不绝，大学图书馆和公共图书馆纷纷收藏其译作，可谓雅俗共赏。西方作家和学者们都习惯于引用他的译文，诗人们也将其译作当成自身创作的重要资源。魏理热爱诗歌创作，与庞德也颇有交往，甚至被看作庞德文学圈子里的一员。他的翻译兼重信达雅，注重诗意与语言优美可诵，但他毕竟有良好的汉学素养和很高的汉语水平，在翻译中不像庞德那样望文生义、自由发挥，而能比较忠实于原作。尽管如此，仍然有人认为他的英译汉诗是以翻译形式进行的创作，认为他的这些译作是二十世纪英语诗歌的杰作，并将其选入多种通行的英语诗歌选本，流传既广，有些诗作甚至被当作英语诗歌经典名篇，入选ESL（作为第二语言学习的英语）课本而向外传播，成为中国文学"出口转内销"的典型例证。1953年，魏理凭借这些英译汉诗而获得当年的英国女王诗歌勋章，这既是对他所从事的中国诗歌翻译功绩的莫大肯定，也是中国传统诗歌在现代西方的生命力和影响力的雄辩证明。魏理的英译汉诗以西方语言传达东方文学精髓和神韵，以其特有的兼具中西两种文化魅力的诗作，引导一代又一代西方读者进入中国古代文学和文化的迷人而灿烂的世界。很多年轻读者尤其是诗歌爱好者正是在这些译作的引领下，开始迷恋中国诗歌，并走上汉学研究或者在诗歌创作中借鉴汉诗的道路。[①]

---

① 参看拙撰《东方古典与西方经典——魏理英译汉诗在欧美的传播及其经典化》，《中国比较文学》2007年第1期；拙撰《魏理的汉诗英译及其与庞德的关系》，《南京大学学报》（哲学·人文科学·社会科学版）2003年第3期。

在中国诗人中，魏理特别喜欢白居易，不仅译其诗，为其作传，“二战”期间，他还模拟白居易诗体，以英语作诗赠送给时在伦敦的萧乾。[①] 美国当代诗人威廉斯作有《致白居易之魂》（To the Shade of Po Chu-I），从其题材与内容来看，都可以看到魏理的影响。美国当代诗人嘉路莲·凯莎（Carolyn Kizer）的《夏日近河之处》（Summer Near the River），就是从魏理英译汉诗集《译自中国文》（*Translation from the Chinese*）中撷取三段《子夜歌》和一首《莫愁乐》改写而成的。[②] 从这个意义上可以说，这些英译汉诗的影响力至今犹未消退。作为东亚古典文化遗产与现代西方文化融汇的一个案例，魏理英译汉诗在欧美的广泛传播及其经典化（canonization），对于省思全球化进程中文学翻译的作用，对于研究东西方文明的汇聚融合，无疑都是意味深长的。

在庞德和魏理之外，诗人宾纳（Witter Bynner）翻译的唐诗、雷克斯罗斯（Kenneth Rexroth，汉名王红公）译的《中国诗百首》（*100 Chinese Poems*）和诗人史奈德（Gary Snyder）译的《寒山诗》（*Cold Mountain Poems*），这些译文与学术研究论著中所出现的诗歌翻译不同，钟玲将它们称为“创意英译”。“这些译文成为美国诗人吸取灵感及丰富经验的对象，中国诗学遂进而成为他们自己诗观的一部分或成为自己诗作背后的理念。”[③] 美国诗人莫纹曾说：“我们对当今整体的中国诗歌译本负欠，我们深受这些译文对我们诗歌持续之影响。……它已经扩充了我们语言的范畴与能力，扩充了我们自己艺术及感性的范畴与能力。到了现在，我们难以想象没有这种影响美国诗歌会是什么样子，这影响已经

① 参看拙撰《魏理文学创作中的“中国体”问题——中国文学在异文化语境中传播接受的一个案例》，载张宏生、钱南秀编：《中国文学：传统与现代的对话》，上海古籍出版社，2007 年。

② 参看钟玲：《美国诗与中国梦》，（台北）麦田出版有限公司，1996 年，页 55。

③ 同上书，页 15。

成为美国诗传统本身的一部分。”[①]

在二十世纪五十年代到七十年代，寒山诗在美国青年之间颇为流行，先后出现了多种寒山诗的英译本。“这是因为寒山子幕天席地、徜徉大自然的生活方式多少呼应了美国青年所向往的生活：他超然世外、泠然无求、宁静自在的心境也是他们所追求的境界。”[②]在当时美国人眼中，寒山成为禅宗诗人、自然诗人和隐逸诗人的代表。由于诗人史奈德和小说家克洛厄（Jack Kerouac）等人的大力推荐，寒山诗对当时诗歌界产生了广泛的影响，这在旧金山文艺复兴运动的主角史奈德、雷克斯罗斯以及金士柏（Allen Ginsberg）等人的创作中都可以看得出来。“雷克斯罗斯则采用他心目中中国诗歌那种直接的、诚挚的语调，呈现现世生活中的诗隐情怀，并崇尚道家无为的思想及采用中国诗律之对仗及语法；而史奈德诗中则注入了禅宗思想、道家思想，并应用中国古诗的格律与语法来重新凝炼英诗诗句。”[③]雷克斯罗斯少年时期就喜爱中国文化，史奈德年轻时亦曾师从柏克莱加州大学（University of California, Berkeley）陈世骧（1912—1971）教授学习中国诗歌，他们在诗歌中吸收中国诗歌意象、语法、诗语以及物我关系表现手法的影响，而且广泛接收《道德经》及佛道思想的影响，还有意创作一些中国题材的诗作，例如史奈德《给中国同志们》（To the Chinese Comrades）、《仿陶潜》（After T'ao Ch'ien），凯莎《杜甫致李白》（Tu Fu to Li Po）等。

第三，欧美中国文学研究与西方人的理解与接受。

欧美学者面对中国文学传统，相对于中国学者而言，一般来说较少学术传统的负担，较少“前理解”或先入之见式的学术预设。在选择研

① 《美国诗与中国梦》，页 35。
② 同上书，页 24。
③ 同上书，页 25。

究对象时，也就没有多少条条框框。例如，从“五四”以来直至新时期以前，赋（尤其是汉赋）这种文体的文学作品，在中国多被认为是形式主义文学的代表，被看作是为封建统治者歌功颂德、润色鸿业的工具，被弃如敝屣，无人问津，而在欧美汉学界，则有不少学者非常重视这种文体，他们将其作为富有中国特色的文学，作为特殊形式的以铺叙为主的长篇描写诗，或者大量译介，如魏理；或者开展深入研究，如撰有《汉代宫廷诗赋作家司马相如》的法国学者吴德明（Yves Hervouet），又如出版《扬雄赋研究》（*The Han Rhapsody: A Study of the Fu of Yang Hsiung*, Cambridge: Cambridge University Press, 1976）等论著的美国学者康达维等。在小说研究方面，法国汉学家雷威安（André Levy）在二十世纪七十年代完成的《狐仙女的爱情，十七世纪的 12 个传奇故事》《中国传奇故事与小说研究》也与同一时代的中国学术界颇异其趣。

毋庸讳言，欧美中国文学研究在对象选择与评价标准设定方面，立足于西方文化，其理解与接受皆不可避免地体现西方文化的影响。在对象选择方面，西方学者较早较多注意戏曲小说、志怪故事、抒情诗歌，以及那些具有异国风情或与中西交通相关的文学作品。具体分析起来，其原因有三：一是求同，如戏曲小说与西方文学重视叙事文学的传统比较接近，因而最先引起西方学者的注意；二是寻异，《搜神记》《聊斋志异》《酉阳杂俎》等志怪故事、富有自然情趣的短篇抒情诗，以及其他具有异国风情的作品，也较多引起汉学家的关注；三是寻找相关性，与中外文学文化关系相关的题目，因而也容易进入他们的视野。无论是求同寻异，还是寻找相关性，都表明欧美学者在研究中国文学或文化时，不仅将对象作为异质文化的一种来理解，而且有着反躬自省的文化关怀，所谓“他山之石，可以攻玉”。也正是因为这个原因，中国文学会以一种在中国人看来颇显奇特或意外的方式被理解或接受，欧美汉学家的翻译与研究成果，也会转化为一种新奇的文化产品或资源。

在设定评价标准的时候，欧美学者常常不由自主地显露出他们的文学基础，表现出他们的文化立场。例如，魏理认为，总的来看，“中国的确没有足够分量的史诗和戏剧文学。小说是存在的，而且有其优点，但却从未成为伟大作家表达思想的工具”[①]。从诗人的态度和诗歌的题材来说，他认为，欧洲诗人“每喜以‘浪漫’姿态出现，甚至以情人自居”。中国诗人“不是以情人，而是以朋友的姿态出现”。由于朋友不能像夫妻那样长相厮守，免不了要离别，所以中国诗歌中充满了离别之作。“若说中国诗有半数是描写别离之情，当不为过。”[②]这种诗史评价观点影响了魏理对某些诗作的阐释。汉乐府中有一首《上邪》：

上邪！
我欲与君相知，
长命无绝衰。
山无陵，
江水为竭。
冬雷震震，
夏雨雪。
天地合，
乃敢与君绝。

这本是一篇爱情的誓词，而魏理则理解为友谊的誓言，并将此诗标

① Arthur Waley, *Introduction to A Hundred and Seventy Chinese Poems*, London: Constable and Company Ltd., 1918。其第一部分题为 The Limitations of Chinese Literature，有李棪中译本，题为《中国文学的局限》，载香港中文大学中国古典文学翻译委员会编译：《英美学人论中国古典文学》(*Essays on Classical Chinese Literature by British and American Scholars*)，香港中文大学出版社，1973 年。此处采用李棪译文。

② 同上。

题译为 Oaths of Friendship，并且将头两句译为：

SHANG YA!

I want to be your friend.

最后两句译为：

When Heaven and Earth mingle—

Not till then will I part from you.[①]

无疑，他是将这首诗作为一首抒写友情和别情的作品来看待的。而在中国读者看来，这也无疑是一种相当新奇的误读。这种误读是建立在他对中国古代诗歌极重友情的认识基础之上的。唐代诗人白居易与元稹的友情唱酬，在魏理眼里是中国古代诗歌独重友谊的最好证明。在他所写的白居易传记中，有不少篇幅是描述白居易与元稹、刘禹锡以及其他友人的交游唱酬活动的。

在理解、接受以及创造性利用中国文学方面，除了前文提到的庞德、威廉斯等诗人之外，职业汉学家是最为前沿的一批知识分子。瑞典学者高本汉的汉学家身份广为人知，不太为人所知的则是作为小说家的高本汉。二十世纪四十年代，高本汉以克拉斯·古尔曼（Clas Gullman）的笔名，发表小说创作，努力实践创作与学术、儒林与文苑的合一。[②]虽然他所写小说基本上没有什么中国元素，也基本上没有调用其汉学专业素养，但这种追求似乎与中国文化传统不无联系。在这一方面，荷兰汉学家高罗佩（R. H. van Gulik, 1910—1967）与其相映成趣。高罗佩一生颇具传奇色彩，这个生活在二十世纪西方文化氛围中的荷兰外交官，却痴迷于中国传统文化，其趣味与中国传统士大夫几无

① *Introduction to A Hundred and Seventy Chinese Poems*, p. 37.

② 参看［瑞典］马悦然著，李之义译：《我的老师高本汉：一位学者的肖像》第九章之《小说家高本汉》，吉林出版集团有限责任公司，2009 年，页 272—278。

二致，琴棋书画，无一不通。他喜欢收藏珍本汉籍，包括稀见的春宫画，并由此撰成《中国古代房内考》这部研究古代中国的性和社会的学术著作。他还喜欢钻研古代公案小说和法医学，并且学以致用，在二十世纪五六十年代，他用英语撰写了十五部系列小说《狄公案》，畅销一时，不仅被翻译为其他语言，还拍成影视，为他带来了很大的声名。特别值得一提的，他的《狄公案》系列小说也被译为汉语在中国出版，其故事亦被改编为电视剧而在中国演播。[①] 这是中国文学"出口转内销"又一个著名的例子。

汉学家的专门研究，其影响力大半局限于学术圈内。对于一般社会大众来说，他们吸收中国文学和中国文化知识的途径和媒介，主要是学者面向社会的公开讲演、作家的创作以及其他各类普及性著作。换句话说，在中国文学西渐过程中扮演重要角色的，除了专门研究者之外，还有身份背景各不相同的作家和一些公共知识分子。这里的作家是广义的，包括诗人、小说家和戏剧家。其中包括英国诗人奥登（W. H. Auden, 1907—1973）、美国小说家赛珍珠（Pearl S. Buck, 1892—1973）、德国戏剧家布莱希特（Bertolt Brecht, 1898—1956）和奥尼尔等。赛珍珠是美国长老会传教士之女，早年生活在中国上海，后回美国接受大学教育，继又出任金陵大学英国文学教授。1933 年，她第一次将《水浒传》（*All Men are Brothers*）译为英文。1938 年，她以小说《大地》（*The Good Earth*）获得诺贝尔文学奖，在世界文化界和文学界享有很高的声誉。她在诺贝尔文学奖领奖台上所做的题为《中国小说》的演讲，宣传并扩大了中国小说的世界影响。可以说，没有中国生活的经历和对中国小说的了解，她的这些成就是不可能取得的。布莱希特喜欢魏理的英译汉诗，

---

① 关于高罗佩的最新研究，参看施晔：《荷兰汉学家高罗佩研究》，上海古籍出版社，2017 年。

并在其所撰最有中国色彩也是最有名的剧作之一《四川好人》中引用了魏理所译中国古诗。他的戏剧也扩大了中国文学在西方的影响。《聊斋志异》中的一些故事，早在十九世纪就被译介到西方，后来经过一位名叫弗兰西丝·卡彭特（Francis Carpenter）的女士改编，成为在美国几乎家喻户晓的一种儿童文学读本中的故事，对英语社会的少年读者默默地发挥着影响。①

除了西方人的翻译与写作，一些华裔学者或文人也采用西文写作，促进了中国文艺及其审美趣味在西方的传播。其中最应该提到的是林语堂、熊式一和蒋彝。他们的创作在“二战”前后的英美文化界颇有影响。还有庚款留美的一批留学生，如闻一多、梁实秋、余上沅等，他们在美国上演中国题材的英语话剧，也产生了一定的影响，甚至被称为中国现代话剧的先驱。林语堂主要通过散文和小说形式，向国外介绍中国，包括中国文学，重点在中国人的生活方式和思想情趣，所撰《苏东坡传》不仅受到英语读书界欢迎，也被回译为中文在国内出版。熊式一将《王宝钏》《西厢记》等中国名剧翻译改编为英文，并在英美舞台上演出，不仅使英国文坛巨匠萧伯纳、威尔士感叹不已，而且在美国文化界也引起了很大反响。熊式一以英文撰成的长篇小说《天桥》亦享誉一时。蒋彝以“哑行者”（The Silent Traveller）之笔名撰写的系列游记，融诗、书、画、文四者为一体，使英语读者在追随其游踪的同时，领略中国文艺的形式特点，体会其独特的审美趣味。② 近年来，在西方世界也涌现出一些华裔作家，他们或者以英文创作，或者以中文创作，其影响圈子各不相同。至于其作品，或者只以中国为题材，或者与中国并无

① 参看拙撰《也说〈聊斋志异〉“被洋人盗用”》，《中华读书报》2003 年第 24 期。
② 参看拙撰《哑行者的混合语——读蒋彝〈湖区画记〉》，《复旦学报》（社会科学版）2017 年第 2 期。现已收入本书。

关系，他们在有效地向西方传播中国文学方面，成就尚不及蒋彝这一辈作家。

如果从（耶稣会）传教士汉学时代算起，西方汉学已有长达四百余年的历史。即使从十九世纪职业汉学家出现算起，西方汉学研究至今也已经有二百年的历史。在这一漫长的学术史中，经过各国学者的共同努力，西方汉学有了可观的学术积累，也逐渐形成了一个独特的、有别于中国的学术传统和知识系统。在这个传统中，某些学术问题会成为他们共同关心的课题，他们甚至会协同合作，以完成某一较大的研究任务。某一名家的某一论著或名译可能成为经典作品，为后来的学者或译者所依傍，或者称引。例如，擅长翻译中国古典小说（包括《金瓶梅》）的德国汉学家库恩（Franz Kuhn）的译本往往为其他欧洲译者所援据；而魏理所译《西游记》虽然是摘译本，影响却很大。此书 1942 年在伦敦初版，当年 11 月即重版，其后多次重印，在英美两国有多种版本，并在瑞典、西班牙、瑞士、荷兰、法国、意大利等国被译为当地语言出版。在魏理身后，他的遗孀阿利森·格兰特（Alison Grant）还将 *The Monkey* 改编成另一种版本出版。至于研究方面，霍克思（David Hawkes, 1923—2009）的楚辞研究、浦安迪（Andrew Plaks）的叙事文学研究，也早已成为欧美汉学界同行研究者经常称引的经典。有时候，这个西方汉学圈子的影响力，甚至扩展到东亚的日本，近年来更波及中国。1951 年 6 月，魏理著作《李白的诗歌与生平》（*The Poetry and Career of Li Po*）由 George Allen and Unwin Ltd. 出版。此书同时由纽约 The Macmillan Company 出版，曾在 1958、1969 年两次重印，1969 年被译为西班牙文，1973 年被译为日文。日文版由岩波书店出版，译者是著名汉学家小川环树和栗山稔。1956 年初版的魏理著作《袁枚传》，其情况也与此类似。

当然，我们不是说，西方汉学是一个完全封闭、自足的系统。实际上，西方汉学与中国学术，包括中国文学艺术研究在内的各个学科领域，彼此之间的沟通交往越来越多，学术联系越密切。中西学者在学术会议上相互切磋讨论，共同举办学术会议，联合培养学生，合作进行课题研究等，正在成为当今学术界越来越普遍的现象。这表明，在中国文学翻译与研究领域，中外文化交流的深度与广度明显扩大了。

（原载莫砺锋等：《千年凤凰　浴火重生：中国古代文学艺术与现代社会》第五章第三、四节，江苏人民出版社，2018 年）

伍
1936—1996 年美国中国文学研究一瞥
——《哈佛亚洲学报》前五十六卷读后

位于美国马萨诸塞州剑桥市的哈佛大学，是美国汉学研究的重镇，也是海外汉学研究的中心之一。至今为止已有六十余年历史的《哈佛亚洲学报》，集中体现了哈佛大学汉学研究队伍发展壮大的历史过程。同时，它不拘一格地吸收哈佛以外的来稿，因此，也在一定程度上反映了美国汉学界的走向以及西方学者对汉学的特殊兴趣点。从 1995 年到 1996 年，笔者有机会在美丽的哈佛园里读了一年书，所读内容中重要的一项，就是《哈佛亚洲学报》。因为个人专业、兴趣的关系，我在阅读过程中又特别关注那些有关中国文学研究的论文。因此，下文的叙述难免有所偏重，但即使只就《学报》中关于中国文学研究的论文而论，也同样可以看出一条哈佛大学汉学研究阵容的不断壮大和美国汉学研究不断成熟提高的辙迹。

一、创始阶段

与日本、欧洲相比，美国汉学研究虽然起步较晚，但美国与中国的接触也堪称由来已久。从十九世纪五十年代开始，在西部开发的浪潮中，由于修建铁路和开矿需要大批劳工，大量华工漂洋过海，来到美国。1870 年，有 70 多个华人来到马萨诸塞州的鞋厂做工。五年之后，为了建设波士顿的一个电话交换站，又有一些华工来到哈佛大学所在的这个大波士顿地区。清同治八年（1869），也就是美国内战（1861—1865）结束之后四年、日本明治维新的第二年，大清皇帝曾赠送给美国政府 130 套共计 934 册中文图书，其中大多数是经学、医学、农学方面的大型丛书，包括《皇清经解》《五礼通考》《医宗金鉴》《本草纲目》《农政全书》《针灸大成》《梅氏丛书》《性理大成》等重要典籍。这批书后来成了美国国会图书馆东方部所收藏的第一批汉籍。这是中美文化关系史上史无前例的一件大事，揭开了美国对亚洲及亚洲事务发生更大兴趣的新的历史一页。十九世纪末，特别是 1898 年美西战争以后，美国对亚洲特别是东亚的兴趣开始越来越浓厚。① 为了适应时代的需要，美国各大学也开始陆续设立东亚以及汉学方面的课程。

应该说，哈佛大学对这一时代的呼声也早有响应。1879 年（清光绪五年），哈佛大学聘请的哈佛第一个也可能是全美第一个中文教习、来自浙江宁波的戈鲲化（1838—1882）来到剑桥市。不幸的是，大概是由于体质不佳加上水土不服，戈鲲化来哈佛不久，可能还没来得及开出他的

---

① “东亚”当时多半被称作“远东”。“东亚”纯粹是一个地理的概念，而“远东”这一名称，则多少流露了一些西方特别是欧洲中心论的观点。

第一门中文课程，就染病不起，最终长眠异邦。戈氏带来的一批中文图书，其中包括他本人的诗集、光绪四年（1878）刊印的《人寿堂诗钞》，以及大学为他将开设的中文课程购置的一些中文图书，成了后来哈佛燕京图书馆最早的一批汉籍收藏。至今，哈佛燕京图书馆阅览室外面的墙上，还贴着一张戈氏的画像，以纪念这位漂洋过海来传播中国文化而赍志以殁的中国人。①

光阴荏苒，转眼又过了三十几年。1916年，在当时的哈佛大学哲学教授、对东方哲学情有独钟的詹姆斯·霍顿·伍兹（James Haughton Woods, 1864—1935）的支持下，中文课程又重新设立了。1928年，用铝业大王霍尔（Charles Martin Hall, 1863—1914）捐赠的遗产设立的哈佛燕京学社宣告成立。②学社成立之初，就确定了一个宗旨，即以促进美国的东亚研究及与东亚各国的文化学术交流，并在哈佛大学建立一支东亚研究的队伍为已任，第一步是建立远东语文系。在物色第一任主任（Director）人选的过程中，学社董事会（Board of Trustee）一开始属意于法国著名汉学家伯希和（Paul Pelliot, 1878—1945）。伯希和则推荐他的学生、出生于俄国圣彼得堡的英利舍夫（Serge Elisseeff, 1889—1975，或译叶理绥）自代。于是，1932年到1933年度，英利舍夫先以访问教授的身份来到哈佛大学，后又奉派赴远东访问考察，通过熟悉工作环境，为正式上任做准备。1934年，英利舍夫正式出任哈佛燕京学社的首任主任及哈佛大学远东语言系教授，开始其将哈佛大学建设成东亚研究中心的长期努力。

① 关于戈氏事迹，详参张宏生编:《戈鲲化集·前言》，江苏古籍出版社，2000年。

② 关于哈佛燕京学社的成立与霍尔的关系，樊书华《美国铝业大王查尔斯·马丁·霍尔与哈佛—燕京学社的缘起》有很详尽的论述，“中美文化关系史学术讨论会”论文，南京大学—约翰斯·霍普金斯大学中美文化研究中心，1998年7月。此文后刊载于《世界历史》1999年第2期。

经过一年多的紧张筹备，《哈佛亚洲学报》第1卷第1期终于在1936年春天面世了。虽然哈佛大学是美国最古老的大学，但与很多西方名校如英国剑桥大学、牛津大学，甚至包括美国本土的一些大学相比，哈佛大学的汉学研究并未“先踞要路津”。与其他老牌的汉学或东方学杂志，例如《通报》（*T'oung Pao*）、《美国东方学会会刊》（*Journal of the American Oriental Society*，简称*JAOS*）、《皇家亚洲学会会刊》（*Journal of the Royal Asiatic Society*，简称*JRAS*）等相比，《哈佛亚洲学报》也只能算是个后起之秀。但回首岁月，不能不承认六十年前这份纯学术杂志的创办，在美国的汉学研究史上确实是一件有意义的大事。

二、最初二十一年（1936—1957）

在创刊初期，负责并承担编务的只有英利舍夫、嘉德纳（Charles S. Gardner）和魏楷（James R. Ware，或译魏鲁男）三个人，他们都是东亚研究方面学有专长的学者。虽然1947年以后，主编和编者的组成也有一些小的更换，英利舍夫作为哈佛燕京学社主任、《哈佛亚洲学报》主编，则始终不变，前后二十一年（1936—1957）。这二十一年，正是哈佛大学东亚研究的队伍不断壮大、学术视野明显扩展、研究水平显著提高的时期。饮水思源，英利舍夫的功劳是不容否认的。

英利舍夫主持编务的二十一年，又可以以1947年为界，分为前后两个阶段。前一阶段（1936—1947），是哈佛汉学研究的起步阶段，也可以说是《学报》的早期。这一时期《学报》上所刊登的论文，以历史、语言、宗教为主，有不少属于长篇论文，篇幅动辄一百多页，差不多是一部专著的分量。这从一个方面说明了当时《学报》的版面还不是很紧张，因此可以容纳这样的鸿篇巨制。同时,《学报》也不时刊发或译载一些中国、日本学者的论文。在创刊号上,就刊载有赵元任的《略论“俩”“仨”等》、陈寅恪的《韩愈与唐代小说》[①]、汤用彤的《〈四十二章经〉的版本》以及日本学者服部宇之吉《孔子的天命观》等论文,后三篇即是分别从中文、日文翻译过来的。可见,《学报》从一开始就很重视中日学者的研究成果,也得到了中日汉学界的支持。从学科领域来看,纯粹的文学论文在当时只占很小的比例。准确地说,这方面的论文只有三篇,其中两篇讨论唐代传奇[②],皆为陈寅恪所作;另一篇是关于《诗经》的韵式的论文,出自研究《诗经》的著名学者金守拙(George A. Kennedy)之手。

需要强调的是,在这一时期,诸如费正清(John King Fairbank)、卜弼德(Peter A. Boodberg)等人已活跃于学术界,并逐步成为未来的美国汉学耆宿。前者奠定了近现代中国之研究的基础,并建立了哈佛大学的费正清东亚研究中心;后者则培养了一批卓有成就的魏晋南北朝及唐代文史研究专家。但是,赵元任、陈寅恪、洪业、胡适、冯友兰、顾颉刚等现代史上的第一代中国学者,对推动这一时期的美国汉学研究,仍然发挥了相当重要的作用。他们有的在《学报》上发表论文,如赵元任、陈寅恪、胡适等;有的虽然在国内发表论著,却很快被英译介绍到美国学术界,如汤用彤关于佛教史的研究、冯友兰《中国哲学史》的一些章节、顾颉刚关于明代文字狱的论文;有的则在孜孜不倦地从事着学术研

---

① 此文原稿在国内未见刊布,直至1947年,程千帆师乃将其译成中文(附载程千帆师:《闲堂文薮》,齐鲁书社,1984年),至今仍常为学者引用。上海古籍出版社《陈寅恪文集》不收此文,据为陈寅恪先生编《文集》的蒋天枢教授言,这是陈先生本人的意思(参看《闲堂文薮·题记》)。

② 另一篇题为《〈顺宗实录〉与〈续玄怪录〉》,中文稿刊载于《国立北京大学四十周年纪念论文集》乙编上,后收入《金明馆丛稿二编》,上海古籍出版社,1980年。

究的基础建设工作，例如洪业、裘开明、冯汉骥、于震寰等人。1944 年，裘、冯、于三人合作，完成了一个名为“中日文图书分类规划”的研究，使哈佛大学燕京图书馆（当时称为“汉和图书馆”）的中文、日文藏书的编目管理有了科学的系统和理论的依据。更值得表而彰之的是，至 1941 年为止，由洪业主持的“哈佛燕京引得丛书”已经出版了皇皇 39 册。这套引得丛书涵括了中国传统文史学中的许多名著，为中西学者检索典籍、利用文献提供了极大的方便。虽然其中有一部分索引为后来新出的视野更广、搜罗更富的同类索引所取代，但其开创风气、导引来者之功亦自不可磨灭；而另外还有相当一部分引得至今仍在学术界行而不废，可谓嘉惠士林，流传久远。

第二次世界大战后，美国的经济实力和综合国力迅速增长，在国际上的影响和作用也较前扩大。而“二战”之间及之后，由于经济不景气、时局动荡等原因，一批欧洲（特别是德国）的汉学家流入美国。1960 年以《金瓶梅》研究获得英国伦敦大学博士学位的韩南随后也来到美国，谋求发展。差不多同时，一些中国年轻学者也东渡太平洋，或执教或就读于哈佛大学等美国名牌学府，例如，1947 年到哈佛大学的杨联陞（Lien-sheng Yang, 1914—1990）、方志彤（Achilles Fang, 1910—1995），1948 年到威斯康星大学的周策纵等人。这就大大充实了美国的汉学人才队伍。事实表明，这些人才后来都跃居各个领域研究的前沿，成了美国汉学界的佼佼者。杨联陞教授在中国史特别是中国经济史研究方面、周策纵教授在“五四”运动和古代文学研究方面、方志彤博士在汉典英译方面，都取得了令人瞩目的成就。①

① 在哈佛大学获得比较文学硕士和博士学位后，方志彤任教于哈佛大学东亚系凡十七年（1960—1977），1995 年 11 月 23 日不幸逝世。在《哈佛亚洲学报》上，方志彤曾发表过陆机《文赋》、叶德辉《藏书十约》、孙从添《藏书记要》等重要文献的英译。

四十年代末五十年代初，另外一些在美国本土成长起来的年轻学者也开始走上汉学论坛，例如，斯坦福大学的芮沃寿（Arthur Frederick Wright, 1913—1976）、加州大学的薛爱华（Edward H. Schafer, 1913—1991）①和哥伦比亚大学的华滋生。他们的论文或对他们的专著的评论，开始在这一时期的《哈佛亚洲学报》上出现。海陶玮（台湾大学林文月教授将其名写作“海涛”）与杨联陞同年（1948）出任《哈佛亚洲学报》的编委。海氏后来长期执教于哈佛大学，擅长中国韵文的研究，对陶渊明的研究尤其有独到的见解。而编委中的白思达（Glen William Baxter, 1914—？）和毕晓普（John Lyman Bishop, 1913—1974）则擅长中国古代叙事文学的研究。毕晓普教授后来也长期执教于哈佛大学。两个教授，各有专擅，而又相互补充，形成哈佛大学在中国传统文学研究方面抒情文学与叙事文学并重的格局。直到今天，哈佛大学东亚系仍然保持着这一格局，韩南教授和宇文所安教授，一个长于抒情文学，一位长于叙事文学，都是各自领域内的顶尖学者。1994年，早年毕业于台湾大学外文系又在哈佛大学取得博士学位、在圈内素有才子之誉的李欧梵教授又来到了哈佛园，执起了哈佛的教鞭。李欧梵在中国现代文学研究上造诣精深，思深笔长；近年来又转战文化中国与近代中国之现代化诸领域，攻无不克，声誉益隆。有此三个名教授坐镇，哈佛大学作为西方学术界研究中国文学重镇的地位，更加不可动摇了。

1957年，英利舍夫正式退休离任②，哈佛燕京学社主任和《哈佛亚洲学报》主编的担子落到了毕晓普身上。与二十一年前相比，这个时候美国

① 1995年，中国社会科学出版社出版了吴玉贵译《唐代的外来文明》一书，作者名“薛爱华”译作“谢弗”。

② 1955年，英利舍夫六十六岁，已届当时的教授退休年龄。鉴于其身体状况良好，校方决定留任两年。次年8月，英利舍夫辞去燕京学社的主任职务。1957年6月正式退休后，回巴黎定居，1975年逝世于巴黎。

的中国文史研究的深度和广度，都令人刮目相看了。这二十一年间，哈佛大学在图书资料的收藏、人才的培养和学术的积累等方面，都已打下了比较坚实的基础。英利舍夫主持的“哈佛燕京学社专著丛书”（*Harvard-Yenching Institute Monograph Series*, 1935—）和“哈佛燕京学社研究丛书”（*Harvard-Yenching Institute Studies Series*, 1950—）也在有条不紊地进行。至此，哈佛大学的汉学研究已粗具规模。春华秋实，于是，毕晓普主持编务的十六年（1958—1974），就成了《哈佛亚洲学报》的第一个收获的秋天。

三、收获的十六年（1958—1974）

毕晓普是和芮沃寿、薛爱华一辈的学者。他出生于马尼拉，早年多在菲律宾生活，到过中国旅行。1937 年，24 岁的毕晓普毕业于哈佛大学，取得英语文学硕士学位。战后，入哈佛大学东亚语文系（当时叫“远东语文系”）深造，1953 年以《中国白话短篇小说》（*The Colloquial Short Story in China*）的论文获博士学位。1958 年起执教哈佛大学，并出任哈佛燕京学社主任。毕晓普治学兼涉中西文学，除了擅长白话小说研究外，还翻译了不少中国古诗，并致力于中西比较文学的研究。1952 年，毕晓普的论文《十八世纪欧洲的一部中国戏剧》（*A Chinese Drama in Eighteenth-century Europe*）获得了苏珊・安东尼・波特比较文学奖（Susan Anthony Potter Prize in Comparative Literature）。

在毕晓普主编《学报》的这一时期，中国现代文学研究越来越引起美国学者的重视，《哈佛亚洲学报》开始刊载一些中国现代文学研究方面的论文。第一篇这一领域的论文，是许芥昱（时在圣弗兰西斯科州立学院）所作的《闻一多的生平与诗歌》（The Life and Poetry of Wen I-to），1958 年出现于《学报》第 21 卷上。如果从 1919 年算起，中国现代文学至此已有近四十年的历史，文学发展已有了相当的积累。也许四十年这么短的历史距离，还不足以使人们在论定某些文学现象、问题时做到完全平心静气、客观超然；也许中国现代文学研究在美国兴起的背景中，不能排除“冷战”时期了解对手的现实需要；但无论如何，中国现代文学在美国学术界引起重视，应该是值得称赞的。在此后的岁月里，夏济安、夏志清兄弟，普实克（Jaroslav Prusek），李欧梵等学人继续在这块土地上耕耘，培育出累累硕果。在 1969 年出版的第 29 卷《学报》上，发表了普实克的论文《鲁迅〈怀旧〉：中国现代文学的先驱》（Lu Hsun's "Huai Chiu": A Precursor of Modern Chinese Literature）和当时尚在达特茅斯学院的李欧梵撰写关于夏济安遗著《黑暗之门：中国左翼文学运动研究》（*The Gate of Darkness: Studies on the Leftist Literary Movement in China*, Seattle: University of Washington Press, 1968）的书评。中国现代文学研究由此开始在《学报》中占据一席重要的位置。

对中国文学特别是传统文学的研究，已经成为这一时期的《哈佛亚洲学报》的发稿重点。就论文而论，有两组最值得注意。一组是梅祖麟、高友工二教授运用现代语言学的方法，来研究中国传统诗学，连续在《学报》上发表的几篇很有分量的论文：《从语言学角度试析杜甫〈秋兴〉》（Tu Fu's "Autumn Meditation": An Exercise in Linguistic Criticism, Vol. 28）、《中古汉语声调与诗学及上声的起源》（Tones and Prosody in Middle Chinese and the Origin of the Rising Tone, Vol. 30）、《唐诗的句法、措辞和意象》（Syntax, Diction and Imagery in T'ang Poetry, Vol. 31）和后来发表的《唐诗的语意、喻意和用典》（Meaning, Metaphor and Allusion in T'ang Poetry, Vol. 38, No. 2）。这些论文既吸取传统诗文评的营养，又大量借鉴西方现代文学批评和语言学的理论和方法，刊出后反响很大，常为学者征引，至今仍被视为这一方面的典范之作。其中三篇有关唐诗的论文还被结集为一书，题为《唐诗的魅力》，1989 年由上海古籍出版社出版了中文本。

另一组是韩南教授在这一时期的《学报》上发表的研究中国古代小说的系列论文：《早期短篇小说论纲》（The Early Chinese Short Story: A Critical Theory in Outline, Vol. 27）、《〈古今小说〉作者考》（The Authorship of "Some Ku-chin Hsiao-shuo Stories", Vol. 29）、《宋元白话小说：现代系年方法之商榷》（Sung and Yuan Vernacular Fiction: A Critique of Modern Methods of Dating, Vol. 30）、《〈平妖传〉之成书》（The Composition of "The P'ing Yao Chuan", Vol. 31）、《〈蒋兴哥重会珍珠衫〉和〈杜十娘怒沉百宝箱〉之形成》（The Making of "The Pearl-sewn Shirt" and "The Courtesan's Jewel Box", Vol. 33）等。这些论文涉及中国短篇小说发展史上的一系列重要环节，其研究思路新颖，功底深厚，富有开拓性和启发性。可以说，韩南教授就是凭着这一系列杰出的学术表现，而由斯坦福大学移砚哈佛大学。1973 年，哈佛大学出版社出版了韩南的专著《中国短篇小说：系年、作者与成书考》（*The Chinese Short Story: Studies in Dating, Authorship and Composition*），作为"哈佛燕京学社专著丛书"之一，就是以这些论文为基础和主干的。

从《学报》刊发的书评中，也可以看出，这一时期出版了不少中国文学的翻译和研究著作。海陶玮和杨联陞曾分别为施友忠译《文心雕龙》（*The Literary Mind and the Carving of Dragons*, New York: Columbia University Press, 1958）、陈受颐著《中国文学史略》（*Chinese Literature: A Historical Introduction*, New York: The Ronald Press Company, 1961）、华滋生译《史记》（New York: Columbia University Press,

1961)、华滋生著《早期中国文学》(*Early Chinese Literature*, New York: Columbia University Press, 1962)等书撰写书评。此外，叶嘉莹《吴文英词的现代观》、海陶玮《陶潜诗中的典故》(Allusion in the Poetry of T'ao Ch'ien, Vol. 31)、陈荔荔(Li-li Ch'en，以研究诸宫调、英译《董西厢》且长于英文小说创作著名)关于诸宫调的两篇论文(分别载 Vol. 32、Vol. 33)、韩南《鲁迅小说的技巧》(The Technique of Lu Hsun's Fiction, Vol. 34)、傅汉思《论〈孔雀东南飞〉》(The Chinese Ballad "Southeast Fly the Peacock", Vol. 34)等论文①，都是值得重视的佳作。1965 年，毕晓普编选了一本《中国文学论集》(*Studies in Chinese Literature*)，由哈佛大学出版社出版，其中多数论文即是从《学报》中抽选出来的。

四、最近二十一年(1975—1996)

1975 年至今，又是二十一年过去了。这二十一年里，《学报》的出版十分正常，每年两期，逢六月和十二月出刊。虽然仍设有主编和执行主编之职，但总的来看，其作用已经减弱。与此同时，《学报》编委的队伍日益壮大，一直扩展到 1996 年的 18 人。这些编委皆为哈佛大学亚洲研究各领域的名家，他们以自己的学术造诣保证《学报》始终维持高水准。同时，这也是汉学研究领域日益拓展的一个象征。

---

① 叶嘉莹文曾不止一次被译为中文。海陶玮文后收入白之(Cyril Birch)编《中国各体文学研究》(*Studies in Chinese Literature Genre*, Borkeleg: University of California Press, 1974)，学兄张宏生曾将其译为中文，载莫砺锋编:《神女之探寻：英美学者论中国古典诗歌》，上海古籍出版社，1994 年。韩南文曾由张隆溪中译，载乐黛云编:《国外鲁迅研究论集(1960—1981)》，北京大学出版社，1981 年。

七十年代初期，更年轻的一辈华裔学者，如陈荔荔、余国藩[①]（Anthony C. Yu，以兼擅中西古典文学、英译《西游记》驰誉学术界），已在学术界崭露头角。七十年代中期以后，又涌现出以宇文所安、梅维恒（Victor H. Mair）、伊佩霞（Patricia Ebrey）、包弼德（Peter Bol）等人为代表的新一代美国汉学家。这一代汉学家不仅受过严格的正规的学术训练，有良好的中文阅读和理解的能力；而且视野宽广，治学勤奋，成就极为可观。宇文所安教授1972年于耶鲁大学获博士学位，师从傅汉思教授，自1975年出版博士论文《韩愈、孟郊诗》（*The Poetry of Meng Chiao and Han Yü*, New Haven: Yale University Press, 1975）而一鸣惊人以来，便一发而不可收，成果累累。他现任哈佛大学中国文学教授和比较文学教授，其诗学研究，特别是唐诗研究已具有世界影响，所著《初唐诗》、《盛唐诗》、《追忆：中国古典文学中的往事再现》（*Remembrance: The Experience of the Past in Classical Chinese Literature*）等均已被译介到国内，论文也有多篇被译为中文。1996，他又出版了《中国“中古时代”的终结：中唐文学文化论集》（*The End of Chinese "Middle Ages": Essays in Mid-Tang Literary Culture*, Stanford: Stanford University Press, 1996）和《中国文学作品选：从起源到1911》（*An Anthology of Chinese Literature: Beginnings to 1911*, New York: W. W. Norton & Company, 1996）。在《学报》中，他也发表了多篇论文，其中包括《北美中国古典文学研究名家十年文选》中所译载的《地：金陵怀古》（Place: Meditation on the Past at Chin-ling, Vol. 50, No. 2）。梅维恒教授的专著《唐代的变文》（*T'ang Transformation Texts*, Cambridge: Harvard

① 最近出版的乐黛云、陈珏编选:《北美中国古典文学研究名家十年文选》，江苏人民出版社，1996年，译载余国藩原刊于《哈佛亚洲学报》第49卷第1期的论文《情僧的索问——〈红楼梦〉的佛教隐意》（The Quest of the Brother Amor: Buddhist Intimations in "The Story of The Stone"）。

University Press, 1989）和论文《唐代的行卷》（Scroll Presentation in the T'ang Dynasty, Vol. 38, No. 1）对于国内的唐代文学研究界的同行，也极具参考价值和启发意义。

这些学者一般都不囿于某一段或某一课题，涉及较广，其理论观照的目光缤纷多样，解决问题的方法更是不拘一格。八十年代以后，将中国文学作品、文学现象置于中国文化的广阔背景中加以考察，从社会、经济、政治、思想、心理、风俗等多角度切入，已成为一时的风尚。这种风尚，我觉得不妨将其称为新时代的文史哲融通，加上西方学者固有的西方文化传统的修养，使近二十年美国的汉学特别是中国文学研究空前繁荣昌盛发达。在以前学者涉足较少的一些领域，如词学、曲学、赋学、汉唐宋以外的其他朝代的文学、非一流的作家作品，现在都布满了探索者和拓荒者的脚印。

以赋学研究为例，在八十年代以前，即使就中国本土而论，赋学研究者也寥寥无几。而自七十年代后期以来，赋学逐渐引起了美国学者的注意。在这一时期的《学报》中，就发表了葛兰（William T. Graham Jr., ？—1981）《庾信及其〈哀江南赋〉》（Yü Hsin and "The Lament for the South", Vol. 36）、《祢衡〈鹦鹉赋〉》（Mi Heng's "Rhapsody on a Parrot", Vol. 39, No. 1），康达维《司马相如的〈长门赋〉》（Ssu-ma Hsiang-ju's "Tall Gate Palace Rhapsody", Vol. 41, No. 1），夏德安（Donald Harper）《王延寿〈梦赋〉》（Wang Yen-shou's "Nightmare Poem", Vol. 47, No. 1）等论文。1981 年不幸早逝的葛兰和早在 1976 年就出版《扬雄赋研究》的康达维二人在赋学方面的研究兴趣尤为专注与突出。

再如，现代文学研究领域也有更多的华裔和非华裔学者踏入。他们自信地展开独特的视角，贡献他们卓异的观察与思考。如第 41 卷第 1

期书评中评到的耿德华（Edward M. Gunn Jr.）的《不受欢迎的缪斯：1937—1945年北平上海的文学》（*Unwelcome Muse: Chinese Literature in Shanghai and Peking 1937–1945*, New York: Columbia University Press, 1980）和陈苏珊（Susan W. Chen）《茅盾早期小说中的个人因素》（The Personal Element in Mao Tun's Early Fiction, Vol. 43, No. 1）等论著。另外，一些难度甚大的课题也被列入研究日程，比如葛兰教授译注的庾信《哀江南赋》等作品、康达维已经出版了两卷的英译《文选》工程。由于出版的著作增多，《学报》中书评的分量也有所上升，一期有多达五六篇的。第46卷第2期（1986年）共有三篇关于中国文学的论文，分别是孙康宜的《〈乐府补题〉的象征与隐喻义》（Symbolic and Allegorical Meanings in "The Yueh-fu Pu-ti Poem Series"）、齐皎瀚（Jonathan Chaves）的《吴嘉纪诗中的道德行为》（Moral Action in the Poetry of Wu Chia-chi [1618–1684]）和李德瑞（Dore J. Levy）的《赋的手法别解》（Constructing Sequences: Another Look at the Principle of Fu [Enumeration]）。同期刊发书评五篇，其中三篇评述有关中国古代文学的论著。在汉学界，中国文学之受到突出注目，由此可见一斑。

在1980年以前，《学报》规定汉字罗马化拼写一律采用威妥玛式（Wade-Giles System）。从1980年开始，规定也可以采用汉语拼音方式。十几年过去了，如今，汉语拼音在美国汉学界的使用已越来越多、越来越普遍。[①] 见微知著，这件小事也从一个侧面折射出中国本土文化对海外汉学研究所辐射的影响。这是伴随着改革开放、伴随着中国文化重新全面步入国际社会而实现的。从八十年代末、九十年代初开始，一些从大陆出去的中国留学生、学者开始在美国学术界露面。例如，在《学报》

---

① 周欣平在其论文《汉语拼音在北美地区的推行——记北美图书馆由韦式音标向汉语拼音的转换》（《中国语文》2001年第1期）较详细地讨论了这一问题，请参阅。

第 52 卷第 1 期（1992 年），有巫鸿《所谓变相：论敦煌艺术与敦煌文学之关系》（What is Bianxiang：On the Relationship between Dunhuang Art and Dunhuang Literature）的论文。除此之外，近年来巫鸿在中国艺术史方面发表了一系列视野宽阔、令人耳目一新的论著，其中包括 1995 年由斯坦福大学出版社出版后受到学界广泛好评的《早期中国艺术与建筑中的纪念性》（*Monumentality in Early Chinese Art and Architecture*, Stanford: Stanford University Press, 1995），显示了新一代华裔学者深湛的学力和丰沛的后劲。这个时代迟来了几十年，但毕竟来了，总是可喜的。

五、几点感想

岁月匆匆一甲子，《哈佛亚洲学报》至今已出版了五十六卷。这六十年，从战前到战后，从“冷战”到缓和，国际上风云变幻，白云苍狗，而《学报》却始终坚持正常出版。除了 1942 年到 1945 年即第二次世界大战间阙了两卷，1960 年到 1965 年之间中断了三卷以外，总是保持着每年一卷（一开始是一卷四期，中间是一卷一期，1977 年即第 37 卷往后定为一卷两期）的出刊频率。其追求学术进步之持之以恒，令人肃然起敬。虽然《学报》的每年订费，从最初的 5 美元（这一订费持续了三十年！），涨到 7.5、10、12.5、15、20 美元，一直到 1996 年的 30 美元一年（个人订阅价。团体订阅价则为 45 美元），但《学报》上从未刊发过一页广告，也从没有一篇无关学术的文字。《学报》的栏目也相当稳定，大致上由论文（Article）、短札（Note）、书评（Review）、书评论文（Review Paper）四大部分构成。此外还有书目和待评书目（Bibliography, Books Received）、更正（Corrigenda et Addenda）、论文格式（Style Sheet）、引得（Index）等。一篇论文可长达数十页上百页，短札可以只寥寥数千言。《学报》对书评特别重视，书评一般就书评书，用意比较单纯；书评论文或称长篇书评则结合相关问题的数种图书进行综合评说，就本学科的问题纵横指点，往往高屋建瓴，视野开阔，学术分量不可小觑。其目的在于培养同行之间相互切磋、批评、交流的良好风气，同时维护学术的尊严与纯洁。已故的哈佛大学中国历史教授杨联陞曾长期担任《学报》的编委，并就一系列有关中国古代文史的论著撰写书评，其一丝不苟的认真态度，使他在学术界赢得了“看门狗”（Watch dog）的美称。这种精神，正是当今国内学术界所需要提倡和加强的。

由于本身的文化思想背景不同，在中国文学研究中，美国学者所关心的问题和解决问题的思路显然有异于国人，而一般美国学者都要承担多门相关学科的课程，因此，往往涉猎较广，兴趣多方，而不自限于某一时段或某一作家的文学研究。他们处于中国文化文学传统之外，在学习和研究以前，没有什么预设的知识标准，能不受固有成见乃至偏见的影响，脱略羁束，勇于创新。经济实力和现代化水平使他们容易占有较丰富的文献资料，也在国际交流中拥有多边往来的主动性，这就保证了信息渠道的畅通。这些都可以说是他们治学中的优势，但对于那些母语非汉语的学者来说，阅读和理解中国古典文献，毕竟不是一件容易的事。一些字词的误训、某种文化的隔膜，是很难避免的。对于中国本土学术界的情况，也并没有系统的报道，彼此的联系往往通过学者个人，而非有组织地进行。这一方面，中国学者也有责任。至少就中国文学特别是古代文学研究界来说，曾经有几十年时间，对海外同行的研究关注不够，更不注意向海外学术界表述我们自己的观点，推广我们的成果。抛开种种客观原因和客观条件不说，主观方面，也许我们应该努力去（向外）倾听和（对外）陈说，用汉语、中文，更要用外语、外文。毕竟，现在已不是“五四”，更不是乾嘉。

今天，没有一位西方汉学家不把能在《哈佛亚洲学报》上发表论文视为自己学术生涯中的骄傲，而能达到这样的水准的学术杂志为数并不很多。这也是我们在这里着重介绍这一刊物的原因之一。

六十多年前，陈宝琛书赠哈佛燕京学社的对联，“文明新旧能相益，心理东西本自同”，今天还悬挂在哈佛燕京学社的会议室（common room）里。在对《哈佛亚洲学报》做了一番走马观花、挂一漏万的巡视之后，我想用这两句话来概括我此刻的感受。

（原题《岁月匆匆六十年：由〈哈佛亚洲学报〉看美国汉学的成长》，载《古典文学知识》1997年第1、2期）

陆
欧美六朝文学研究管窥

研究六朝文学自然不能脱离这一时期的历史和文化，但历史、文化涉及面很广，我个人的专业兴趣基本上只限于六朝文学，即使对于六朝文学，个人的理解与研究也十分有限。虽然这些年来比较留意国外汉学界的研究动态，较多地关心海外汉学界的研究成果，但我的视野毕竟是相当狭窄的，我的了解必定是很不全面的。因此，我只好将题目"损之又损"，将范围缩小到欧美的六朝文学研究，并以近五十年（1950—2000）的研究成果为主，兼及与其相关的六朝历史文化研究，即使这样，也难免挂一漏万，聊为管窥而已。

一、Early Medieval China

六朝文学的研究，在国外汉学界一直是一个引人注目的领域。由于学术观念与学术传统的不同，国外汉学界对于中国学术界习惯上称为

“魏晋南北朝”“六朝”的这一历史时期，除了沿用中国学术界的提法之外，通常还有其特有的一些提法。日本汉学界习惯使用的有“中古”“中世”等名词，“中世”实际上包括六朝、隋唐，例如谷川道雄《中国中世社会与共同体》（马彪译，中华书局，2002 年），近年来在中国学术界有越来越多的人开始接受使用。这种提法其实来自西方，与欧美学术传统有相当大的联系。西方史学中早就有“中世纪”或者“中古”的称法。对于中国的六朝时期，欧美汉学界习惯上或者称为 the middle ages，那一般是包括隋唐在内的，与谷川道雄的“中世”相同；或者称为 early medieval China，所谓 early，就只包括六朝、隋唐的前半段——六朝。通过海外汉学成果的译介，这些术语概念也逐渐影响了中国学者的观念思维。the middle ages 或者 early medieval China，这两个西文名词实在要译成中文，只好勉强说与“中古”相等，而不是确切相等、完全对应的，在二者不完全对等的因素当中，正好体现了中西方语言及学术语境的不同。这些术语是欧美汉学术语体系的有机组成部分，可以说深深扎根于欧美汉学的传统土壤之中，并且体现了欧美汉学某些历时悠久的传统观念。比如，所谓 the middle ages 或 medieval China，其前提是将中国历史与西方历史比附或类比；在此基础上，进而将中国历史划分为早（early）、中（middle/medieval）、晚（late）诸时段，与 early medieval China 相对应的还有 early China（早期中国），那是相当于我们习惯所称的“先秦”或者“先秦两汉”，还有所谓 imperial China（帝制中国），基本上是指秦朝以后。这些术语各有所指，实际上都体现了欧美学界特有的中国历史分期观念。

这个话题牵涉面广，本文没有办法充分展开。我在这里提出这个话题，是为了将其作为一个引子，从这个话题过渡到一个组织和一个刊物。实际上，*Early Medieval China* 是一本专业学术刊物的名称，以英文出版，其中文标题为《中古中国研究》，它是由美国的中国中古研究会（The Early Medieval China Group）编辑出版的，至今已出版12期。这个学会是美国亚洲学会下面的分支机构，成立于1986年，常设会址在佛罗里达大学（University of Florida），目前负责这个刊物日常工作的是陈纳德和陈香梅之女、六朝研究学者陈美丽（Cynthia L. Chennault）教授。这个学会虽然是以美国为基地，实际上它是面向整个欧美汉学界的。刊物上发表有关论文、书评，报道相关的研究信息。凡有关魏晋南北朝时期的各个方面的研究，皆在其刊发范围之内；也兼发一些后汉、隋及初唐的研究论文。学会定期开会，学者定期聚集、相互交流、沟通信息。在这个刊物的网页上，我们可以相当方便地了解国外尤其是欧美学者在魏晋南北朝研究方面的论著文献目录以及其他一些相关的学术信息。

二、美国六朝文学研究

为 *Early Medieval China* 题写中文刊名的是美籍华裔学者、匹兹堡大学教授王伊同（1914—2016）。作为老一辈魏晋南北朝史研究专家，早在二十世纪四十年代，王伊同就以金陵大学中国文化研究所出版的一部《五朝门第》而在魏晋南北朝史研究领域闻名遐迩。后来，他出国留学，在哈佛大学取得博士学位。他毕生从事魏晋南北朝研究，以历史为主，兼及文学，不仅写有关阮籍《咏怀诗》、哀诔文等的文学论文，1984年还在普林斯顿大学出版社出版了六朝文史名著《洛阳伽蓝记》的英译本。他是《剑桥中国史》南朝卷的撰稿人，也是美国汉学界魏晋南北朝史领域的权威学者之一。1988年，台北艺文印书馆曾将其中英文论文结集出版，题为《王伊同论文集》。从此集的英文书名 *Where Literature and History Converge: Selected Articles and Essays of Wang Yi-t'ung* 中，我们可以看到王伊同学术研究融汇文史的鲜明特色。

与王伊同同辈的美国学者马瑞志，在六朝研究方面与王伊同齐名美国汉学界。他一生专注于六朝文史的研究，出版了许多值得称道、至今仍常为人称引的论文，在六朝宗教文化与文学，永明文学尤其是沈约、王融、谢朓等人诗歌的研究中，堪称功力深湛。他特别关注佛教对六朝文学艺术的影响，他关于谢灵运诗歌与佛教风景、孙绰《游天台山赋》以及王巾《头陀寺碑文》的论文，都在学术界产生了相当大的影响。但他最负盛名的研究成果却是英译本《世说新语》（*Shih-shuo Hsin-yü: A New Account of Tales of the World*, Minneapolis: University of Minnesota Press, 1976）。此书不仅翻译了《世说新语》原文，还翻译了刘孝标注，洋洋洒洒，密行小字，厚达 700 多页，可以称为美国六朝文学研究的一部巨著。此外，近年关于《世说新语》最重要的成果，应数莱斯大学钱南秀教授所著《中古中国之精神与自我：〈世说新语〉及其遗产》（*Spirit and Self in Medieval China: The Shih-shuo Hsin-yü and its Legacy*, Honolulu: University of Hawaii Press, 2001），该书不仅探讨了《世说新语》的叙述艺术和文化内涵，更追踪了《世说》体在后代及海外的诸多流裔，从而从时间和空间两个维度丰富了《世说新语》作为世界文学与文化遗产的意义。

欧美汉学界特别注意中国经典名著的研究，译注是经典名著研究的第一步，传统上向来为学者所重视。在二十世纪五六十年代，主持柏克莱加州大学汉学研究班的著名汉学家卜弼德曾经组织过一套“中古史译丛”（*Chinese Dynastic Histories Translations*），由加州大学出版社出版。其体例前为概述，正文有译有注，注即是研究，最后附录原文。这套丛书后来出版了十种，最有规模效应。其中包括陈世骧译注《晋书·顾恺之传》、古德利奇（Chauncey S. Goodrich, 1920—）译注《周书·苏绰传》、卡洛尔（Thomas D. Carroll）译注《晋书·吐谷浑传》、米勒（Roy Andrew Miller, 1924—）译注《周书·西域各国传》(《周书·异域传下》)、马瑞志译注《晋书·吕光传》、丁爱博（Albert E. Dien, 1927—）译注《周书·宇文护传》、罗杰斯（Michael C. Rogers, 1923—）译注《晋书·苻坚载记》等。这套“中古史译丛”所译注的都是正史中的传记，而译者大多是卜弼德的学生。在某种程度上，这种译注有点类似中国传统学术中的笺注体。经过这一套严格的学术训练，这些译者后来大多成为活跃在美国汉学界第一线的知名学者。其中，丁爱博任教于斯坦福大学，马瑞志执教于明尼苏达大学，都成为在六朝文学研究领域卓然有成的学者。同时，耶鲁大学的傅汉思教授还为自三国迄五代史传的西方译作编了一个很详细的目录，名为《中古史译文目录》(*Catalogue of Translations from the Chinese Dynastic Histories for the Period 220–960*, Berkeley: University of California Press, 1957)。

耶鲁大学可以说是美国汉学界研究六朝文史的据点之一。傅汉思教授曾有论文研究乐府诗、《孔雀东南飞》及曹植诗，还有著作《梅花与宫闱佳丽——中国诗选译随谈》(*The Flowering Plum and the Palace Lady: Interpretations of Chinese Poetry*, New Haven: Yale University Press, 1976)。此书对中国古代诗歌按其主题、风格与体裁进行分门别类，选择有代表性的名篇进行英译解读，流传数十年，现在已经成为英语世界了解中国古诗的重要著作之一。此书中包括不少汉魏六朝诗。目前执教于耶鲁大学的孙康宜教授在六朝文学研究方面也早有建树。她的《六朝诗歌》(*Six Dynasties Poetry*, Princeton: Princeton University Press, 1986) 共五章，以重新定义抒情模式的陶潜、开创新的描写模式的谢灵运、寻求自我表达的鲍照、风景描写内转的谢朓、诗人中之诗人的庾信等五家为六朝诗歌之代表，分别设立专章予以论述。该书已有中文本（《抒情与描写：六朝诗歌概论》，钟振振译，上海三联书店，2006年）。而曾经执教于耶鲁大学的康达维教授，现在任教于西雅图华盛顿大学，曾任美国东方学会会长，现在已经成为美国中国文学研究界的元老级人物。三十多年来，他培养了一大批致力于中国中古文史研究的弟子，分布于美国各大学乃至世界各地，如现任教于斯沃斯莫尔学院（Swarthmore College）的柏士隐（Alan J. Berkowitz）教授、任教于亚利桑那大学的高德耀（Robert Joe Cutter）教授、任教于俄勒冈大学的司马德琳（Madeline K. Spring）教授，等等。他本人致力于汉魏六朝辞赋、六朝文学与宫廷贵族文化研究，成果丰硕。他最为人称道的工作则是以英文翻译《文选》，目前已在普林斯顿大学出版社出版了三卷。近几年，除了继续从事《文选》英译的工作之外，他还出版了一部专著《早期中国的宫廷文化与文学》（*Court Culture and Literature in Early China*, Burlington, Vt.: Ashgate Publishing Company, 2002），汉魏六朝是此书所关注的重点。

在六朝文学研究方面，不能不提哈佛大学。在老一辈美国汉学家中，哈佛大学的海陶玮教授是较早专门从事中国文学研究的一位。在六朝文学方面，他是陶渊明研究的专家，有论著研究陶渊明的诗赋及其用典，也有论文讨论庾信的《拟咏怀二十七首》，都发表在《哈佛亚洲学报》上。除了已故的海陶玮教授之外，现在任教该校的著名学者宇文所安教授以唐诗研究闻名于世，近年来又上溯汉魏六朝文学，陆续推出新的成果。2006年，他在哈佛大学亚洲研究中心出版了《中国早期古典诗歌的生成》（*The Making of Early Chinese Classical Poetry*），从主题、类型、语法、诗与历史、诗与音乐等角度，探索魏晋南北朝至唐代的诗歌，提出了颇多富于启示性的看法。此书2012年有了中译本（胡秋蕾、王宇根、田晓菲译，生活·读书·新知三联书店）。同样任教于哈佛大学的田晓菲教授，2005年在华盛顿大学出版社出版专著《尘几录：陶渊明与手抄本文化研究》（*The Record of a Dusty Table: Tao Yuanming & the Manuscript Culture*）。2007年，此书中文版已由中华书局出版。在欧美汉学界，陶渊明一直是学者关注的热点之一，除了早年的海陶玮、侯思孟、傅汉思等人的论著外，近年又有田菱（Wendy Swartz）、邝龑子及田晓菲的论著出现。田晓菲运用手抄本文化的理论，通过考察陶诗文本流传的历史与机制，追踪陶渊明的文学史和文化史形象如何在漫长的世代中逐步形成的过程，指出读者不仅体验作者，而且根据自己对文本的阐释和文化想象塑造了作者的形象。此外，田晓菲在《哈佛亚洲学报》（*HJAS*, Vol. 65, No. 1 [2005]）上发表的《幻觉与阐释：梁代宫廷文学中关于"看"的新诗学》（Illusion and Illumination: A New Poetics of Seeing in Liang Dynasty Court Literature）视野颇新，也颇值得一读。

除了学者专著、学刊论文之外，在会议论文集或专题论文集中，也有一些是比较集中论述六朝文学的。例如在林顺夫（密西根大学）和宇文所安主编的专题论文集《抒情之声的生机：东汉到唐代的诗歌》（*The Vitality of the Lyric Voice: Shih Poetry from the Late Han to the T'ang*, Princeton: Princeton University Press, 1986）中，就有多篇讨论汉魏六朝诗歌形式、主题与类型的论文。又如在周策纵主编的《文林》（*Wen-lin*, Madison: University of Wisconsin Press, 1968）中，也有白牧之（Bruce E. Brooks）和卫德明（Hellmut Wilhelm）研究《诗品》的论文等。特别值得一提的是近几年先后出版的两本纪念论文集。《中古中国研究》第10、11卷合刊，上下两册，是康达维教授六十寿辰纪念专号，收入康达维《〈文选〉研究》（"Wen Xuan" Studies）、柯马丁（Martin Kern）《汉代之叙史诗篇》（The Poetry of Han Historiography）、高德耀

《告别：中古中国诔文的转变》(Saying Goodbye: The Transformation of the Dirge in Early Medieval China)、雷久密 (Chiu-mi Lai)《〈文选〉中的岁暮母题新探》(Reinvention of the "Late Season" Motif in "The Wen Xuan")、J. Michael Farmer《论张华〈女史箴〉之创作》(On the Composition of Zhang Hua's "Nushi zhen")、柏士隐《〈文选〉最后一篇：王僧达〈祭颜光禄文〉》(The Last Piece in "The Wen Xuan", Wang Sengda's "Offering for Imperial Household Grandee Yan")、宇文所安《贬谪的秘书丞：谢灵运书卷化的写景》(The Librarian in Exile: Xie Lingyun's Bookish Landscapes)、柯睿 (Paul W. Kroll)《蜀道：从张载到李白》(The Road to Shu: From Zhang Zai to Li Bo) 等论文，基本上都与六朝文学有关，又大多是针对具体作品并且注重文化背景的研究。另一本是纪念马瑞志和侯思孟两位先生的论文集《中国中古前期文学与文化史研究——马瑞志、侯思孟纪念论文集》[①]，此书由柯睿和康达维教授主编，美国唐研究学会 2003 年出版。书前介绍马、侯两位的学术成就，并附其论著目录，所收十篇皆为六朝文学与文化研究的论文：高德耀《"七步诗"真伪考》、康达维《柑或南金：西晋文学中的地域认同》、柏士隐《追求解脱：西晋的〈招隐士〉诗》、雷久密《原创性模拟的技巧：论陆机拟古诗》、柯睿《紫微夫人的神曲》、斯皮罗 (Audrey Spiro)《寻找顾恺之：论〈女史箴〉》、钱南秀《从〈世说新语〉看魏晋人伦鉴识中女性的作用》、苏瑞隆 (Jui-Lung Su)《恩主对鲍照诗歌的影响》、陈美丽《南齐咏物诗与恩主》、丁爱博《魏澹与〈魏书〉编纂学》，论题有新有旧，但切入角度都颇为新颖。

---

① Paul W. Kroll and David R. Knechtges ed., *Studies in Early Medieval Chinese Literature and Cultural History: In Honor of Richard B. Mather & Donald Holzman*, Provo, Utah: T'ang Studies Society, 2003.

在六朝文学批评方面，陈世骧英译《文赋》和施友忠英译《文心雕龙》皆已久负盛名，宇文所安《中国文学思想读本》（*Readings in Chinese Literary Thought*）中也选录了《典论·论文》《文赋》及《文心雕龙》的部分章节。2004 年，夏威夷大学出版社出版蔡宗齐主编《中国美学：六朝的文学秩序、艺术与宇宙》（*Chinese Aesthetics: The Ordering of Literature, the Arts, and the Universe in the Six Dynasties*），则着重在美学与文学思想方面的研究。

除了《世说新语》之外，美国学者对六朝志怪小说也很感兴趣。1941 年，卜德（Derk Bodde, 1909—2003）发表于《哈佛亚洲学报》第 6 卷上的《干宝及其〈搜神记〉》是较早关注六朝志怪小说的论文。康儒博（Robert F. Campany）是这一方面的研究专家，他曾发表论文《中古时代的起死回生故事》（*Journal of Chinese Religions*, 1990），1996 年在纽约州立大学出版社出版的专书《中古时代的志怪》（*Strange Writing: Anomaly Accounts in Early Medieval China*），也颇为厚重。除前文已叙及者外，近期的论文还有《华裔学志》（*Monumenta Serica*）第 52 卷（2004 年）上陈珏（Chen Jue）的论文《〈古镜记〉中的历史与小说》（History and Fiction in "The Gujing ji" [Record of an Ancient Mirror]）。此外，威斯康星大学倪豪士（William H. Nienhauser Jr.）教授《再论〈西京杂记〉的作者》（Once again, the Authorship of "The Hsi-ching Tsa-chi", JAOS, 1978），也颇有参考价值。

三、欧洲六朝文学研究

欧洲汉学有着比美国更为悠久的传统，在六朝研究方面也有一些相当杰出的学者和不容忽视的研究成果。学者们继承欧洲汉学的传统，重视语文学修养，同时也能从不同的文化视点，或从文化比较的角度来观察六朝时代的中国。法国的侯思孟、桀溺以及德国的瓦格纳（Rudolf G. Wagner, 1941—2019）就是其中的佼佼者。侯思孟和桀溺的研究都偏重于六朝时代的诗歌。桀溺《牧女与蚕娘——论一个中国文学的题材》早被认为是中西诗歌比较研究的典范之作;《七哀——关于署名曹植的所谓本辞与晋乐所奏两首乐府诗的研究》，则是探讨以《七哀》为题的乐府诗与文人拟作的关系。二文并有中文译本，见钱林森编《牧女与蚕娘：法国汉学家论中国古诗》(上海古籍出版社，1990 年)。《阅读王粲》本来是桀溺为美国学者缪文杰（Ronald C. Miao）所著《王粲生平及其创作：中国中古诗歌研究》一书所写的书评；而《云之诗学纲要》则是在德国学者马莉雅·罗厄《陶渊明诗歌创作中云的主题》一文的基础上进一步深入探讨的结果，作者详细考察从《诗经》到六朝这一漫长诗歌史过程中云的意象的发展演变，颇有新意。这两篇论文亦有中译本，见于《欧洲中国古典文学研究名家十年文选》(江苏人民出版社，1998 年)。

侯思孟无疑是近五十年欧美六朝文学尤其是六朝诗歌研究最为重要的学者之一。他在欧洲和美国，以英语和法语撰写并出版了颇为可观的六朝文学研究论著。他的《嵇康生平与思想》(*La vie et la pensée de Hi K'ang [223–262]*, Leiden: E. J. Brill, 1957）和《诗歌与政治：阮籍生平与作品》(*Poetry and Politics: The Life and Works of Juan Chi*, Cambridge: Cambridge University Press, 1976)，先后出版，自成系列，为他在欧美汉学界奠定了地位。他善于从宗教文化和神仙思想的角度来挖掘六朝诗歌的内涵。他的论文《神弦歌：中国 5 世纪的通俗宗教诗歌》以及《曹植的神仙思想》已被译为中文，载《欧洲中国古典文学研究名家十年文选》。其专著《中古中国的神仙、节日与诗歌：社会史与思想史研究论集》（*Immortals, Festivals and Poetry in Medieval China: Studies in Social and Intellectual History*, Burlington, Vt.: Ashgate Publishing Company, 1998）就反映了这样的研究思路。此外，他对六朝诗歌的研究成果，还集中体现在 1998 年出版的《中国文学从上古到中古的演变》（*Chinese Literature in Transition from Antiquity to the Middle Ages*, Burlington, Vt.: Ashgate Publishing Company, 1998）一书中。该书不仅包括他从若干专题角度析论山水诗之形成过程的长篇论文《从上古到中古前期中国的山水欣赏：山水诗之产生》（*Landscape Appreciation in Ancient and Early Medieval China: The Birth of Landscape Poetry*, Hsin Chu: Tsing Hua University, 1996），还收录了几篇研究六朝诗学的论文，涉及早期五言诗、阮籍四言诗之真伪以及三世纪初的文学批评等。

现任教于德国海德堡大学的瓦格纳教授对于古代中国的研究，主要集中在魏晋南北朝时期，他对魏晋玄学、王弼《老子注》都曾钻研过。他在《通报》（Vol. 59 [1973]）上发表的长篇论文《中古生活风尚与服食》（Lebensstil und Drogen Im Chinesischen Mittelalter），出入六朝文化、文学、社会史等诸领域，资料翔实，功夫深厚，堪称是继鲁迅、余嘉锡、王瑶之后有关这一课题的最为详尽的研究、最为重要的成果，也应该引起六朝文学研究者的注意。

伦敦大学亚非学院（SOAS）的傅熊（Bernhard Fuehrer）致力于《诗品》研究多年。他最近发表的《从钟嵘著作中体现的〈周易〉影响看其教育背景》（Glimpses into Zhong Hong's Educational Background, with Remarks on Manifestations of the "Zhouyi" in his Writings, *BSOAS*, Vol. 67），从钟氏家学、太学中的《周易》学及钟氏著作中的《周易》影响三方面展开论述，在张伯伟教授《钟嵘诗品研究》的基础上有某些新的开拓。

四、结语

1929 年，陈寅恪先生在给北京大学历史系毕业生的诗中写道："群趋东邻受国史，神州士夫羞欲死。"陈寅恪先生此语所说的只是问题的一个方面，而且，在很大程度上是当时激于民族大义而发。事实上，陈寅恪先生本人不仅留学东洋，而且留学西洋，虽然未必是"受国史"，但西洋东方学的学术传统确实给他的学术研究打下了重要的基础，从而使他的学术超越了乾嘉，而别开生面，焕然一新。就学论学，海外汉学只要有合理可取之处，只要能够有助我们开阔视野、开拓思维，那么，无论东邻之学，还是西邻之学，都值得我们去借鉴、吸收、学习。例如，在相当长的一段时间内，欧洲汉学家对于中国道教的研究远远领先于国内学者，侯思孟吸取这些成果并将其应用到诗歌文学的研究中，思路之更新也早于中国学者。康达维关于西晋人的地域认同、何肯（Charles Holcombe）关于南朝人的中国认同等提法及其思考，显然是很有借鉴价值的。1994 年，何肯在夏威夷大学出版社出版《在汉帝国的阴影下：南朝初期的士人思想和社会》（*In the Shadow of the Han: Literati Thought and Society at the Beginning of the Southern Dynasties*），2018 年，此书的卢康华中译本已由中西书局出版。1998 年，吴伏生在纽约州立大学出版社出版《衰世诗学：南朝诗与晚唐诗》（*The Poetics of Decadence: Chinese Poetry of the Southern Dynasties and Late Tang Periods*）。二书不约而同地将某一时代作为整体，与另一时代进行比较，发现其中的联系与差异，以新的视角获得新的历史认识。同时，欧美学者也很重视世家大族与六朝文学文化的关系，并在研究中引入社会学等观念方法，不仅开拓了六朝史的研究视野，而且对于深化六朝世族与文学研究也很有启发。近年来，越来越多国外学者的研究论著被翻译介绍到中国来，从单篇论文、专书到系列丛书，从不成系统的随意的介绍，到某一专业领域成果的集中系统的译介，形势喜人。就六朝文化研究领域来说，我以为，国外学者也有很多成果值得我们译介，值得我们借鉴，如果能够编辑出版一部六朝文化研究的译文集，撷英荟萃，它将有益于我们研究工作的深化和拓展，应该是无可置疑的。

（原载《南京理工大学学报》[社会科学版] 2008 年第 1 期）

柒
欧美中国古代文学研究综述（2004—2005）

本文旨在报道2004年和2005年欧美地区中国古代文学研究的情况。限于笔者的见闻视野，以及欧美汉学之实际发展情况，本文报道以美国、英国、法国及德国等国的中国古代文学研究为主，所报道的这一方面的研究成果主要以英语撰述为主，兼及少量法语和德语的论著。报道以期刊论文为主，也兼及一些比较重要的论著。少数论著作者虽然来自欧美以外的地区，但其论著是用西文撰写，并在欧美发表、出版，在一定程度上也属于“欧美中国古代文学研究”的范畴之内，因此本文介绍亦将其包括在内。本文按照通行分段法，将中国古代文学分为先秦两汉文学、魏晋南北朝文学、唐宋文学、元明清文学四段，依次叙述，庶几条理清楚。

一、先秦两汉文学

欧美汉学界通常将先秦两汉时期的中国称为“早期中国”（early China，或译“古代中国”）。近十余年来，普林斯顿大学柯马丁教授专注于先秦两汉文学，成果甚丰。2005 年，他主编了《古代中国的文本与礼仪》（*Text and Ritual in Early China*, Seattle: University of Washington Press, 2005）。此书除收入他本人撰写的《出土文献中的〈诗〉》，还收入另外七位欧美先秦两汉研究的重要学者如鲍则岳（William Boltz）、史嘉柏（David Schaberg）的论文各一篇，从不同角度讨论古代中国礼仪与文本关系问题，涉及《诗经》、青铜器铭文、“黄帝四面”、汉碑、早期文本的复合性质等问题。研究先秦两汉文学中的文本与礼仪问题，其实是结合了社会学、历史学和文化学诸种角度，对这一时期的文献进行新的综合研究。对此，欧美汉学界早就着手，并有可观之成果，较为晚近的则有王靖献于 1988 年在香港中文大学出版社出版之《由礼仪到讽喻：中国古诗七论》（*From Ritual to Allegory: Seven Essays in Early Chinese Poetry*）、芝加哥大学夏含夷（Edward L. Shaughnessy）于 1994 年发表的《由颂到诗:〈诗经〉最古诸诗的礼仪背景》（From Liturgy to Literature: The Ritual Contexts of the Earliest Poems in “The Book of Poetry”,《汉学研究》第 13 卷第 1 期）。柯马丁本人也早有《秦始皇刻石：早期帝制中国的文本与礼仪》（美国东方学会，2000 年）一书，以秦始皇刻石为中心，对其中所展现的早期中国文本与礼仪问题做专题研究。由于先秦两汉文献的综合性质，历史与文学之界限往往融而未分。柯马丁的论文《诗与宗教：早期中国历史编撰中“真实”的展现》（Helwig Schmidt-

Glintzer ed., *Historical Truth, Historical Criticism and Ideology: Chinese Historiography and Historical Culture from a New Comparative Perspective*, Leiden: E. J. Brill, 2005）就是着眼于文史关系的角度而进行的研究。此外，他另有两篇已在中国学术期刊上发表的关于《诗经》与文化记忆的论文，也与此相关。一篇是《作为记忆的诗:〈诗〉及其早期诠释》(何金俐译,《国学研究》第16卷，北京大学出版社，2005年)，另一篇是《出土文献与文化记忆:〈诗经〉早期历史研究》(《中国哲学》第25辑，辽宁教育出版社，2004年)。

在近年来的先秦两汉文学研究中，出土文献无疑是中外学者关注的一个热点。作为不同形态的写本，甲骨刻辞、青铜器铭文、侯马盟书、马王堆帛书、郭店楚简、上博竹简、尹湾汉墓竹简等，展现了这一时期出土文献和写本文化的丰富多样性。德国汉堡大学亚非学院将中文写本研究作为自己的研究重点，从2004年开始，“简帛写本研究”已经作为该大学中国语言文化系的常规课程开设，第二届德国汉堡墓藏文献国际研讨会亦于是年2月顺利召开。与会者有来自德国的李孟涛（Matthias Richter)、叶翰（Hans van Ess)、纪安诺（Enno Giele)、劳武利（Ulrich Lau)，来自法国的马克（Marc Kalinowski)，来自美国的邢文、柯马丁、鲍则岳，来自瑞士的高思曼（Robert H. Gassmann）等。研讨会论文涉及上述各种出土文献，重点关注写本的物质形态及其解读方法，也讨论其文化意义。会后，大部分论文结集发表于瑞士刊物《亚洲研究》(Vol. 59, No. 1 [2005])，其中文版于2006年由中华书局出版。

香港城市大学贾晋华在2004年12月出版的《中国文学》(*Chinese Literature: Essays, Articles, Reviews*，简称*CLEAR*）第26卷上发表论文《对早期中国文献中“赋”一词的解释：从诗体到诗的技巧再到文体》(An Interpretation of the Term Fu in Early Chinese Texts: From Poetic

Form to Poetic Technique and Literary Genre)。她通过追踪“赋”一词的语义学渊源及其流变，以及从西周到战国时期相关的社会文化背景，试图解释早期中国文学中三个谜一样的问题。第一，“赋”的本字是“武”，“武/赋”形式的诗（为《周礼》所谓“六诗”之一）所指应是“大武”诗。第二，“赋”有“诗歌技巧”之含义（详细陈述和直言铺陈），这是从“布”“敷”“铺”等同音假借字发展而来的。第三，从赋诗言志到文体的赋，也是沿着这些同音假借字中发展起来的。这三个观点中，第一个显得尤其新颖有创意，对《诗经》以及赋学研究者很有参考价值。2004 年出版的《华裔学志》第 52 卷发表贾晋华书评论文《六诗的现代阐释：“解释学循环”及其消解》(Modern Interpretations of Liushi: The “Hermeneutic Circle” and Its Dissolution）以及韩献博（Bret Hinsch)《刘向〈列女传〉之文本史》(The Textual History of Liu Xiang's “Lienüzhuan”)，皆与先秦两汉文学相关。

二、魏晋南北朝文学

美国人文社会科学院院士、西雅图华盛顿大学康达维教授是美国中国古代文学研究界的巨擘，在汉魏六朝文学尤其是《文选》及辞赋研究方面贡献巨大。《中古中国研究》第 10、11 卷共分两册，是康达维教授六十寿辰纪念专号，已在 2004 年出版的第一册，收入八篇论文：康达维《〈文选〉研究》、柯马丁《汉代之叙史诗篇》、高德耀《告别：中古中国诔文的转变》、雷久密《〈文选〉中的岁暮母题新探》、J. Michael Farmer《论张华〈女史箴〉之创作》、柏士隐《〈文选〉最后一篇：王僧达〈祭颜光禄文〉》、宇文所安《贬谪的秘书丞：谢灵运书卷化的写景》、柯睿《蜀道：从张载到李白》。这些论文基本上都与汉魏六朝文学尤其与《文选》有关，又大多是针对具体作品的研究。

在魏晋南北朝文学领域，陶渊明依然是学者们关注的热点。哥伦比亚大学田菱撰有《重绘隐士：早期传记作家对陶渊明形象的建构》(Rewriting a Recluse: The Early Biographer's Construction of Tao Yuanming, *CLEAR*, Vol. 26)。超然高隐的陶渊明，在文学史上历来被树为道德的楷模。除了他的著作以外，对他的这种品格形象形成影响最大的，也是其最主要的史料依据，便是南朝及初唐时期的几种陶渊明传记，包括《宋书》《南史》《晋书》中的传记及萧统《陶渊明传》。学者们对此多已习以为常，当成可信史料，从不质疑；而实际上，四种传记所描绘的陶氏形象并不完全相同。本文作者提出，这种完美的隐士形象的形成，其实是这些传记作者对相关材料进行取舍安排使用的结果，因而归根到底，这也是一种对陶渊明人生的诠释。这是一篇从文学接受史的角度进行阐发的论文。

作家的形象之真实与虚构，不仅受到传记资料的影响，也受到写本文化的影响。中古写本在传抄流传过程中，无心的讹误和有意的改订屡见不鲜，也影响了读者对作家的理解。在近年欧美汉学研究中，学者们普遍重视文献的使用，这里面既包括近年来面世的出土文献，也包括传世的书面文献。他们还将文献分为写本(手抄本，manuscript)文献和印刷文献两大类，甚至将这两种文献看作是不同的文化形式。近年来专注于魏晋南北朝文学研究的哈佛大学田晓菲，2005年在华盛顿大学出版社出版专著《尘几录：陶渊明与手抄本文化研究》。在书中，田晓菲通过考察陶诗文本流传的历史与机制，揭示伟大的隐逸诗人陶渊明的形象如何在长达几个世纪的历史中逐步形成的过程，指出读者不仅体验作者，而且根据自己对文本的阐释塑造了作者的形象。本书的部分内容已先期披露于中文期刊，如载《中国学术》(2004年第1辑)的《尘几：陶渊明与手抄本文化问题初探》、载《比较文学与世界文学》(2004 年第 1 辑）的《得失之间：陶诗与手抄本文化的种种问题》等。此书出版以来，受到广泛好评，这里不做详细介绍了。同时，田晓菲在《哈佛亚洲学报》上发表的《幻觉与阐释：梁代宫廷文学中关于“看”的新诗学》也颇值得一读。

俄亥俄州立大学的吴妙慧（Meow Hui Goh）最近专注研究永明体的声律问题。她的《王融三首诗的音律》(Tonal Prosody in Three Poems by Wang Rong, *JAOS*, Vol. 124, No. 1 [2004]）以王氏《饯谢文学离夜》《后园作回文诗》《春游回文诗》为例，对王融诗的音律模式及其对诗歌表现效果的影响做了细密的分析，试图从具体案例角度论证永明体的声律内涵。

在文学批评和文学思想方面，夏威夷大学出版社 2004 年出版蔡宗齐主编《中国美学：六朝的文学秩序、艺术与宇宙》,《中国研究书评》(*China Review International*, Vol. 12, No. 1 [Spring 2005]）对此书有书评。致力于《诗品》研究多年的伦敦大学亚非学院的傅熊发表《从钟嵘著作中体现的〈周易〉影响看其教育背景》[①]，从钟氏家学、太学中的《周易》学及钟氏著作中的《周易》影响三方面，对此题展开论述，在张伯伟教授《钟嵘诗品研究》的基础上有某些新的开拓。此外，小说方面，《华裔学志》第 52 卷上有陈珏的论文《〈古镜记〉中的历史与小说》。

三、唐宋文学

在唐宋文学研究方面，对唐宋诗歌的研究呈现出多种不同的视

① 欧美汉学界对钟嵘之“嵘”的读音，向来有“rong”“hong”两种，后者亦时见于专业学术刊物，据云亦出于师弟相传，第二次世界大战后执教西雅图华盛顿大学的卫德明即读此音。今查其所据，则似出自《广韵》也。

角。论文发表时供职于悉尼大学、目前已任教香港浸会大学的陈伟强（Timothy Wai Keung Chan）《王勃诗集原貌考》（Restoration of a Poetry Anthology by Wang Bo, *JAOS*, Vol. 124, No. 3 [2004]）结合版本目录学、诗歌文本以及行程地理等方法与角度，对已散佚的王勃诗集《入蜀纪行诗》的原貌进行了复原考证，在文献研究方面颇有创获。已故著名汉学家查赫（Erwin von Zach, 1872—1942）用德语翻译的《李太白诗集》作为"柏林洪堡大学亚非研究丛书"之一，在2005年终于出齐。科罗拉多州大学萨进德（Stuart H. Sargent）《辛弃疾词和罗伯特·赫里克之比较：词、用典及印刷文化》（Points of Comparison Between Robert Herrick [1591-1674] and Hsin Ch'i-chi [1140-1207]: Lyric Poetry, Allusion and Print Culture, *CLEAR*, Vol. 26）以用典与印刷文化的关系为中心，比较了中英两个诗人的异同，此文中文本曾以《辛弃疾词和赫里克抒情诗之比较：以用典和共同点为例》为题，发表于《宋代文学研究丛刊》第8期（2002年12月），英文本略有增订。2003年哈佛大学亚洲中心出版了杨晓山《私人空间的变形：唐宋诗歌中的园林和玩物》（*Metamorphosis of the Private Sphere: Gardens and Objects in Tang-Song Poetry*），出版后甚多书评，颇有影响。《华裔学志》第52卷发表杨晓山《李格非〈洛阳名园记〉：文本与语境》一文，是其这一系列研究中的一部分。

多年前，牛津大学杜德桥（Glen Dudbridge, 1938—2017）教授曾对《李娃传》做过精细的文献研究。普林斯顿大学的蔡顺昌（S-C Kevin Tsai）的《〈李娃传〉中的性别与仪式》（Ritual and Gender in "The Tale of Li Wa", *CLEAR*, Vol. 26）通过对小说文本互文性的解读，不仅揭示故事如何与所调用的社会话语相纠缠，而且指出其叙事结构中暗含并凝缩了特纳（Turner）所谓"过程仪式"（rite de passage），以及布迪厄（Bourdieu）所谓“制度仪式”（rite d’institution）。这两方面相反相成，将一个具有容易犯错的性别话语以及唐代士大夫的身份认同，转换并纳入一个具有审美意义的稳定的社会秩序。

四、元明清文学

在元明清文学研究中，印刷文化一直很受重视。2004 年，周启荣（Kai-wing Chow）在斯坦福大学出版社出版《近代中国的出版、文化与权力》（*Publishing, Culture, and Power in Early Modern China*）；2005 年，他又与包筠雅（Cynthia J. Brokaw）合编论文集《晚期帝制中国的印刷和书籍文化》（*Printing and Book Culture in Late Imperial China*）；在加州大学出版社出版。两书虽然看似属于历史领域，但其研究无疑为文学史尤其是明清文学研究者提供了重要的文化背景和新的观察角度。

《红楼梦》也仍受学者重视。丹麦奥尔胡斯大学（Aarhus University）的 Lane Bech 在《趋向真实的虚构：〈石头记〉的技法》（Fiction that Leads to Truth: “The Story of the Stone” as Skillful Means, *CLEAR*, Vol. 26）中提出，顾名思义，“空空道人”就是一个虚构人物。实际上，无论在结构上还是主旨表达上，空空道人都是小说《红楼梦》中的一个重要人物，他既是《石头记》的读者，又是小说故事的见证。在真与假、实与幻之间，在对文本的反复阅读中，《石头记》与空空道人之间相互依赖、互为手段。空空道人通过《石头记》实现了自己追求载道以及不朽的愿望，而《石头记》则通过空空道人达到了故事流传的目的。和利山学院（Mount Holyoke College）王颖所撰《〈红楼梦〉中拟口述叙事的消失与仙界的使用》（The Disappearance of the Simulated Oral Context and the Use of the Supernatural Realm in "Honglou meng", *CLEAR*, Vol. 27）提出，在《红楼梦》中，叙事者不再使用仿口述形式，而采用一种作者称为"仙界"的叙事方式。这一修辞转变既与文学白话的成熟有关，也与《红楼梦》本身独特的文本形成过程有关，即创作与接受具有共时的特点。作者着重从两方面探讨仙界幻象在小说中发挥作用：仙人如何成为作者的代言人，仙人的预言如何帮助作者完成对于阅读的引导。

明清小说研究方面的论文，还有犹他大学 Margaret Wan《从唱本到小说:〈绿牡丹〉和〈天豹图〉的个案》（The Chantefable and the Novel: The Cases of "Lu mudan" and "Tianbao tu", *HJAS*, Vol. 64, No. 2 [2004]）。此文梳理十九世纪初期两部武侠小说《绿牡丹》和《天豹图》与唱本《新刻绿牡丹鼓词》和《真本天豹图全传》的关系，探讨两种文体之间的联系。顾明栋《人欲的锦缎：从〈金瓶梅〉及其传统评注看编织法》（Brocade of Human Desires: The Poetics of Weaving in the Jin Ping Mei and Traditional Commentaries, *JAS*, Vol. 63, No. 2 [2004]），主要探讨小说《金瓶梅》在人物、情节等方面的结构艺术及其美学意义。关于《金瓶梅》，还有袁书菲（Sophie Volpp）的《礼物的蟒袍:〈金瓶梅〉中物的周转》（The Gift of a Python Robe: The Circulation of Objects in "Jin Ping Mei", *HJAS*, Vol. 65, No. 1 [2005]）。此外，黄卫总（Martin W. Huang）所编论文集《蛇足：中国小说续书》（*Snakes' Legs: Sequels, Continuations Rewritings and Chinese Fiction*, Honolulu: University of Hawaii Press, 2004），专门讨论小说史上的各类续书，如王颖的论文即讨论晚清时代三部《镜花缘》的续书。2005 年，黄卫总在夏威夷大学出版社还出版了《探究明清时代的男性》（*Negotiating Masculinities in Late Imperial China*），从性别理论和身份认同等角度，结合小说、诗歌、史传、经典等不同文献，探讨明清男性文士的自我身

份意识。晚清文学方面，则有堪萨斯大学马克梦（Keith McMahon）的《邹弢〈海上尘天影〉表现的文化宿命与一夫多妻式的爱》（Cultural Destiny and Polygynous Love in Zou Tao's "Shanghai Dust", *CLEAR*, Vol. 27）。作者提出，在虚构策略方面，这部 1904 年的小说延续了妇女甘愿服从一夫多妻制的模式，究竟明清时代这种一夫多妻的爱情故事与文化宿命之间的共振（resonance）关系如何，则是本文讨论的中心。

性别是明清文学研究中常见的一个新角度。加拿大麦吉尔大学（McGill University）的方秀洁（Grace S. Fong）《性别与经典的缺失：论晚明女性诗歌选本》，考察多种十六世纪后半叶出现的近代女性诗歌选本以及十七世纪早期出现的当代女性诗歌选本，指出其中所体现的男性编者对女性历史及诗歌的视角，包括女性编者所编选的三种在内，由于其着眼点重在保存材料免于失传，意在"求全责备"，或者着眼于其他，皆无意致力于创建女性诗歌的文学经典，在经典化方面则无功可述。2004 年，哈佛大学亚洲中心出版了伊维德（Wilt Idema）和管佩达（Beata Grant）合撰的《彤管：帝制中国的写作女性》（*The Red Brush: Writing Woman of Imperial China*）。在这部书中，作者着意对古代中国的写作女性做了视角宽广的全景式的历史描述，不仅时间长，而且包容面广，举凡中国历史上女性作者，无论女王、宫女、年轻寡妇，还是尼姑、女道士、妓女、优伶等，无不尽揽，可以说是一部女性文学史。此书还提供了丰富的材料，包括许多诗歌、散文及戏剧、小说片断的英译，也可以看作是一种体现某种独特视角和剪裁眼光的女性文学选本。耶鲁大学孙康宜在《中国文学》第 27 卷（2005 年）上撰文对此书给予好评。

过去二十多年来，在西方历史学研究中，"记忆"（memory）成为一个引人注目的重要论题。1986 年，宇文所安教授便以"中国文学与记忆"为焦点，在哈佛大学出版社出版《追忆：中国古典文学中的往事再现》，其中文版亦于1990年在上海古籍出版社首刊，受到中西读者的普遍欢迎。埃及学学者、研究文化记忆的理论家简·阿斯曼（Jan Assmann）在其《文化记忆：早期精英文化的文字、记忆和政治认同》中指出："最初，诗是被当成将某种确保认同的知识植入一种持久形式的记忆术而存在的。这可以当成一种共识来看。现在我们已经熟知，该知识常常以多媒质结合的方式展现。这一结合将语言文本完整地嵌入声音、体态、表情、手势、舞蹈、韵律以及礼仪行为中……这些行为有规律地循环往复，确保认同的知识就在宴饮和礼仪中得以知晓、流传，并继而成就文化认同的再生产。在时空的流传中，礼仪模式的重复维护着族群的内聚力。"① "文化记忆"提供了从文化认同角度研究早期文学文本的重要的概念依托，也被借鉴到对其他时代文学的研究中。2003年秋，印第安纳大学司徒琳（Lynn A. Struve）和台北"中研院"熊秉真举办了主题为"记忆诸链：中国历史中的自我、文化与国家"的讨论会（workshop）。这次讨论会的部分论文刊登于2004年秋/冬号的《历史与记忆》（*History and Memory*, Vol. 16, No. 2），另有四篇论文集合为一组，刊登于《中国文学》第27卷。众所周知，中国文学作品是中国历史与文化记忆的最为重要的文本载体之一，在讨论这一专题时，文学不可避免地成为学者们关注的核心。根据主办者的介绍，本会主要讨论记忆心灵与社会文化因素之间的互动，探讨记忆如何沉淀下来而成为一种写定的文化遗产，即探讨记忆结构、价值结构和文学结构之间的相互关系。值得注意的是，这一期《中国文学》上发表的论文多数与晚明与清代文学相关，也就是西方汉学中所谓"晚期帝制中国"（Late Imperial China）时代。在公共记忆中，1663年的"《明史》案"一般被理解为

---

① 转引自《作为记忆的诗:〈诗〉及其早期诠释》。

清朝统治者对学者的迫害，而此案幸存者的个人记忆，则提供了与此不同的另一幅图景。加州波莫纳学院（Pomona College）的白亚仁（Allan H. Barr）在《个人记忆与公共记忆中的〈明史〉案》（"The Ming History" Inquisition in Personal Memoir and Public Memory）中，通过牵连此案的范骧长子范韩以及陆圻幼女陆莘行的个人回忆，描绘了另外一幅图景。陆莘行的回忆，通过女性作者的个人视角，详细披露了她童年时代对这个高度敏感政治案给她带来巨大的悲剧性迫害的记忆认知。范韩的回忆偏重自己在此案中的角色，显得更坦率固执。这些记载显然有助于我们更多地了解对关于《明史》案历史记忆形成产生影响的诸种因素。方秀洁在《铭记在外家时的自我：洪亮吉的记忆与回忆诗作》（Inscribing a Sense of Self in Mother's Family: Hong Liangji's [1746–1809] Memoir and Poetry of Remembrance）中，实际上也是讨论成人对少年时代的回忆——这实际上是一种成长的回忆，这种记忆反映了个人与社会环境相互调适的持续性过程，也就是形成自我身份认同的过程。在这一过程中，有人扩大了对世界和社会的认识，有人则为失去童年天真和父母的庇护而深感怅惘。洪亮吉正是在放逐伊犁的艰难岁月，开始他最感人的对少时在外家生活的回忆。作者还考察了洪亮吉自传性回忆诗中所展现的回忆模式，探讨了记忆诸文体的不同形式。伊利诺伊大学香槟分校（University of Illinois at Urbana-Champaign）的韩瑞亚（Rania Huntington）撰写的《动乱、记忆与文体：太平天国轶事集》（Chaos, Memory and Genre: Anecdotal Recollections of the Taiping Rebellion），着重对记录太平天国轶事的笔记集进行考察。作者指出笔记文本是一个独特的文体空间，其中既有第一人称的记忆，又有无名的传说。作者分析了这些笔记集的编排模式以及单个故事的主题，意在考察这些不同的叙事类型之间的关系，并试图使动乱时世的这些零散条目有序可循。作者指出，在零散的不成系统的笔记条目与本质上具有片断性质的个人回忆之间，存在着很大的一致性。笔记文体这种质朴性也使作者有相对的自由，可以对记忆进行剪裁选择，并为建构更大的公共或民族艰难的故事提供原料依据。《记忆之地：明清散文中个人记忆的栖居处》(Memonic Locations: The Housing of Personal Memory in Prose from the Ming and Qing）的作者是乔治城大学的高化岚（Philip A. Kafalas)。作者通过考察从归有光、周履靖到麟庆等明清作家的自传性散文，发现虽然大多数散文中的记忆没有建筑依托，但也有一些散文，尤其其中关于童年、创伤及梦境的回忆，记忆者都处在一个极为特定的建筑中。这并不是法国哲学家加斯东・巴什拉（Gaston Bachelard）所谓“梦一般的房子”(oneiric house)，而是一个栩栩如生的个人空间，它将更广阔的社会记忆与社会存在固定于“家”这样一个富有意义的结构之中。作者发现，在小品文中，由于记忆附着于某些特定物体和某一特定的建筑空间，使其较其他常规的自我表现形式，在表达自我平生方面更有具体可感性。在这组论文之外,《华裔学志》第53卷（2005年）发表的林宗正（Lin Tsung-Cheng)《袁枚的叙事诗》(Yuan Mei's [1716—1798] Narrative Verse)，从某种程度上看，也与文学记忆的主题不无关系。

五、其他

胡若诗（Florence Hu-Sterk)《中国美学概论》(*La beaute autrement, Introduction a l'esthetique Chinoise*, Paris: Edition Youg-feng, 2004）涉及中国绘画、书法、诗歌、音乐等方面，其中讨论到书法与诗歌（页70—72)、诗歌与绘画（页73—83)，皆与文学相关。第七章《时间的空间

及空间的时间》（页165—182）提出诗歌以时间表现空间，而绘画以空间表现时间，书法则联系二者，介于二者之间。柏克莱加州大学中国宗教教授司马虚（Michel Strickmann, 1942—1994）的遗作《中国诗歌与预言：东亚的书面占卜》（*Chinese Poetry and Prophecy: The Written Oracle in East Asia*）2005年在斯坦福大学出版社出版。该书重点考察阄签诗，不仅将其置于东亚的广泛文化背景下进行讨论，而且将其与中亚及西方做比较，探讨了中国诗歌与预言的关系，其论题新颖，融合宗教学、社会学之研究视角也颇有启示意义。2004年，密西根大学出版社出版的韩瑞（Eric Hayot）《中国梦：庞德、布莱希特、泰凯尔》（*Chinese Dream: Pound, Brecht, Tel Quel*①）从英（美）、德、法三个不同角度，探讨西方对中国文化的接受或反应。这基本上是一部比较文学的论著，但关心中国古代文学的国际影响的学者对此书应亦有兴趣。

二十世纪八十到九十年代，德国、法国两国学者相继出版了他们编写的中国文学史。在德国方面，由著名汉学家顾彬主编的十卷本《中国文学史》（*Geschichte der Chinesischen Literatur*），其中第一卷（诗歌）、第二卷（长篇小说）、第三卷（短篇小说）已在2002年出版，第四卷（散文）则在2004年面世。同一年，德国J. B. Metzler出版社还出版了由艾默力（Reinhard Emmerich）主编的一卷本《中国文学史》（*Chinesische Literaturgeschichte*）。吕福克（Vloker Klopsch）和梅薏华（Eva Müller）主编《中国文学辞典》（*Lexikon der Chinesischen Literatur*）收词416条，涵盖中国古今文学，从某种意义上也可以视为一部中国文学史。正如倪豪士教授在书评（*CLEAR*, Vol.26）中所说，这似乎意味西方迎来了一个编

① *Tel Quel*，原指法国出版的一个文学季刊，由于它培养了一大批法国著名文学家、艺术家、思想家、理论家，因而成为二十世纪后半叶法国文化中的重要现象，有时也指其所形成的文学团体和其所代表的意识形态。

撰中国文学史的时代。2001 年，哥伦比亚大学出版社出版宾州大学教授梅维恒主编的《哥伦比亚中国文学史》。普林斯顿大学柯马丁和华盛顿大学何谷理（Robert E. Hegel）发表长篇书评《一部中国文学史？》（A History of Chinese Literature? *CLEAR*, Vol. 26），认为此书结构安排不尽合理，小的细节处理方面也多有不当，各章节水平参差不齐，总的来看，称其为“中国文学史”名不符实。据悉，在哈佛大学宇文所安和耶鲁大学孙康宜主持下，《剑桥中国文学史》正在紧锣密鼓地进行。而荷兰 E. J. Brill 出版社也已经约请包括西雅图华盛顿大学康达维、科罗拉多大学柯睿、普林斯顿大学柯马丁在内的一批学者编撰另外一部中国文学史。这似乎说明，欧美汉学界自二十世纪八九十年代以来开始涌动的中国文学史编撰热潮，至新世纪初仍然方兴未艾。由此可以预卜，欧美中国古代文学研究也必将在新世纪迎来一个新的收获岁月。

（原载《中国古代文学研究年鉴（2005）》，
陕西师范大学出版社，2008 年）

捌
拓本聚瑛
——芝加哥富地博物馆藏中国石刻拓本述论

多年前，曾拜读劳费尔（Berthold Laufer, 1874—1934）《中国伊朗编》[①]，看他考证菠菜、苜蓿、葡萄、安石榴、茉莉花等种种名物如何传入中国。这些学究式的考据，作者娓娓道来，如数家珍。我则读得津津有味，视为灯下夜读难得的享受。还记得他在考证菠菜时，援引多种中西语文及历史文献；考证菠菜的另一个名称菠薐菜与菠薐国（颇棱国）的关系，指出菠菜实际上是从伊朗经尼泊尔传入中国，汉语名称“菠薐”即是在其东传过程中留下的某种印度方言的遗迹。至于菠菜的另一名称“波斯菜”，则表明中国人在元明时代可能已知波斯是菠菜的最早产地。[②]“菠薐

① Berthold Laufer, *Sino-Iranica: Chinese Contributions to the History of Civilization in Ancient Iran, with Special Reference to the History of Cultivated Plants and Products,* Chicago: Field Museum of Natural History, 1919。中文本为［美］劳费尔著，林筠因译:《中国伊朗编》，商务印书馆，1964 年。

② 同上书，页 216—223。

菜”的名称，在今天的不少方言如福州方言中仍在使用，联想及此，不禁会心而笑，至今记忆犹新。

学者劳费尔的工作经历，除了多次到中国进行人类学考察及搜集文化资料，其后半生主要是在美国芝加哥富地自然历史博物馆（Field Museum of Natural History, Chicago，以下简称富地博物馆）度过的。2006 年 12 月，我到芝加哥大学东亚系讲学，来前便和东道主商量，在这只有短短三天的停留时间中，要抽出半天时间，到这个博物馆看一看，因为之前已了解到劳费尔所搜集的中国文物中有很多石刻及拓本，今日仍然收藏于这家博物馆。我在芝加哥大学演讲的题目，恰好是《汉碑与诗歌》，听众中有来自富地博物馆的。刚讲完，她就过来，说对这个题目很感兴趣。当时她正在博物馆中帮忙整理劳费尔所收藏的石刻拓本，表示可以带我到馆里看他们的库藏。博物馆人类学部门负责人 Bennet Bronson 博士十分热情，专程陪同我们参观，承 Bronson 博士的好意，我得到一册《富地博物馆藏拓本聚瑛》。访问结束后，我曾在我的新浪博客“廿年远在帝王州”上写过三篇小文，对此行收获做了简单的介绍。这是关于本篇论文写作的一个前缘。

一、劳费尔的生平经历

美国东方学家劳费尔是十九世纪末二十世纪初的德国著名汉学家顾路柏（Wilhelm Grube, 1855—1908）的学生。1874 年，他出生于德国科隆一个犹太人家庭；1897 年，23 岁的劳费尔就获得莱比锡大学的博士学位，堪称早秀。劳费尔是个语言天才，他所掌握的语言数量之多令人震惊。据 Bronson 博士为劳费尔所作的传记称，劳费尔对主要的西方语言包括俄文，全都掌握。对于亚洲语文，他也有广博的知识，懂得闪族语、德拉威语、波斯语、梵文、马来语、中文、日文、满文、蒙文、藏文等。这些语言修养，不仅为他后来在亚洲各国包括中国各地考察提供了方便，而且也为其东方学研究奠定了坚实的基础。[①]无论就其学问之精深而言，还是就其涉及面之广泛而言，在二十世纪早期的美国汉学家中，劳费尔都可以说是首屈一指的。因此，他的同时代人、曾任耶鲁大学教授的著名汉学家赖德烈（Kenneth Scott Latourette, 1884—1968）对劳费尔的博雅精深也极为佩服。1934 年 9 月 13 日，深受癌症病痛折磨的劳费尔，从芝加哥海德公园的海滨旅馆八楼一跃而下，结束了自己刚刚 60 岁的生命，给美国汉学界及东方学界留下巨大的遗憾，同行们为此嗟惜不已。[②]

劳费尔不仅涉猎广泛，而且是一个非常勤勉多产的学者。从 1912 年到 1934 年，连续二十年，他每年发表的论著数量都在十几种以上。在短短三十多年学术生涯中，他留下了多达 450 种论著，涉及人类学、民俗学、宗教、考古、中外交通等诸多学科领域。他最负盛名的著作之一，是早在 1964 年就由林筠因先生译为中文的《中国伊朗编》，1981 年商务印书馆重印了这部名著。[③]这部在 1919 年由富地博物馆初版的中西交通

① 本文关于劳费尔生平的介绍，主要参考 Bennet Bronson, Berthold Laufer, in *Curators, Collections, and Contexts: Anthropology at the Field Museum*, Chicago: Field Museum of Natural History, 2003, pp.117–126。下文所附两张劳费尔照片，也来自 Bronson 此文。关于劳费尔生平的中文文献，还可以参考邵循正：《中国伊朗编 · 中译本序》；龚咏梅：《劳费和他的汉学研究对美国中国学的贡献》，载朱政惠主编：《海外中国学评论》第 2 辑，上海古籍出版社，2007 年。

② 此据 Bronson 博士的说法。对其自杀原因，还有原因不明（参看邵循正序）及因工作压力大产生焦虑而自杀（参看龚咏梅文）两种说法。窃以为 Bronson 博士说法较为切实可信。

③ 据邵循正《中国伊朗编 · 中译本序》，在商务印书馆中译本出版之前，已有中国学者对此书做过一些介绍，“书中矿物学方面有章鸿钊的《中国伊兰卷金石译证》（刊于《地质学报》乙种第 3 号），植物方面有向达先生译的《葡萄考》和《苜蓿考》两篇（载于《自然界》第 4 卷的 3，4 两期）”。

史名著，在将近一百年之后的今天，仍然具有学术生命力，也是劳费尔学术史地位的一个见证。

劳费尔是一位汉学家、东方学家，也是一个人类学家。这几种身份的交集，使他对文物史料有一种狂热的收集欲。他参加了由美国资本家出资组织的中国探察队，在中国探察、收购文物，前后所得，有大约19000件各类文物，其中包括3000多件石刻拓本。这些石刻，从年代上看，上起先秦，下至晚清；从种类来说，则碑志、经幢、造像、摩崖等，应有尽有。其中有一些连原石也一起收购，携归美国。从这个角度来看，劳费尔像法国伯希和、英国斯坦因一样，是又一个疯狂掠夺中国文物的学术帝国主义者；但从另一个角度来看，这些珍贵文物和文献，现在都完好地保存于富地博物馆里，向全世界学者开放，不久的将来，可望做成一个电子数据库，非常方便学者使用。在保存文物和文献方面，劳费尔功不可没。

在中国探察之旅中，劳费尔到过许多地方，从东南到西北，从城市到乡村，屐痕处处。他不是一个善于社交的人，也不是一个善于表达情感的人，他留下的信件笔记中，也没有提到他在中国接触过哪些中国人。不知道在中文文献中，今天还能不能找到关于他在中国行踪的相关记录。作为一个移居美国的德国人，在第一次世界大战中，他曾经遇到过身份认同上的难题。他并不喜欢德国，对他曾经工作过的纽约和长年工作的芝加哥，似乎也没有特别多的好感。相反，他对作为研究对象的中国却情有独钟。他在致老朋友鲍阿斯（F. Boas）的信中，曾经充满感情地说过这样的话：“我已经爱上这片土地和这里的人民，我已经变得很中国化了……我甚至感觉，做一个中国人，比做一个欧洲人，对我来说更好、更健康。”（I have come to love the land and people and have become so Sinicized ["Chinisiert"] that

图10：劳费尔标准照

... I feel myself to be better and healthier as a Chinese than as a European.）“如果我有什么可后悔的话，那就是我没有出生在中国。”（If I regret anything, it is the fact that I was not born in China.）这是耐人寻味的。

上文所附为劳费尔的标准照，自有一副学者的威严。下面一张是他在汉口拍的，据 Bronson 博士介绍，这张照片约摄于 1904 年。照片中，坐在前排的是劳费尔和另一个外国人，后排是两个中国士人。劳费尔全身上下，从帽子到鞋子，都是清人的装束，再加上一副正襟危坐、不苟言笑的神情，颇有一点中国传统士大夫的样貌。

图 11：劳费尔等

二、《拓本聚瑛》与劳费尔的拓本收藏

1973 年秋天，德国汉堡大学瓦拉文斯（Hartmut Walravens, 1944—）教授，为研究劳费尔来到富地博物馆，他不仅对劳费尔的生平学术有了越来越大的兴趣，对劳费尔费心搜集的、现藏于富地博物馆的中国石刻拓本的价值，也有了更深的认识。于是，在编纂三卷本《劳费尔文集》的同时，他又主编了这本《富地博物馆藏拓本聚瑛》[①]（以下简称《拓本聚

① Hartmut Walravens ed., *Catalogue of Chinese Rubbings from Field Museum*, Chicago: Field Museum of Natural History, 1981.

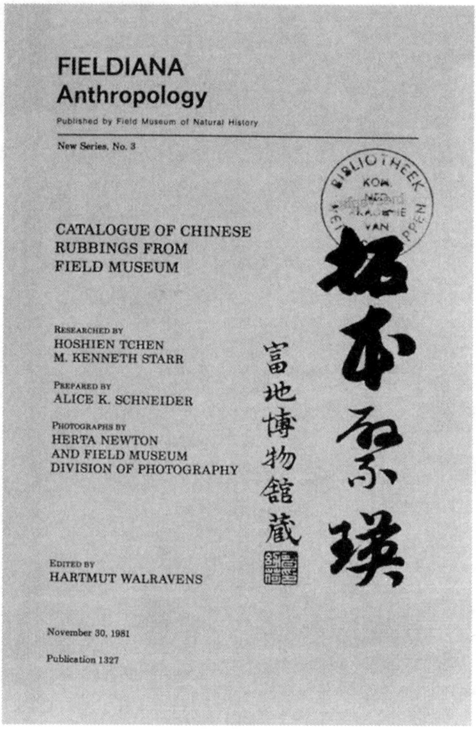

图 12:《拓本聚瑛》封面书影

瑛》)。值得注意的是，这是用西文编写的第一本中国石刻拓本目录。1981 年，此书由富地博物馆作为该馆所编印的“富地丛刊”（*Fieldiana*）之一出版。这一丛刊包含人类学、植物学、地理学和动物学四个系列，《拓本聚瑛》是“富地丛刊人类学系列”（*Fieldiana Anthropology*）中的一种，封面有著名书画家曾幼荷[①]题写的中文书名。正文前，则有主编瓦拉文斯的前

① 曾幼荷，曾国藩之孙女，德国汉学家艾锷风（Gustav Ecke, 1896—1971）之妻。1923 年生于北京，原名昭和，又名佑和，号幼荷。十一岁时始学画，师从容庚、邓以蛰等书画鉴赏名家。1942 年，自辅仁大学美术系毕业。1969 年起受聘为美国夏威夷大学美术系教授。1972 年获纽约大学美术史研究院博士学位。1971 年，曾主持在美国费城美术馆成功举办的首次“中国书道”（Chinese Calligraphy）展览。

言，说明这项编辑工作的缘起及其过程。另有陈和铣博士所撰序言。[①]实际上，拓本目录主要是由陈和铣编制的，M. K. Starr 博士也参与了这一项目的规划。陈和铣在序言中论述了石刻及其拓本的起源、拓本制作技术与特点、史料价值和艺术价值，并交代其编目考证的经过。参加馆藏目录卡片整理的 Alice Schneider 也撰写了一篇致谢辞。曾幼荷撰写《拓本的重要性》，Lothar Ledderose 撰写《艺术史上的拓本》，分别从一般与专门角度，论述拓本对于中国文化与艺术研究的重要意义，希望给一般读者提供背景知识。此外，卷前还有未署名的《贝托特·劳费尔及其拓本收藏》一文，提供有关这一特藏的很多重要信息。Alice Schneider 所撰《读者指南》，对读者阅读使用本书也有帮助。

劳费尔对石刻拓本非常重视，这种自觉意识显然是他到达中国以后才培养起来的。1901 年到 1904 年间他所参加的中国探察活动，其本来目的并不在于搜集拓本。但是，劳费尔很快认识到拓本的特殊性及其重要性。一方面，拓本是第一手史料，涉及历史文化研究的方方面面；另一方面，拓本比照片更清晰，有更好的视觉对比效果，并且轻便易带。出于对史料的敏锐，也基于他对中国文化及学术传统的领悟，他决定在探察途中，利用一切机会，广泛搜集各地的拓本。据统计，他所搜集的拓本达到 3336 件。[②]这些拓本中的大多数，都是他亲自雇用拓工，督促他们制作的。从书末所附《拓本来源索引》（Index of Proveniences）来看，书中所收这些拓本来自安徽、浙江、福建、河南、河北、北京、热河、甘肃、江西、江苏、广东、陕西、山东、云南、湖南、广西、四川、

---

① 此序言有中文本，参看陈和铣：《芝加哥斐尔德自然历史博物馆藏拓本聚瑛序言》，《大陆杂志》1983 年 4 月。中文本将富地博物馆译为斐尔德自然历史博物馆，将劳费尔译为洛阜福。按：陈和铣（1893—1988），字孟钊，江西九江人，二十世纪二十年代曾任江苏省教育厅厅长、司法厅厅长，为“世界书局”最早发起人之一。

② 参看《贝托特·劳费尔及其拓本收藏》。

台湾等省。除了来自四川地区的汉画像拓本出自葛维汉（D. C. Graham）的收藏，台湾的石刻拓本亦不出自劳费尔所搜集之外，绝大多数拓本都是劳费尔费心搜集的成果。这些来源地点大致反映了劳费尔当日考察的足迹，可见其行踪之广、搜罗之勤。

这些拓本最初收藏在位于纽约的美国自然历史博物馆，后来，馆方决定将这些拓本全都还赠劳费尔本人，劳费尔遂将其移藏于富地博物馆。必须说明的是，《拓本聚瑛》中收录的只有 2014 件拓本，并不是劳费尔当日收藏的全部。根据该书附录 1 和附录 2，我们知道，不知由于什么原因，劳费尔搜罗的拓本中，有一部分仍然寄身于纽约美国自然历史博物馆。据笔者统计，这一部分总计有 540 多件，包括劳费尔在曲阜、邹县、兖州、泰庙、洛阳（龙门）、杭州、南京（灵谷寺无梁殿）等地搜集的拓本，其中不乏史料文献价值甚高者。另外，附录 1 还列举了三类未收入《拓本聚瑛》的拓本：一是现藏富地博物馆的部分劳费尔拓本，主要是关于周陶、汉印、元印、玉器等的拓本，共 80 件；二是葛维汉原藏的拓本，主要是四川汉画像，共 48 件；三是本书编者一时未注意到的馆藏劳费尔拓本，共 71 件，其中颇多伊斯兰教碑刻，具有重要的史料价值。此外，劳费尔当日搜集的拓本，尚有数百件至今下落不明，或者仍在纽约和芝加哥两地的这两家自然历史博物馆的某一府库中，有待发掘、清理。

从拓本的地理分布来看，劳费尔的拓本搜集活动，主要是在 1901 年到 1904 年那次探察之旅中完成的。因为他的另一次中国探察之旅，即 1908 年到 1910 年那一次，主要是在西藏高原。拓本中，来自西安、北京、洛阳龙门、山东曲阜等地的尤其多，这主要是因为这些地方石刻文献资源特别丰富，另一方面也可能与劳费尔在这些地方停留时间较长有关。在搜集的同时，劳费尔还对这些拓本做了初步整理，并撰写了若干篇相关论文。对其所搜集3000多件拓本的价值，劳费尔有所总结，认为以下十类的价值最为突出：

（一）北京和热河等地的喇嘛教碑刻，有的一块碑刻上有多达四种语言；

（二）西安、开封、北京、泰安、杭州、广州等地的伊斯兰教碑刻；

（三）开封府的犹太教碑刻；

（四）刻有孔子及其弟子像的《圣迹图》；

（五）山东汉画像石；

（六）山东、陕西等地的汉魏六朝石刻；

（七）西安唐代及明代的墓志石刻；

（八）蒙古文碑刻，居庸关有一种刻有六种文字；

（九）北京、普陀山、杭州等地的佛教碑刻；

（十）北京等地的基督教碑刻。

由此可见，劳费尔对宗教石刻格外重视，无论是喇嘛教碑刻和佛教碑刻，还是伊斯兰教碑刻、犹太教碑刻和基督教碑刻，对于跨民族文化交流研究都有重要的价值。劳费尔对这些拓本资料十分珍惜，他曾计划影印拓本，并对拓本中的文字内容进行翻译介绍。这是一个庞大的工程，需要各国学者合作，他正要着手展开这一计划，第一次世界大战爆发了，这项工程被迫中止。1929年，他曾倡议在美国首都华盛顿建立一个东方研究院（Oriental Research Institute），并为此提出了一个更为宏大的、更加雄心勃勃的《中国铭刻全集研究计划》。他计划用十五年的时间，整理6000件铭刻拓本，预计成果将有12到15卷，共需要投入15万美元，每年1万美元。这些拓本包括各种铭刻、甲骨、金文、铜镜、陶瓷、雕塑，对于历史与语言研究具有不可替代的重要性。他将这些铭刻分为12类：耶稣会士墓碑、回教及犹太教石刻、孔庙碑刻、佛教寺庙碑刻、道教碑刻、皇宫碑刻、其他历代碑刻、墓志、书画名家真迹、甲骨文、青铜器及铜镜铭刻、砖瓦建筑铭刻等，林林总总，不可谓不丰富。仅以他本人已经搜集掌握的拓本而言，就有不少是中国学者所未知的。在规划书中，劳费尔大肆鼓吹这一计划的重大意义，对其所具有的不可估量的学术前景做了一番兴奋的描述。当然，这一计划需要通过与中日等国学者通力合作才能完成。今天看来，劳费尔所估计的 6000 件拓本，与现存铭刻总量相差太远了。但是，在二十世纪二十年代就能提出如此宏大的规划，足以表明他是一个具有开阔视野、不凡魄力和学术前瞻性的学者。

在劳费尔以前，很少有国外学者对金石拓本如此重视。值得一提的，也许只是法国汉学家沙畹。他比较早注意金石文献，并做过一些具体而深入的研究；但是，劳费尔是第一个大量搜集中国金石拓本的西方学者，他所收藏的拓本数量之多、品种之富，也是前所未有的。他使石刻拓本成为富地博物馆的独特馆藏，并因此引起世界汉学界和博物馆学界的注目。

三、劳费尔收藏拓本的文献价值

《拓本聚瑛》著录信息颇为完备，包括题名、责任者（撰文者、书写者、镌刻者、题跋者等）、地点、年代、书体、尺寸、编号等，部分拓本还附有图版。书后附有多种索引，包括《题名索引》《人名索引》《寺庙名索引》《来源索引》《主题索引》等，颇便检索。

尽管《拓本聚瑛》所收不是劳费尔拓本的全部，但是，只要对本书所收拓本做粗略调查，便可以发现，劳费尔拓本确实具有珍贵的史料文献价值。这主要表现在如下三个方面：

第一，作为西方学者，同时作为东方学家，劳费尔特别关注那些非汉文、非汉族、非儒家文化的铭刻。他对于这一类碑刻也特别用心搜集。因此，他的收藏中涉及佛教、伊斯兰教、犹太教、基督教等的拓本甚多，至于铭刻中所涉及的文字，则有藏文、蒙古文、满文、阿拉伯文、突厥文、拉丁文等。

第二，《拓本聚瑛》中所收拓本，颇有珍稀之品。其中，最为珍稀的是宋人游似所藏《兰亭第五十二本》。这是一个珍贵的宋拓，其收藏者从南宋游似、明晋王、清成亲王永瑆、清末陈介祺、民国易培基和李宗侗，可谓传承有序。拓本上有很多从宋代到清代的著名收藏家、书法家的鉴赏印，包括翁方纲、何绍基等人。① 需要说明的是，这个拓本不是劳费尔所收，而是二十世纪六十年代从台湾大学李宗侗教授那里购藏的。又如隋开皇二十年（600）的《大隋开府仪同三司龙山公墓志》，此志出土于四川奉节，清咸丰九年（1859）为四川奉节县令张尚裕修筑炮台时发现。石为圆首方趺碑形，正书，书法精美。拓本上有罗升培、张尚裕等刻跋。富地博物馆所藏本上有吴虁梅题跋，亦颇不常见。

第三，《拓本聚瑛》中所收拓本，有些为中国所不见。有些则连原石亦被劳费尔运到美国，藏于富地博物馆之中。例如《唐故陇西李让娘墓纪铭并序》：

唐故陇西李让娘墓纪铭并序

> 陇西李让娘，雍王之裔，赠谏议大夫府君邢之曾孙，扬府左司马府君彻之孙，前虢州参军承懿之长女。让生七岁，在嫡母王氏夫人之手掬育。让立性孝敬和淑，聪慧妙巧，好工雕镂剪刻纸砚之事，皆达其能，未尝习稚子戏。生十五年，曾无一事犯父母之颜。父母钟念怜惜，何啻宝玉。不幸婴疾在床，危羸四月，医药万计，竟不

① 参看陈和铣序。

图 13：《唐故陇西李让娘墓纪铭并序》碑

少瘳，以咸通二年四月八日卒于华之南吴村季父之别墅。嗟乎！物之尤者，在世者岂久乎？吾女之美，媚若天人，天夺其美，人岂得久耶！父母惜甚，每发一恸，气即将绝，更何言也！以其月十六日葬于是村之东北一里，以岁月未便，不得祔于先茔之侧。铭曰：

妙质之姿，生世如寄。瞬息风华，俄然而萃。泪继血垂，松楸永閟。

父前虢州参军承懿述

前绛州万泉县主簿马蕴书

这是一篇晚唐的墓志，《全唐文》中没有收录。咸通二年，即公元861年。据《拓本聚瑛》，此志出土于西安，志石长宽同为37厘米，志盖长宽同为39厘米，皆呈正方形。志文及志盖文字皆作正书。墓志盖顶刻“唐故陇西李让娘墓纪”，四边刻有二十八星宿名及十二生肖人形图像，图饰颇为精美。我去博物馆的头天晚上，随意翻看借来的《拓本聚瑛》，觉得这个墓志标题比较生疏，第二天便要求调看这个拓本。拓片文字相当清晰，效果相当好。博物馆工作人员介绍，此志原石也收藏于富地博物馆，入藏时间大约在1910年。于是，看完拓本之后，接着去看这合墓志。原石保存得很好，一志一盖，是典型的唐志形制。

很显然，这篇墓志铭的作者，就是墓主李让娘的父亲李承懿，而书写者则是马蕴。我做了初步检索，在周绍良、赵超所编《唐代墓志汇编》正编及续编中，此志皆不见收录。三秦出版社的《全唐文补遗》、吉林文史出版社的《全唐文新编》和陈尚君的《全唐文补编》诸书，也都没有收录这篇墓志文。很有可能，这方墓志出土之后很快就被劳费尔收购，并被运到了美国，其拓片在中国反而没有或者很少流传。关于此方墓志是否在中国没有拓片流传这一点，也许还需要进一步检索一些大型石刻拓片汇编，以及各地金石志及金石收藏目录，才能做出最后的结论，但

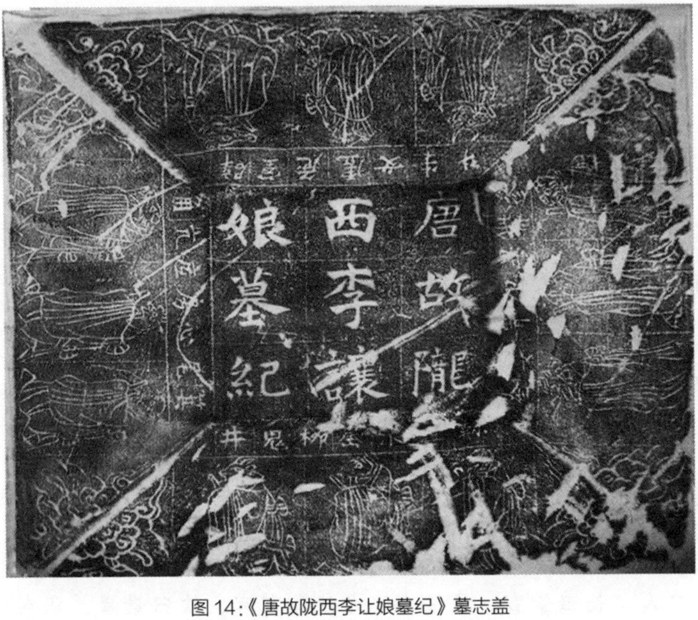

图14:《唐故陇西李让娘墓纪》墓志盖

至少，关于这合唐代墓志石的下落，现在可以确知无疑了。

除了这方墓志，我在博物馆库房中看到的墓志石，还有《唐故温州永嘉县令陈郡郎府君墓志》《大唐化度寺故僧海禅师墓志》和墓志盖《故庐江何府君墓志》《大唐故刘夫人墓志铭》等，这些墓志及墓志盖在中国是否有拓片留存，也还有待查考。从另一方面看，这些基本上都不是名人墓志，出土之后不会很受重视，即使当时中国本土留有拓本，恐怕也不会多。《大唐化度寺故僧海禅师墓志》提到三阶教与信行禅师，那天同去富地博物馆参观的有中国社会科学院世界宗教研究所的张总研究员，他对三阶教有过专门研究，故对这块志石格外有兴趣。这只是匆匆经眼所看到、所记下的，那些没有看到的库藏中，一定还有很多有价值的珍品。

再说一合现存富地博物馆的唐代墓志，据初步考察，其拓本在国内也鲜有流传：

唐故内仆令焦府君夫人琅琊郡王氏墓志铭（编号715）

将仕郎试左武卫兵曹参军□撰

夫人姓王，琅琊郡人也。家本历代冠冕，簪缨茂族，□谍具详，略而不书。考讳再（？）荣，皇仕左羽林军将军。即将军之仲女也，故内仆令焦府君之夫人。府君操禀松筠，志怀朱（？）碧，秉简禁掖，清风爽然。夫人德垂闺□，颜美浓（秾）花，禀性谦冲，动念法度，既及笄年，适于焦公，卅余载自始及终，休誉如一，承上接下，皆得欢心。家无杂宾，门杜私谒，服不华饰，必存澣濯之衣；庭罗钟鼎，自屏珍羞之味。嗟夫！隙驷难留，尺波电谢，月掩娥魂，云迷婺星，以大中九年七月五日奄终长逝，春秋五十有三。即以其年岁居乙亥十月廿六日壬寅祔葬于京兆府长安县承平乡先茔之礼也。有子二人，长曰景宣，见任内飞龙使监勾官，次曰景皋，职在内弓箭库。有女一人，适于朱氏，并泣血踰礼，茹荼苦心。瞻灵榇而长辞，期贞石之不朽。其铭曰：

恭惟懿范，孰堪与俦。令淑夙著，言行克修。哀哀胤子，逷逷长道。野无爱容，庭有茂草。清渭之南，凤城之西。观者洒泪，贤夫德妻。双坟相望，采者不迷。

图 15:《唐故内仆令焦府君夫人琅琊郡王氏墓志铭》碑

以上是墓志正文，此外还有墓志盖，上刻“大唐故王夫人墓志铭”。墓志石和墓志盖都收藏在富地博物馆。

这也是一方晚唐的墓志。焦家父子两代，任内仆令、内飞龙使监勾官、内弓箭库等职，都属于内官，显然与其家族背景有关系。墓志中还有一些碑别字，虽然写法不是很罕见，也值得研究，可惜拍的图片不清楚，要想看个大概，也很费目力。

当然，本书著录中也不是没有瑕疵，少数拓本著录中的释文就存在

图 16：《大唐故王夫人墓志铭》墓志盖

问题，例如编号 692 的《唐故温州永嘉县令陈郡段府君墓并序》，据本人目验拓本，“段”似应作“郎”。但是，瑕不掩瑜，这本目录的编辑出版，对我们了解这一批拓本的文献价值，做出了巨大贡献。

最后，需要强调的是，散落于国外各地图书馆、博物馆以及私人收藏家手中的金石拓本、书画，也是域外汉文文献的重要组成部分。本文只是浮光掠影，略举几个例子，比对劳费尔的藏品与现存石刻目录之存佚，说明其价值，希望引起中国学者对于这一类域外汉文文献的重视。同时，笔者也热切希望国内外图书馆、博物馆或公私收藏单位尽快整理出版他们的藏品目录，并以各种方式将其藏品尽快完整地公之于众，以推动世界汉学研究的发展。

（原载《中国文化研究》2012 年秋之卷，总第 77 期）

玖
哑行者的混合语
——读蒋彝《湖区画记》

一、《湖区画记》：哑行者之语

出版于 1937 年的《湖区画记》(*The Silent Traveller: A Chinese Artist in Lakeland*, London: Country Life Ltd.) 是长期流寓海外的蒋彝所撰写并出版的“哑行者画记”系列游记的第一种。仅仅根据其时间序列，就可以判定此书在整个“哑行者画记”系列中首开风气，占有特殊的地位。进一步深入考察，可以发现其对于蒋彝一生的艺文创作乃至二十世纪海外华文创作，也都具有独特的意义。

在《湖区画记》之前，蒋彝已在英国出版了一部专门介绍中国绘画艺术的英文著作《中国画》(*The Chinese Eye: An Interpretation of Chinese Painting*, London: Mathuen & Company, 1935)，同时还出版了线装本中文诗

集《蒋仲雅诗》。[①]这两部书外加其他一些艺文创作活动，使他在英伦文化界崭露头角，显示了自己在诗画两方面的艺术才华。虽然这两部书在内容（中国画）和形式（线装本）上标新立异，足以使蒋彝在一定范围内引人注目，但是，他还没有找到一个最为适合自我、最能综合展示其诗书画才华，而且具有可持续性的写作方式。他还处于艰难探索的过程之中。

自1933年来到英国，蒋彝就居住在伦敦这座喧嚣嘈杂的大都市里。虽然远离祖国，他却无时不在忧念着国内的局势，想念着故乡的亲人。他在《东望祖国怆然有感率成五绝句》中写道："斫地呼天歌莫哀，逼人风雨自东来。一腔热血从何洒，只剩悲凉到酒杯。""听说潢池尚弄兵，如山忧患岂能平。覆巢今更无完卵，怪尔嘈啾燕雀声。"[②]所谓"逼人风雨自东来"，指的是当时从东北、华北步步进逼的日本侵略者。所谓"覆巢今更无完卵"，则是包括家人乡亲在内的万千同胞的处境。透过诗中的"悲凉""忧患"等文字，可以想见他那时沉重灰暗的心情。值得注意的是，《湖区画记》扉页题有"献给我的姐姐"。蒋彝童年失母，自幼"得到姐姐无微不至的照顾"[③]，故与姐姐感情特别深。这个题词固然可以理解为姐弟情深，但是，这里的"姐姐"也可以看作象征其故乡和亲人的一个符号。

在这样的人生和事业背景下，蒋彝开始了他的湖区之行。1936年7月31日他抵达湖区，8月12日回到伦敦。除了欣赏湖光山色，此行很明显有散愁息虑之意。对于蒋彝来说，此行虽然只有短短两周时间，却

---

① 详参郑达：《西行画记——蒋彝传》，商务印书馆，2012年，页99。

② ［美］蒋彝：《蒋彝诗集》，友谊出版公司，1983年，页42、43。1940年，蒋彝在致时任复旦大学教授的老同学兼江西同乡刘咸（字重熙）的信中，曾抄录第一首绝句，可见他对此诗的重视。此信收入《复旦大学档案馆藏名人手札选》编辑委员会编：《复旦大学档案馆藏名人手札选》，复旦大学出版社，1997年，页231—232。

③ 《西行画记——蒋彝传》，页393。

收获极丰。毫无疑问,《湖区画记》是这趟湖区之行最为重要的成果之一，也可以说是蒋彝艺文创作事业的一次重大突破。以中国人的眼光观看和描写西洋的山水和人事，配以中国画的笔墨丹青，再加上以中国书法写就的自作汉语古诗，诗文相成，书画合璧——这一独特的游记写作方式，就是蒋彝此行最为重要的收获。一言以蔽之，哑行者找到了适合自己的言说方式，从此不再失语。

二、从仲雅到重哑：失语的哑行者

一般读者也许不会注意到，初版《湖区画记》的英文书名中，多出了“A Chinese Artist”，着意突出作者的中国画家身份。[①]这一点与后来的“哑行者画记”系列明显不同。此书为什么要突出这一身份？后来同一系列的各种画记为什么又取消这一身份标识？其中有何原因或深意？这里略做探析。

《湖区画记》能够成书，除了内因——主要是蒋彝个人的湖区之行及其诗书画方面的才华，外因也发挥了重要的作用。原来，早在1910年，旅居英国伦敦的日本画家牧野义雄（Yoshio Markino, 1874—1956），就已出版过一部《日本画家在伦敦》（*A Japanese Artist in London*），在当时颇为畅销。1936年8月12日，蒋彝刚从湖区回到伦敦，就收到一封乡村生活书局（Country Life Ltd.）经理的来信。这位经理在《伦敦新闻画刊》（*The Illustrated London News*）上看到蒋彝画的《圣詹姆士

① 上海人民出版社2004年出版朱凤莲译蒋彝《湖区画记》，封面、内封及版权页所标注的英文书名，已经改为 *The Silent Traveller in Lakeland*，而版权页背面标注书名，仍作 *The Silent Traveller: A Chinese Artist in Lakeland*。

公园的鸭子》(Ducks in St. James Park)，十分赞赏，来信约蒋彝面谈。见面时，经理建议蒋彝仿照牧野义雄书的体例，写一本《中国画家在伦敦》(*A Chinese Artist in London*)。[①] 蒋彝表示自己正有此意，并拿出自己在湖区的日记和画作，说自己正拟编撰一本《哑行者在湖区》(*The Silent Traveller in Lakeland*，简称《湖区画记》)。此书编好以后，出版商一开始拒绝接受，在蒋彝坚持必须先出此书才会动笔写作《中国画家在伦敦》之后，才勉强同意出版此书，但不付版税，并且不同意在书名中冠以"哑行者"，还托词"哑行者"的冠名可能会引起苏格兰场的怀疑。[②] 蒋彝坚决不肯去掉书名中的"哑行者"，最终定下来的书名 *The Silent Traveller: A Chinese Artist in Lakeland*，显然是双方妥协的结果。具体说来，出版商看中的是 A Chinese Artist，而蒋彝要突出的则是 The Silent Traveller[③]，侧重不同，各有用心。出乎出版商意料的是，《湖区画记》出版后，在市场上颇受欢迎，The Silent Traveller 一炮打响，此后，出版商当然不会再反对蒋彝在书名中打这张招牌了。

"哑行者"来自蒋彝的新字"重哑"。他原来的字是仲雅。"仲"是排行，"雅"则令人联想起年轻时代那个爱好文学诗歌、经常与三五好友雅集的蒋彝。蒋彝有一首诗的自注中说到，他"一九三零至一九三一任九江县长时，曾邀彭晓山、查三瞻、孙墨千、黄雪桥诸子合组匡社，每

---

① 参看《西行画记——蒋彝传》，页 115。按：牧野义雄是日本著名西洋画家、随笔作家，出生于爱知县丰田市。1892 年毕业于名古屋英和学校，后留学美国；1897 年赴英，住在伦敦，1910 年出版《日本画家在伦敦》。朱凤莲译本《湖区画记・前言》亦出自郑达之手，而《前言》页 4 提到这位日本画家，居然译作恒松郁生，不知何所据？又将牧野义雄书名译为《伦敦的日本画家》，亦不妥。

② 《西行画记——蒋彝传》，页 115—117。

③ 前引蒋彝致刘咸信中，蒋彝列举其作品七种的英文书名，其中包括《湖区画记》，书名作 *The Silent Traveller in Lakeland*，可见他坚持自己认可的书名，故与出版社最后确定的书名有所出入。

月一聚。聚时论艺论诗，并合作书画及联句”[①]。那是一段令人怀念的风雅岁月。可惜好景不长，他在九江县长任上因刚正不阿，得罪美商和权贵，愤而辞官远行。他痛恨当时官场的黑暗腐败，深刻体会到在这样的官场上言多必失，故改以“哑行者”自称，同时把自己的字改为“重（读 zhòng）哑”。[②]

据蒋彝传记作者郑达分析，“重哑”这个新字中，包含如下三层含义：第一，“重哑”与“仲雅”，虽然字形、字义大相径庭，但读音完全一样。单纯从读音来看，也可以说并无变化。第二，蒋彝为官正直，得罪了黑暗邪恶势力，如同“哑巴吃黄连，有苦说不出”，“哑”字乃有感而发。第三，初到英国，蒋彝的英语基础薄弱，无法表达自己的思想，形同哑巴。[③]在此基础上，我还想补充两点：首先，“仲雅”与“重哑”之间的同音关系，表明新字与旧字之间、出国前与流寓后的蒋彝之间，一脉相承，藕断丝连。其次，无论是仲雅，还是重哑，这两个字的罗马拼音（按照当时通行的威妥玛式拼法，应作 chung ya）缩写都是 C. Y.，恰与蒋彝（Chiang Yee）名字的拼音缩写相同。蒋彝对 C. Y. 这个名字的缩略写法似乎情有独钟，他给女友英妮丝·杰克逊（Innes Jackson）起的汉名叫贾静如（Chia Ching-yu），其亲昵称法“静如”两字的缩写也是 C. Y.。实际上，他曾称贾静如为另一个 C. Y.，想象那是另一个自己，甚至想象那是自己的另一半。[④]

蒋彝对“重哑”这个别名非常喜欢，“1935 年起，他经常在信件、

---

① ［美］蒋彝：《登北威尔斯（North Wales）山归来柬匡社诸子》诗自注，参看《蒋彝诗集》，页 67。

② Chiang Yee, *The Silent Traveller in Edinburgh*, London: Mathuen & Company, 1948, pp. 1–2。参看任一鸣：《蒋彝作品研究——文化翻译批评视角》，复旦大学 2007 年博士学位论文（谢天振教授指导），页 13。

③ 《西行画记——蒋彝传》，页 104—105。

④ 同上书，页 107、135—138。

绘画、写作中使用，有时还索性略去‘重’字，仅仅签一个‘哑’字”[①]。1936 年以后，当他迈开步伐，行走各地，撰写各种游记的时候，“哑行者”的笔名也就应运而生了。

仔细分析，蒋彝自称“哑行者”，又有主动与被动两方面的原因。初到英国，语言能力有限，无法自如表达，因而不得不哑，这是被动的一方面。在二十世纪三十年代末或者四十年代初的某年元旦，“哑子”蒋彝曾经发誓：“从今日起，把英文特别加紧用功，要说得流利、写得快，继续不断的两年，再到美国去住数年。”[②]可见，无论是口头语言，还是书面文字，他都有很强的表达欲望，自称“哑子”实出无奈，亦是自嘲。这是汉字“哑”的本义。另一方面，“哑”也是他的主动选择。面对他看不惯的城市喧嚣，他宁愿沉默。面对他所欣赏的自然山水，他悠然独赏，默然冥思，“欲辩已忘言”。这是“哑”字的引申义，相当于沉默、缄默。严格说来，英文 silent traveller 中的“哑”，只有这一层意思。当《湖区画记》创作和出版的时候，蒋彝的英语口语能力已有明显提高，但要应付游记这样的书面写作，仍然捉襟见肘。“哑行者”的别号，恰好透露了他面对中英两种语言的自我定位，也隐约流露了他对自身文化身份的界定。

三、缄默：避嚣好静的哑行者

如果说前一种“哑”带给蒋彝的是落寞和灰暗，那么，后一种“哑”带给他的则是沉静和自得的喜悦。在《湖区画记》中，蒋彝明确表示：

---

① 《西行画记——蒋彝传》，页 105。
② 同上书，页 103。

“我虽天性好奇，大多时候都喜欢保持缄默，当我不得不开口说话，舌头就会打结发痛。”“不管散步或旅游，我总是沉默寡言。”“在湖区的两星期，我几乎完全静默，因平静而生的喜悦将会是我在英国的难忘回忆。”[①] 从这样的字里行间，不难体会他处于这种“沉默”和“静默”状态之中的陶然。

这里所谓“陶然”，不妨“望文生义”，解释为“陶渊明式的悠然”。陶渊明是蒋彝的同乡，他的《饮酒》诗曰：“结庐在人境，而无车马喧。问君何能尔？心远地自偏。采菊东篱下，悠然见南山。山气日夕嘉，飞鸟相与还。此还有真意，欲辩已忘言。”[②] 置身湖区那样美丽的湖光山色之中，蒋彝随时可以体会陶渊明的悠然心境，在其湖区之游所作诸诗中，这种悠然时常可见。例如《登高山中途遇雨》：

一山高嵬岌，笑挟白云入。
清游遭天忌，狂雨来何急。
倚石自悠然，不知衣衫湿。[③]

尽管山高崔嵬，山路艰险，又突然遇到暴雨，打湿衣衫，哑行者仍旧“倚石自悠然”，在大自然中怡然自得。又如《别湖区》：

我乡有庐山，亦傍鄱阳侧。
我家湖之滨，日夕看山色。
归去订重游，悠然生远忆。[④]

这首诗给了我们更明确的提示：湖区的山水，让蒋彝联想到家乡的庐山和鄱阳湖。在蒋彝心目中，二者如此相似，这给了他无限的安慰，

① ［美］蒋彝著，朱凤莲译：《湖区画记》，上海人民出版社，2010 年，页 30、31。
② 袁行霈：《陶渊明集笺注》，中华书局，2011 年，页 173。
③ 《湖区画记》，页 56—57。参看郑达：《湖区画记 · 前言》，页 15—18。
④ 同上书，页 143—144。

也使他产生返乡的悠然远想。通过空间上湖区与家乡山水的想象连接，他在心灵上也与东晋诗人陶渊明沟通，若合一契。

虽然蒋彝没有在《湖区画记》中提到陶渊明，也没有提及陶渊明的诗[①]，但他的心理思想显然是与陶渊明相通的。郑达不仅引述陶渊明《饮酒》"结庐在人境"一首来论证二人诗句"悠然"意境的联系，更从陶蒋二人里籍相同、同样担任县令、同样因看不惯污浊的官场而辞官等方面，论证二者之间的联系。[②]在我看来，蒋彝与陶渊明之间的联系，还不止于此。被钟嵘《诗品》称为"古今隐逸诗人之宗"[③]的陶渊明，特别厌倦车马的喧嚣。"结庐在人境，而无车马喧"，成为他隐居生活的重要特征，也是他理想生活的标志。蒋彝辞官，远避英国，三四年来都住在伦敦这一大都市里。他对都市车马喧嚣的强烈厌倦，仅在《湖区画记》中，就有多次流露：

> 后来我在伦敦住了一段时日，公交车、汽车的噪音及交通，商店天天都是俗丽的装饰，街上人潮你来我往，行色匆匆，在在使我身心俱疲。（页28）
>
> 接着，我注意到清晰的车声，那大出我意料之外，也无法将之与那令我愉悦的松涛及桥下的潺潺水声连接起来。（页35）
>
> 我也一直被车子呼啸而过的噪音给惹恼。（页45）
>
> 我潜静良久，直到被路上的车声扰乱了心绪，再度提步向前。（页67）

---

① 《湖区画记·前言》页17—18说："蒋彝为他的西方读者附上陶诗的英译，译文相当贴切，但由于截然不同的节奏与语感，许多意义则无法转译，例如闲逸、愉悦、风雅与距离等。"今按：《湖区画记》中未附陶诗，只在卷末附有与陶渊明关系密切的白居易和苏轼诗各一首。此处恐是译者朱凤莲误解郑达之意，郑达本意是指蒋氏附有对自作诗的英译。

② 《湖区画记·前言》，页15—17。

③ 〔南朝〕钟嵘著，陈延杰注：《诗品注》，人民文学出版社，1998年，页41。

他在《韵湖前待月》一诗中也写道：

襆被住湖中，避嚣谢群众。
一丝夜气清，入耳泉声送。
待月月不来，吾去温吾梦。[①]

避开尘嚣，就能独享清静；远离人群，就可以静默不语。嗅觉中的夜气，听觉中的泉声，视觉中没有如预期那样出现的月亮，自然界的种种美好，都让他感到怡然自适。他另一首与韵湖相关的诗，恰好可以与此呼应。《独坐德韵特湖畔》：

唯美在自然，韵湖我最爱。
四围绿无声，小坐领清籁。
我有会心处，更在湖山外。[②]

"四围绿无声"，他却领略到了大自然的"清籁"。《世说新语·言语》中曾记晋简文帝"入华林园，顾谓左右曰：'会心处不必在远，翳然林水，便自有濠、濮间想也，不觉鸟兽禽鱼，自来亲人'"[③]。蒋彝在湖区所体会到的，就是与魏晋人相类的这种与自然相亲的审美境界。

四、古诗：哑行者的独特话语

蒋彝在《湖区画记》中插入自己的古诗创作，并使其成为游记文本的重要组成部分。窃以为，这主要有如下三种因缘：

第一，蒋彝是个资深的诗人，自幼爱诗，即使身在仕途，也不废吟

---

① 《湖区画记》，页104。
② 同上书，页90。
③ 〔南朝宋〕刘义庆著，〔南朝梁〕刘孝标注，杨勇校笺：《世说新语校笺》，中华书局，2006年，第1册，页106。

咏。从1933年来英，至1935年止，两年之间，就积有七绝八十八首，并在1935年出版了中文诗集《蒋仲雅诗》。对他来说，作诗是一种文化积习，而汉语古典诗体则是他抒情表意驾轻就熟的工具。这是历史和传统的因缘。

第二，《毛诗序》中说过："诗者，志之所之也。在心为志，发言为诗。情动于中而形于言。言之不足，故嗟叹之。嗟叹之不足，故咏歌之。咏歌之不足，不知手之舞之，足之蹈之也。"① 蒋彝初到英国，英语能力只够日常生活交流，甚至不足以应付散文写作，但面对湖区山水，面对视听感触与内心激动，难免诗情澎湃，不能自已，只好转而求助于汉语古典诗歌。这是个人和语言的因缘。

第三，他所游历的湖区，素来因诗而著名，没有一位游历湖区的人，不知道以威廉·渥尔渥斯（William Wordsworth）为代表的湖畔派诗人的大名。正在湖区徜徉的蒋彝认为："中国的田园诗大师与渥尔渥斯之间有着许多共通点。"② 当他做这样一个判断的时候，他所读过的东晋陶渊明和唐代诗人王维、孟浩然等人的田园诗，必定次第浮现于哑行者的记忆之海。这是空间和现场的因缘。③

有一个现象似乎尚未引起既往的蒋彝研究者的注意，那就是在《湖区画记》中，蒋彝所写的古典诗体，大多数是古体诗，而少量是七绝。据笔者统计，《湖区画记》中，共有蒋彝自作诗十五首，其中五古多达十首，而七绝只有五首。然而，无论是1935年出版的《蒋仲雅诗》，1955

---

① 〔南朝梁〕萧统编，〔唐〕李善注：《文选》，中华书局，1977年，页637。

② 《湖区画记》，页24。按：威廉·渥尔渥斯通行译为威廉·华滋华斯，这里为方便行文，采用蒋彝的译法。

③ 增订版《湖区画记》中，增入两年后写作的《英伦湖区之梦》，其中提到唐代诗人白居易的《登香炉峰顶》和宋代诗人苏轼的《题西林壁》。显然，这两首诗写的都是江西庐山，而这两位诗人与蒋彝家乡九江也有不可分割的联系。

年香港印行的《重哑绝句百首》，还是1973年出版的《香港竹枝词五十首》，或是1993年于其身后出版的《蒋彝诗集》，七绝都占绝大多数，七绝可以说是蒋彝最拿手也最喜爱的诗体。从体裁来看，七绝篇幅短小，却能蕴蓄丰富、意味深长。从传统来看，七绝也是题画诗最常用的诗体。然而，在《湖区画记》中，蒋彝却大量采用五古诗体，十首五古中，更有九首体式高度一致，都是五言三韵六句，都押仄声韵，上、去、入声皆有。上文已经引录过的四篇，两篇押入声韵，两篇押去声韵。兹再列举押上声韵的两例。《赴德韵特湖途中》云：

奇石森磷磷，如狮如虎象。
自负腰脚健，鼓勇争前往。
潺潺不逢人，一路清泉响。[①]

又如《格遇斯迷湖》：

新翠扑襟裾，雨后山如洗。
斜阳忽飞来，湖波清见底。
迎面石丈人，折腰笑颠米。

十首五古中，只有《初至瓦斯特湖》一首为五言十二韵，押去声韵，与另外九首相比，其篇幅较长，正好是其他篇的四倍。

三年留海外，半属伦敦雾。
人声杂车声，若闷无从吐。
生活太羁人，踯躅街中路。
长夏忽得闲，立意寻幽趣。
久耳湖区名，夙愿才一顾。
昨夜风雨来，清新入肺腑。

① 《湖区画记》，页65。

早起谒湖山，含笑如亲故。
纷纷骋奇观，应非梦中遇。
倏尔云四飞，真面难相晤。
不觉湿衣裳，大雨倾如注。
转眼又放晴，绿艳湖前树。
安得日日来，无事此间住。[①]

《湖区画记》偏爱五古诗体，不是偶然的。在中国诗歌传统中，陶渊明的田园诗，全部都是五古诗体，王维和孟浩然的田园诗，大多数也是五古诗体。“潺潺不逢人，一路清泉响”，让我们油然联想到王维的“明月松间照，清泉石上流”。“响”韵也让我们联想到孟浩然的《夏日南亭怀辛大》：“山光忽西落，池月渐东上。散发乘夕凉，开轩卧闲敞。荷风送香气，竹露滴清响。欲取鸣琴弹，恨无知音赏。感此怀故人，中宵劳梦想。”

在中译本《湖区画记·前言》中，蒋彝的五言三韵体古诗，被称为“六行格律诗”[②]。必须指出，在汉语诗律学中，并没有所谓“六行格律诗”的名目。格律诗一般是指近体诗，而近体诗一般只押平声韵，无押仄声韵者。蒋彝选押仄声韵，就是有意通过声韵与属于格律诗体的绝句（包括五七绝）划清界限。当然，也有必要提出，五言三韵并非五古诗体的常见格式，尽管我们在《陶渊明集》中能够找到《杂诗》之十二：“袅袅松标崖，婉娈柔童子。年始三五间，乔柯何可倚。养色含津气，粲然有心理。”属于此种格式，但这首诗的著作权，似乎是有争议的。[③]《师友诗传录》记清人张历友语曰：“五言六句古，齐梁间多用之，唐人刘文房

---

① 《湖区画记》，页 46—47。
② 《湖区画记·前言》，页 15。
③ 《陶渊明集笺注》，页 250。按：页 251 袁行霈《考辨》引陶澍注：“汤本以此首别出，编于《归去来兮辞》之后。云：东坡和陶无此篇。澍按：诸本皆题《杂诗》十二首，并此首其数乃足，今仍从诸本。”

《龙门八咏》亦善此体，然几于半律矣。特以其参用仄韵，故亦仍为古体。大约中联用对句，前后作起结，平韵仄韵皆可用也。”[①] 确实，在齐梁人（例如梁代萧统、萧纲等人）集中，能够看到不少五言六句诗，如萧统《三妇艳》《长相思》，萧纲《君子行》《江南行》《新成安乐宫》《雍州曲三首》等。[②] 从诗题上看，这些诗作多数有乐府民歌的背景，而且多数押平声韵。唐人刘长卿（字文房）的《龙门八咏》，也是押平声韵。[③] 总之，蒋彝的五言六句古诗，与张历友所举诸例明显不同。蒋诗全押仄韵，也没有“中联用对句，前后作起结”的章法结构，完全不具备“半律”的形貌。这是一种颇为独特的五古诗体。以所谓“六行格律诗”称之，表明译者缺乏中国诗体常识，以致对蒋彝文本误解、误译。[④]

综观整个“哑行者画记”系列，蒋彝一直在探索使用各种不同的古典诗体，努力求新求变。《湖区画记》以五言六句仄韵古诗为主，《波士顿画记》则尝试采用词曲之体，而《三藩市画记》则综合采用七律、七言歌行和五绝等几种蒋彝往常较为少写的诗体。[⑤] 总体上可以说，七绝是蒋彝最熟悉、最常用的诗体，但具体到每一本画记，他会根据题材内容的特点和抒情描写的需要而调整诗体，推陈出新。更重要的是，无论哪一种诗体，对蒋彝的英语读者来说，皆是很能体现其“全然中国的方式”的文艺形式，虽然他们只能透过蒋彝的英译把握诗作的大意，而对蒋彝自书自撰的汉语古诗全然不懂。

---

① 〔清〕郎廷槐编：《师友诗传录》，载〔清〕何文焕辑：《历代诗话》，中华书局，1981 年。

② 二萧诗作，详参逯钦立辑校：《先秦汉魏晋南北朝诗》，中华书局，1983 年。

③ 《全唐诗》卷一百四十八，上海古籍出版社，1986 年。

④ 《湖区画记》中文本译文颇有不可解者，其中最不可解者，乃是页 23、38—39、130—131、139 等处，将诺思（Christopher North）和渥尔渥斯等人的诗译为汉语七言古诗体，生硬拗口，不伦不类，而且多有不通之句，如“永暗隆响沛掩湖”（页 39）、“傲现群伦生苍劲”（页 131）等。

⑤ Chiang Yee, *The Silent Traveller in Boston*, New York: W. W. Norton & Company, 1959; Chiang Yee, *The Silent Traveller in San Francisco*, New York: W. W. Norton & Company, 1964.

五、诗书画：哑行者的混合语

“哑行者画记”系列是用英语写作，并且在英美出版社出版的，它主要面对的是英语读者。与绝大多数英文出版物不同的是，这一系列插入大量蒋彝的绘画、书法和诗歌作品。诗画互文、诗文互补、中英双语相辅相成，形成了一种独特的、具有鲜明的蒋彝个人特色的文体形式和写作方式。这是由《湖区画记》开创的、由十二部“哑行者画记”构成的蒋彝文化游记写作的个人传统。

从《湖区画记》开始，蒋彝就强调他的游记写作“旨在刻画人与人之间的相似之处，而不是彼此间的差异，或搜奇抉怪”[①]。换句话说，他选择的不是近代海通以来屡见不鲜的、旨在猎奇搜异的海外竹枝词的路子，他意在求同，不在志异。所谓求同，是从其旅行观察的结果与目的而言的，如果从观察角度、表达方式来看，蒋彝其实是刻意求异的。他的绘画是“以全然中国的方式，运用中国的画具——毛笔、水墨与宣纸——作画。中国画旨在表现画家的主观感受，而不设严格的规则要求重现当地景物”。因此，他“希望读者不致因传统的英国风景画而有所偏见，认为‘这不像那个地方’”[②]。也就是说，他所采用的中国山水画法与英国传统风景画法迥然不同，是大多数英语读者所不熟悉的。他用文言创作山水诗，用中国毛笔书写自作诗，其审美语言更是英语读者所陌生的。蒋彝自己也曾意识到这种矛盾尴尬的处境，他曾有过这样的自述：“虽然我的笔名‘哑行者’意谓（味）着我应当缄默不语，但兴致一起时，我仍会以中文朗诵自己所

---

① 《湖区画记·前言》，页 5。
② 《湖区画记》，页 39—40。同书页 45、83 又重申此意。

写的一些湖区诗作，只盼英国友人能加以见谅。”[1] 然而，他毕竟提供了一种以“有诗为证”“有书法为证”“有画为证”为特征的新鲜的言说方式，中国书画的色彩、线条、构图等，仍能给英语读者带来中国文化的冲击。

以《湖区画记》为首的“哑行者画记”系列，是由混合文本构成的作品。首先是英语散文（essay）文本，带有“中国之眼”的独特视野，散发着中国文化背景的特殊韵味。其次是蒋彝自作诗文本，这些诗作又以两种方式呈现，一种是英语译本，着眼于内容的呈现；另一种是汉字书写本，着眼于形式的呈现。借用《庄子·外物》中的那个著名的比喻，前一种注目于鱼和意，后一种则注目于筌和言，既得鱼，同时又不忘筌，内容和形式同样看重。其三则是与文字描写相配合的中国山水画文本。不同的文本各司其职，各尽其用。例如，在《湖区画记》中，蒋彝诗作的书法多数是以行书呈现的，其布局则变化多端，或条幅，或横幅，或斗方。在后续各种画记中，字体更加丰富多样。这些自作诗书法，主要是作为一种视觉文本，以图像方式传递有关中国书法、中国艺术和中国文化的信息。在语言文字受限的跨文化交流中，书法和绘画艺术可以替代文字，甚至超越文字。在这个意义上，“哑行者画记”系列应该视为海外华文写作的一个新品种。

总之，由《湖区画记》肇始的“哑行者画记”系列是一种混合文本，更是一种混合语文本。“重哑”的蒋彝终于发明一种混合语——一种诗书画杂糅、中英文混合的语言。这种前所未有的语言，帮助他在独具特色的跨文化交流道路上迈开了关键的一步，使他扬长避短，游刃有余，开拓了海外华人写作的新境界，也为自己在广袤的历史原野上找到了位置。

（原载《复旦学报》[社会科学版] 2017 年第 2 期）

---

① 《湖区画记》，页 154。

拾
四裔、名物、宗教与历史想象
——美国汉学家薛爱华及其唐研究

一、薛爱华的生平与学术经历

1991 年 2 月 9 日，美国柏克莱加州大学教授、著名汉学家薛爱华[①]因病去世，享年 77 岁。在我看来，这位学者的去世，是美国汉学史上具有双重标志性意义的事件：它标志着以他为主要代表之一的柏克莱加州大学汉学研究鼎盛时代的结束，同时，它也标志着深受传统欧洲汉学影响、重视历史语言文献研究、学识渊博的那一代美国汉学的式微。

1913 年，薛爱华出生于美国华盛顿州西雅图市，后随家庭迁往加拿大温哥华，在那里完成中学学业之后，又回到美国上大学。在 1929

① Edward H. Schafer 的汉名，吴玉贵先生在其所译《唐代的外来文明》中译作“谢弗”。据我向认识 Schafer 的诸位美国学者咨询，薛爱华本人及美国汉学界对“薛爱华”这一汉名是认可的。

年到 1933 年美国经济大衰退（the Great Depression）中，他的父亲失业，家庭经济情况恶化，所以，在上大学之前，薛爱华曾有过几年打工的经历。他先进入洛杉矶加州大学，主修物理学与哲学，继而因为对人类学感兴趣，而转学柏克莱加州大学，师从著名人类学家亚弗列·克鲁伯（Alfred Kroeber）和罗伯特·罗维（Robert Lowie），并于 1938 年获得柏克莱加州大学学士学位。大学毕业之后，他远赴夏威夷大学深造，并于 1940 年获得夏威夷大学硕士学位。其间他对中文产生了浓厚的兴趣，并开始学习。其时，著名学者、语言学家赵元任和著名汉学家陈受颐正执教于夏威夷大学，他们曾经指导过薛爱华的中文学习。

硕士毕业之后，薛爱华进入哈佛大学继续攻读博士学位。1941 年 12 月 7 日，珍珠港事件爆发，美国正式对日宣战，薛爱华被征入伍。由于他掌握日语，他被安排在美国海军情报局，负责破解日本海军密电码。“二战”结束后，他于 1946 年退伍，回到大学校园，在柏克莱加州大学卜弼德教授指导下继续学业，并在 1947 年以关于南汉研究的论文获得该校东方语言学博士学位。

从战后到二十世纪八十年代，柏克莱的汉学研究十分活跃，成果可观，有一支实力雄厚、富有特色的研究队伍。这支队伍中，不仅有赵元任、陈世骧、卜弼德等享誉美国汉学界的响亮名字，而且涌现出一批美国汉学研究的后起之秀，薛爱华就是其中的佼佼者。博士毕业后，他即加入柏克莱加州大学，成为这一研究团队的新成员。自 1958 年起，他开始担任柏克莱加州大学东方语言学教授，1969 年升为讲座教授，1983 年到 1984 年间被授予柏克莱最高荣誉奖，1984 年退休。退休之后，他依然焚膏继晷，笔耕不辍。他以层出不穷的新著和精湛的研究，为柏克莱的汉学学术史增添了新的荣光。

在教学和研究之外，薛爱华还积极参加美国东方学界与汉学研究界的学术组织与学术活动，做出了突出的贡献。这主要体现在两个方面：一方面，他是美国东方学会的活跃会员，是学会事务积极的参与者和领导者。美国东方学会创立于十九世纪四十年代，历史悠久，会员众多，涉及学科领域广阔，在学术上积累了丰富的资源和良好的声誉。其学术刊物《美国东方学会会刊》，创刊于 1842 年，是美国东方学家发表研究成果、交流心得最为重要的园地，享有崇高的学术声誉。薛爱华是这一刊物的积极撰稿者，他的单篇论文大部分都是在这份刊物上发表的。从 1955 年开始，他就担任这一学刊的东亚研究的编辑。从 1958 年到 1964 年，薛爱华担任这一刊物的主编，为学刊的发展付出了诸多心力。他还被选为美国东方学会会长（1974—1975），这份荣誉正是对他的学术贡献与学术地位的肯定。1986 年第 1 期的《美国东方学会会刊》，就是向薛爱华致敬的专号。此卷共收录十七篇论文，均出自他的学界友人和弟子之手，旨在表彰他长久以来对学会以及相关学术领域的贡献。[①]

另一方面，1951 年，他与卜弼德教授一起，创立了美国东方学会西部分会（the Western Branch of the American Oriental Society，简称 WBAOS）。严格地说，西部分会所聚集的学者，基本上只是美国中西部研究传统中国学问的学者，其范围有限，甚至可以说，有些名大于实。但是，六十年来，西部分会学者定期召开学术会议，以文会友，不仅继承了薛爱华所倡导的学术投入的热诚和激情，还有效地促进了美国汉学的学科发展和学术进步。此外，薛爱华对美国的《唐研究》（*T'ang Studies*）和《中古中国研究》这两份汉学专业的学术刊物，也有着重要的影响。因此，柯睿教授在其所撰讣告中称薛爱华是“过去 40 年美国中

---

① *Journal of the American Oriental Society*, Vol. 106, No. 1 (1986).

古中国研究的同义词”[①]。按我的理解，这意味着薛爱华的中古中国研究，不仅持续时间长，而且代表了这四十年间美国汉学研究这一领域的最高水准。具体地说，薛爱华之中古中国研究，于唐代用力最勤，成就也最为突出。他不仅是二十世纪下半叶美国唐代研究的领军人物，也是整个西方唐代研究的领军人物。这一点，看一看他的学术成果要目，便可不言而喻。

二、薛爱华的学术成果

与绝大多数同辈学者相比，薛爱华学术成果的数量是相当惊人的。下面分专著和论文两类介绍。

薛爱华的专著共有十种，大多数是有关唐代研究的，只有两种与唐代没有直接关系：

1. *Ancient China*《古代中国》, New York: Time-Life Books, 1967.

2. *Tu Wan's "Stone Catalogue of Cloudy Forest": A Commentary and Synopsis*《杜绾〈云林石谱〉简释》, Berkeley: University of California Press, Cambridge: Cambridge University Press, 1961; Warren: Floating World Editions, 2005.

第一种分若干专题介绍古代中国，涉及中国人对于战争、家庭、艺术以及生活等的态度，并配有彩图。这不是严格意义上的研究专著，而

① 关于薛爱华生平和学术经历的介绍，有两篇《薛爱华讣告》(Obituary)可以参考：一篇是 R. J. Z. Werblowsky 所撰，刊于 *Numen*(《元神》), Vol.38, Fasc.2 (Dec., 1991), pp.283–284；另一篇出于薛爱华私淑弟子、著名汉学家柯睿，载 *Journal of the American Oriental Society*, Vol.111, No.3 (Jul.–Sept., 1991), pp.441–443。本文此节所论，多据柯睿教授所撰讣告。

是面向一般读者的读物，但从专题的选择上，仍可以看出薛爱华的独特匠心，如其中有介绍唐代王室生活的专题，即从一个角度反映了薛爱华对古代中国的理解。第二种则是关于南宋杜绾所撰《云林石谱》一书的译注和评释。杜绾字季扬，号“云林居士”，山阴（今浙江绍兴）人，是宰相杜衍的孙子。此书成于南宋绍兴三年（1133），“汇载石品凡一百一十有六，各具出产之地，采取之法，详其形状、色泽，而第其高下。然如端溪之类，兼及砚材，浮光之类，兼及器用之材，不但谱假山清玩也”[①]。从内容来看，这是一部相当奇特的书，因为“此谱所品诸石，既非器用，又非珍宝，且自然而成，亦并非技艺，岂但四库中无可系属，即谱录一门，亦无类可从，亦以器物之材，附之器物之末焉”[②]。尽管四库馆臣最终将其列入子部谱录类，但他们同时也承认，很难对此书做出恰当的目录学分类。同时，作为一部古典文献，此书并不广为人知，甚至还有些生僻。薛爱华非但注意到此书，而且格外重视，还就此开展专题研究。这说明他独具慧眼，认识到该书有不可替代的价值，也说明他对中国古典文献有相当广的阅读面，对古代中国的名物研究早已情有独钟。

其余八种则与唐代研究直接相关。依其初版时间之先后，录列如下：

1. *The Empire of Min*《闽帝国》, Rutland Vt: The Charles E. Tuttle Company, 1954.

2. *The Golden Peaches of Samarkand: A Study of T'ang Exotics*《撒马尔罕的金桃：唐代舶来品研究》, Berkeley: University of California Press, 1963.[③]

---

① 《四库全书总目》卷一一五，页 988。
② 同上。
③ 此书及以下各书初版皆由加州大学出版社出版，为省篇幅，以下不一一标注。

3. *The Vermilion Bird: T'ang Images of the South*《朱雀：唐代的南方意象》，1967.

4. *Shore of Pearls: Hainan Island in Early Times*《珠崖：早期的海南岛》，1970.

5. *The Divine Woman: Dragon Ladies and Rain Maidens in T'ang Literature*《神女：唐代文学中的龙女与雨女》，1973.

6. *Pacing the Void: T'ang Approaches to the Stars*《步虚：唐代对星空的探讨》，1977.

7. *Mao Shan in T'ang Times*《唐代的茅山》，1980.

8. *Mirages on the Sea of Time: The Taoist Poetry of Ts'ao T'ang*《时间之海上的幻景：曹唐的道教诗歌》，1985.

《闽帝国》（或译作《闽王国》），是薛爱华最早出版的一部汉学专著。闽国（据有今福建省之地）与南汉（据有今广东、广西，其国号初为越，后改为汉，史称南汉）一样，都是中国史上所谓“五代十国”中的十国之一，其所据皆是唐人所谓的“边鄙”之地。对这十个独立王国做专题研究者历来不多，现代中外学者专力于此者亦少[①]，薛爱华此书可以说是现代学者第一部全面研究闽国史的专著，有开拓之功，至今在学术界仍有影响。从南汉到闽国，可以看出薛爱华对五代十国这一学术兴趣的延续。而五代十国介于唐、宋两代之间，完全可以看作是唐代的延续。换一个角度来看，薛爱华的学术兴趣也可以说是从五代十国上溯至唐代的。在后来四十年的学术生涯中，唐代中国让他着迷，让他流连忘返，殚精

① 有人将此书误译为《五代时期的唐闵帝》（参看中国社会科学院文献情报中心编，孙越生、陈书梅主编：《美国中国学手册》［增订本］，中国社会科学出版社，1993年，页385）。按：这一错误显然是因为译者误看empire为emperor，而唐代没有闵帝，后唐则有闵帝李从厚，故译者加上“五代时期”以自圆其说。另一方面，产生这一错误也表明译者对“Min”（闽）的陌生。

竭虑，写出了其他七部唐代研究专著。

《撒马尔罕的金桃：唐代舶来品研究》今有中译本，题作《唐代的外来文明》。[①] 此书从名物入手，考察唐代的舶来品，着重从物质文化的角度，呈现外来文明对唐代社会文化的影响。原英文正标题中的“撒马尔罕”和“金桃”，很能凸显“唐代舶来品”这一意象，而中译本改题《唐代的外来文明》，虽然概括性有所加强，但其文学形象性则明显减弱。不过，中译者吴玉贵先生凭借其于隋唐史以及中外交流史的深厚学术功底，对薛爱华原书中的材料与观点有所订补，很值得专业读者注意。此外，这部著作还奠定了薛爱华唐代研究系列作品的命名模式：以一个富有形象性的词语为正题，再加上一个说明性或限定性的副标题。以上所列著作中，从第三种到第六种都遵循了这一模式。

从命题格式上看，《朱雀：唐代的南方意象》与第二种尤其相似。朱雀本来就是象征南方的一个最具代表性的意象。书名中所谓“南方”，实际上指的是南越，包括岭南（广、桂、容、邕四管）和安南之地。所谓“意象”，则是指唐代人在诗文创作、生活习俗以及历史文献中，所体现出来的对于南方的人（尤其土著）、宗教、风土、名物等的认识。全书分十二章，最后一章曲终奏雅，直接点明“朱雀”一题，从气味、风味、声音、颜色等角度展开论述。从所涉及的地理区域来看，薛爱华这部著作与其博士论文之选题南汉研究之间的关系，也是显而易见的。

《珠崖：早期的海南岛》是《朱雀：唐代的南方意象》一书的后续之作。在地理上，海南岛位于岭南之南，其南方、蛮越的色彩更为浓厚。与《朱雀：唐代的南方意象》一书不同的是，此书更着重海南岛的开发历史，是关于这一地理区域的专题研究。全书共分五章，分别从历史、

---

① ［美］谢弗著，吴玉贵译：《唐代的外来文明》，中国社会科学出版社，1995 年。2005 年，陕西师范大学出版社又出版了此书的彩色插图珍藏本。

自然、土著、交通及贬谪等五个方面，探讨了宋代及宋以前海南岛的情况。苏轼的海南经历及其海南诗作是此书最主要的文献依据之一。

从书名来看，《神女：唐代文学中的龙女与雨女》一书是以唐代为论述对象，但实际上，书中也涉及唐以前的龙女与雨女形象。除了唐诗，尤其是李贺以及中晚唐诗人李群玉等人的诗歌备受关注之外，唐代民间传说与传奇故事，也是本书所依据的重要史料。龙女与雨女的形象，推而广之，就是与水相关的女性形象，这些形象在不同时代、不同文体、不同文献语境中如何有不同的发展和变形，是该书论述的重点。需要指出的是，薛爱华对这一问题的兴趣在此书出版后，仍然持续了很久。1979 年，他还发表了一篇文章，题为《南中国的三位神女》，讨论缑仙姑、卢眉娘和南溟夫人这三位中古女仙。①

《步虚：唐代对星空的探讨》当然与唐代的天文学有关，但与其说这是科学史或天文学史的研究，不如说是思想史与文化史的研究。与薛爱华其他作品一样，此书的视野也不是单一的，实际上，“星空”只不过是他的切入点之一，当他追随唐人的目光而仰望星空的时候，他重点关注的其实不是唐人眼中的星空体系及其样貌，而是唐人之所以有这种眼光的心理与文化依据。换句话说，他从唐代文人（尤其是诗歌和小说作者）和神秘主义者（尤其是道教人士）对于星空、天体以及天体运动的认知入手，探讨唐人对于星空世界的丰富想象，探讨隐藏于这些认知背后的文化意识形态。此书对于道教文献的发掘与利用，很值得道教研究者关注。

从《步虚》开始，薛爱华的学术跋涉，更进一步深入到道教研究的文献丛林之中。其第七种著作《唐代的茅山》和第八种著作《时间之海

---

① Edward H. Schafer, Three Divine Women of South China, *Chinese Literature: Essays, Articles, Reviews*, Vol. 1 (Jan., 1979), pp.31–42.

上的幻景：曹唐的道教诗歌》，都是关于道教的专题研究，与《步虚》一脉相承，前后联系至为明显。这三部书代表了薛爱华在道教研究领域的开拓，以及他所达到的学术高度。茅山原名句曲山，在今江苏西南部，是道教所谓"第一福地第八洞天"。相传西汉茅盈、茅固、茅衷三兄弟在此修道成仙，因名"三茅山"，简称"茅山"。东晋许谧曾在此修道。齐梁之时，著名道士陶弘景于此筑馆，传授弟子，尊奉三茅真君为祖师，主修《上清经》，从而开创了道教茅山派，亦称"上清派"。唐代著名道士吴筠也曾修道于此。《唐代的茅山》一书就是研究这个道教圣地的。在《时间之海上的幻景》中，晚唐诗人曹唐的诗歌也只是作者的切入点、出发点，他真正的目标是这些诗歌中所体现出来的道教传说和道教想象。换句话说，曹唐诗歌只是道教诗歌的一个案例，作者更关心的不是这些诗歌的文学艺术属性，而是其作为思想文化史料的特殊意涵。

以上八部著作，构成了薛爱华的唐代研究系列。在主题、结构和风格等方面，这八部书体现了鲜明的一致性和整体性。这些著作的最初版本，绝大多数是由加州大学出版社出版的，从二十世纪五十年代到八十年代，薛爱华每隔三四年就有一部新作产生。这是一位目标明确、矢志追求独特学术风格的学者，他在富有个性的学术道路上稳步前行，硕果累累。他的大多数著作后来都有重版，其中多种由 Floating World Editions 重版。除了《撒马尔罕的金桃》一书已有中译本之外，他至少有两种著作被译为日文，日译本版本信息如下：

《神女：唐代文学における龙女と雨女》，西胁常记译，日本东海大学出版会，1978；

《サマルカンドの金の桃——唐代の异国文物の研究（单行本）》，吉田真弓译，勉诚出版社，2007。

薛爱华的论文大多数是札记体，篇幅不长，但文笔活泼，话题也往往引人入胜。这些论文又可以分为两大类：一类已在刊物上发表，其中大多数发表在《美国东方学会会刊》上，约二十篇，因为是札记体，故其题目中常见 note 或 notes。[①] 其论题包括唐代茉莉花的名称（素馨）、道教的月宫之旅、中国的洗浴习俗、祥鸟、食龟、扶桑、榕树、汉语词句结构、年号起源及其意义、合浦珍珠等，涵盖的领域相当广泛。另一类则是未刊稿，包括三十八篇札记，基本上是薛爱华晚年的作品。薛爱华退休之后，治学不辍，时有所得。最初，他只将这些治学心得寄送十位好友和以前的弟子，后来，这些文章被越来越多的学者传阅，并以《薛爱华汉学论文集》（*Schafer Sinological Papers*）的总名在美国汉学界逐渐传播开来。这一论集包括如下文章：

1. The Oriole and the Bush Warbler《黄鹂与丛林鸣禽》

2. Notes on T'ang Geisha (1): Typology《唐妓札记之一：类型》

3. Kiwi Fruit《猕猴桃》

4. Notes on T'ang Geisha (2): The Masks and Arts of T'ang Courtesans《唐妓札记之二：唐代妓女的化装与伎艺》

5. Cosmic Metaphors: The Poetry of Space《宇宙隐喻：太空诗歌》

6. Notes on T'ang Geisha (3): Yang-chou in T'ang Times《唐妓札记之三：唐代的扬州》

7. Notes on T'ang Geisha (4): Pleasure Boats《唐妓札记之四：妓船》

8. The Anastrophe Catastrophe《倒装句的灾难》

9. Brightness and Iridescence in Chinese Color Words《中文颜色词中的亮度与色变》

10. The Fibrous Stars《纤维状的星辰》

---

① 下文所引《薛爱华汉学论文集》中，即有多篇例证。

11. The Other Peach Flower Font《另一个桃花源》

12. Table of Contents to Wang Hsuan-ho, "San tung chu nang" ("Tao tsang" 780–782 [HY1131]) —A T'ang Taoist Anthology《道教文集王悬河〈三洞珠囊〉(〈道藏〉卷 780—782) 目录》

13. Annex to Combined Supplements to Mathews' Part Ⅰ《马守真字典综补附录之一》

14. Annex to Combined Supplements to Mathews' Part Ⅱ《马守真字典综补附录之二》

15. Ts'ao T'ang and the Tropics《曹唐与热带》

16. Annex to Combined Supplements to Mathews' Part Ⅲ《马守真字典综补附录之三》

17. The Tourmaline Queen and the Forbidden City《碧玺皇后与紫禁城》

18. Annex to Combined Supplements to Mathews' Part Ⅳ《马守真字典综补附录之四》

19. An Early T'ang "Court Poem" on Snow《一首咏雪的初唐宫廷诗》

20. Annex to Combined Supplements to Mathews' Part Ⅴ《马守真字典综补附录之五》

21. The Eight Daunters《八威》

22. Annex to Combined Supplements to Mathews' Part Ⅵ《马守真字典综补附录之六》

23. The Moon's Doubled Wheel《月重轮》

24. Annex to Combined Supplements to Mathews' Part Ⅶ《马守真字典综补附录之七》

25. Mildewed Apricots《霉梅》

26. Annex to Combined Supplements to Mathews' Part Ⅷ《马守真字典综补附录之八》

27. Notes on Lord Lao in T'ang Times《唐代的老君札记》

28. The Moon Doubles Its Wheel Once More《再谈月重轮》

29. Notes on Translating T'ang Poetry, Part One: Lexicon《唐诗翻译札记之一：词汇》

30. Passionate Peonies《多情的牡丹》

31. Notes on Translating T'ang Poetry, Part Two: Poetry《唐诗翻译札记之二：诗歌》

32. The World Between: Ts'ao T'ang's Grotto Poems《两界之间：曹唐的洞天诗》

33. Notes on Translating T'ang Poetry, Part Three: Deponents《唐诗翻译札记之三：作证者》

34. The Moth and the Candle《蛾与烛》

35. A Vision of Shark People《想象蛟人》

36. Moon Cinnamons《月桂》

37. A Chinese Chough《中国的乌鸦》

38. The T'ang Osmanthus《唐代的桂》

从上列论文题目中可以看出，薛爱华晚年仍在延续其早年的研究兴趣，因此，有些论文完全可以看作是对之前专著的补充，如《宇宙隐喻：太空诗歌》一篇可以看作是对《步虚》一书的补充，而《两界之间：曹唐的洞天诗》一文则应该看作是对《时间之海上的幻景》一书的补充。此其一。薛爱华对唐代研究情有独钟，终生不变，这三十八篇论文不少是关于唐代研究的，从名物到语言到诗歌，无不涉及。此其二。虽然这些文章多为札记体，但是，有不少札记已成系列。无论从其问题的重要性，还是从其讨论的深度，都可以看出作者态度之严肃、治学之严谨及立论之审慎。此其三。

三、薛爱华的治学特点及贡献

薛爱华对唐代中国专注而持久的研究，极大地拓展了西方汉学界唐研究的范围，提高了西方汉学界的学术水准，丰富了中国古代文史研究的视角与方法。对于西方汉学界的后学而言，他的研究既是榜样，也是标杆。作为二十世纪美国汉学界的一流学者，薛爱华在四十多年的学术历程中，形成了鲜明的学术个性，他的治学方法不仅为其学术成就奠定了基础，也给后人带来了丰富的启迪。

第一，就其治学的时间范围来看，薛爱华的研究集中在中国中古时代，也就是通常所谓“汉魏六朝隋唐”这一时段，英美汉学界常以 early medieval China 或者 the middle ages 来指称这一时段。从薛爱华的学术经历来看，他最初的学术研究兴趣，集中在唐王朝覆亡以后的五代十国，特别是其中的南汉与闽国。他早年对宋代也有兴趣，故不辞辛劳，对杜绾《云林石谱》进行注释解析。换句话说，他是由后往前，逐渐进入唐代研究这一领域的。但一旦接触唐代，唐代文化的多姿多彩就让他流连忘返，唐代文化这座富矿也给他了丰厚的回报。

第二，就其治学的空间范围来看，薛爱华着重的是所谓“华裔研究”。这里的“华裔”一词，是借用汉学史上的著名学术刊物《华裔学志》的用法，指“中华及其四裔”，也就是“中国及其周边”。注意中国及其与周边民族文化的关系，也就是注重中外文化来往与文明交流。作为东亚地区一个开放、强大的国家，唐朝与周边民族以及国家之间的文化往来极其活跃，而且形式多样。用今天学术界使用的术语来说，薛爱华早就具有了一种自觉的“从周边看中国”的视角。他研究南汉和闽国，关注的是五代十国时代的边疆。他研究唐代的舶来品，意在透过外来文物，观察唐代中国与周边世界的联系，尤其是与西域、南亚和东南亚的联系。在《撒马尔罕的金桃》一书出版之后，他又以《朱雀》和《珠崖》二书，深入探讨唐代中国的南部边疆，探讨中原汉族文化与四裔异族文化之间的互动。在《神女》和《步虚》二书中，他也经常涉及中原汉文化与周边异族文化的互动关系。由于自身文化立场和文化背景的关系，海外汉学家往往比中国学者更自觉、更主动地关注与中外关系、中西文化交流相关的课题，但是，环顾二十世纪欧美汉学界，像薛爱华这样自觉而持久地关注这个研究方向，并且形成独特的研究思路和学术风格的人，则寥寥无几。另一方面，海外汉学家也倾向于将中国作为一个流动的、发展的、历史的概念，注意从中原汉文化与周边民族文化的融合过程中，观察中国的塑造与成形。无疑，唐朝为他们提供了一个适合做这种历史观察的立足点，而薛爱华本人的语言功底及学术素养，又使他能够从这种观察视角中收获丰厚的回报。

从学术传承上看，薛爱华深受欧陆传统汉学的影响。他在柏克莱加州大学的导师卜弼德教授，服膺欧陆汉学，重视语文学训练的传统，并按照这种模式在柏克莱培养学生。他们相信，穿过语言，才能进入古典文献，才能进入古代历史丰富而生动的世界；通过周边各民族语言的比较、古今语言的比较，才可以窥探历史文化的真相。从大学时代开始，薛爱华就在语言学习方面刻苦用功，除了法语、德语、意大利语、西班牙语之外，他还精通古埃及文、拉丁文、希腊文、古英文、阿拉伯语、日语、越南语等十几种古今语言，积累了深厚的语言学修养，展现了不凡的语言才华。他特别强调汉学家的语言能力，1982年，在一次题为“What and How is Sinology?”[①]的学术讲演中，薛爱华语重心长地对年轻一代汉学家提出语言能力方面的要求。他的学术成就的取得，与他的语言能力是分不开的。

第三，就其治学方法而言，薛爱华既继承了欧洲汉学家的语文学传统，又注意吸收现代西方人文社会科学的发展成果。早在大学本科阶段，他就受到良好的人类学专业训练，因此，他的每种学术著作都或多或少地体现他的这种学术背景。以人类学的方法为核心，他的著作既关注民族语言、民间习俗、宗教祭祀，尤其关注民族的迁徙、语言的变迁、习俗的源流以及信仰的传承，同时，又能注意到不同民族人群在这些文化节点上的互动关系。在某些图书馆的分类目录上，他的著作被标注为涉及文学、历史学、人类学、民族学、宗教研究、东南亚研究等多个学术领域，从上述角度来看，是不足为奇的。在他的笔下，诗文作品、小说传奇以及民间故事，都被当作人类学与历史学研究的材料。在正史和诗文文献之外，他特别重视民间传说、志怪小说等亚文化层面的文献资料，甚至还会参考现代中西方人类学者的田野调查成果。他的著作往往展现出开阔视野与多样视角的融合，甚至他的道教研究，也不只是将道教当作一种宗教，而是作为某一人群的社会文化现象来解剖。

第四，就其研究视角而言，薛爱华特别爱好并且擅长从名物的角度切入。中国传统学术也十分重视名物。《周礼·天官·庖人》：“庖人掌共六畜、六兽、六禽，辨其名物。”唐贾公彦疏云：“此禽兽等皆有名号

---

① 1982年10月14日，薛爱华在科罗拉多大学东方语言及文学系做此演讲，原文载《唐研究》第8—9辑（1990—1991）。有周发祥中译本，题为《汉学：历史与现状》，载《传统文化与现代化》1993年第6期。

物色，故云‘辨其名物’。”《周礼·地官·大司徒》：“辨其山林、川泽、丘陵、坟衍、原隰之名物。”汉郑玄注云：“名物者，十等之名与所生之物。”[①] 从某种角度来说，所谓“名物研究”，其实相当于当今史学界所谓“物质文化研究”。《杜绾〈云林石谱〉简释》是最能体现其物质文化研究旨趣的著作。除此之外，薛爱华几乎在其所有著作中，都贯彻了名物研究的视角。最突出的是《撒马尔罕的金桃：唐代舶来品研究》一书。撒马尔罕的金桃是舶来品的象征，同时也是唐代外来文明的象征。唐代的外来文明不仅体现于唐朝的各色人等、各种宗教与书籍身上，而且烙刻于家畜、野兽、飞禽、毛皮和羽毛、植物、木材、食物、香料、药物、纺织品、颜料、宝石乃至金属制品、世俗器物等各种名物之中。当他研究一个时代、一个区域、一个主题的文化现象之时，名物成为他无往不利的切入点，《朱雀》《珠崖》和《神女》等书，无不如此。从学术史的角度来看，薛爱华的名物研究至少有如下三方面的意义：首先，这种名物研究其来有自，在较早一辈的欧美汉学家的中外文化交流研究中，已有成功的范例，其中最值得一提的是劳费尔的《中国伊朗编》。薛爱华将这种研究方法发扬光大，运用于更多的研究领域，其角度也更为多样。其次，他的研究涉猎广博，有明显的博物学色彩，展现了学术大家的渊博学识和博雅情怀。最后，薛爱华的诸多研究都令人信服地表明：表面上，名物似乎只关乎人类的日常生活，而且似乎是庸常生活中的琐碎细节，无足轻重，甚至不值一提；而实质上，在漫长的历史进程中，名物无声却又具体而微地说明着人类的生活方式，承载着诸多文化史、精神史与制度史的意义。

第五，就其表达方式而言，薛爱华的论著注重文采，文笔生动，故

---

① 〔清〕阮元校刻：《十三经注疏》，中华书局，1980 年，页 661、702。

其历史想象栩栩如生，其重构历史之叙述娓娓动听，优雅可读。具体来说，他常用的方法主要有三种：

其一，薛爱华精心选择书名，选用意象优美而富有吸引力的词汇，先声夺人，吸引读者。这是从《撒马尔罕的金桃》一书开始的，其后，《朱雀》《珠崖》《神女》《步虚》《时间之海上的幻景》诸书的标题都是如此。由于书名形象鲜明，富于暗示性和联想性，所以比较容易抓住读者的注意力。这些著作不仅吸引了专业读者，也吸引了不少诗人、艺术家、小说家、历史学家，等等。[①] 这固然与其研究对象及其专题选择有关，更与其精心构撰与叙述方式密不可分。

其二，薛爱华喜欢在每一章节之前征引西方诗歌作品，为西方读者营造一种文学的气氛，同时又通过征引诗歌和章节内容之间的类比与对照，在中西之间架设一座会通的桥梁。薛爱华本人热爱文学，对西欧文学尤其是英国文学情有独钟，博览群书，其著作中大量征引英国诗篇，从莎士比亚到当代诗人德·拉·梅尔（Walter John de la Mare, 1873—1956）。他甚至引用福楼拜（Gustave Flaubert, 1821—1880）的《圣安东尼的诱惑》[②]（*The Temptation of Saint Anthony*，法文原书名作 *La Tentation de Saint Antoine*），足见其对西欧文学之谙熟。

其三，薛爱华用词雅洁，令人惊叹。特别值得一提的是，对于汉英翻译尤其是专有名词的翻译，他有一套独特的理论和方法。也许可以借用严复当年的“信、达、雅”三字，来概括他的翻译观点。在翻译中，他要求最大限度地忠于汉语原文，最大程度地表达原文的意涵，并且尽可能呈现原文的用字风格与意味。比如，他将华清宫译为“Floriate Clear Palace”，以“Floriate”对应“华”，就是出于古雅的考虑。为了

① 参看柯睿：《薛爱华讣告》。

② *The Vermilion Bird: T'ang Images of the South*, pp. 9, 18.

达到这样的目的，就不免要调用大量词汇，包括某些较为生僻的词汇，所以，他的译诗偶尔会显得严谨过度，通俗不够，古雅有余，流畅不足。为了求“信”，他坚持直译，例如将“刺史”译为“Inciting Notary”[①]。这种译法只是为了解释汉语中“刺史”二字的本义，是否确切以及是否必要，是可以商榷的。作为一个汉学家，薛爱华这样做，或许有其不得已之处。实际上，这种翻译可能导致过度阐释，追根究底，还可能是沾染了所谓“东方主义”的影响。对薛爱华这套翻译方案，学术界并非没有异议[②]，但总体来看，他在翻译中所体现出来的对“信”的痴迷，对文本细读的执着，仍然令人肃然起敬。

柯睿在《薛爱华讣告》中认为，薛爱华的学术功底，直追欧洲老辈汉学家伯希和、劳费尔、马伯乐等人。其言信然。不仅如此，他的学术研究还能够与时俱进，将人类学、文化学、形象学等多种研究方法与视角融入其中。他的学术影响了一批后学，其中最值得一提的，也许就是他的私淑弟子、科罗拉多大学教授柯睿。在道教研究和唐诗研究方面，柯睿直承薛爱华之衣钵，而道教研究也是柯睿唐研究的重要组成部分。[③]总之，可以说，薛爱华为二十世纪美国汉学界开拓了唐代研究的新局面，然而，中国学术界对他的学术贡献的认识还严重不足，希望这次三联书店新推出的这两种译著，能够在一定程度上弥补这一缺憾。

（原载《陕西师范大学学报》[哲学社会科学版]2013年第1期）

---

① *The Vermilion Bird: T'ang Images of the South*, p. 7.

② 宇文所安为薛爱华《时间之海上的幻景：曹唐的道教诗歌》一书撰写书评时，就曾提出这样的看法，文载 *Harvard Journal of Asiatic Studies*, Vol. 46, No. 2 (Dec., 1986), pp. 654–657。

③ [法]索安著，吕鹏志、陈平等译：《西方道教研究编年史》（中华书局，2002年，页83）中指出“在文学领域，薛爱华和他的几位弟子取得了重大成就”。

拾壹
马瑞志《世说新语》英译商榷

一、前言

对于《世说新语》的研究，早已成了一门世界性的学问。数十年来，从日本到韩国，从欧洲到美洲，外国学者们用功精勤，成绩已相当可观。日文和英文的全译本也相继问世，这不仅是国外汉学界的研究水平提高和治学规模扩大的一种标志，也因此使这部中国古典名著终于有机会走向广大完全不懂或不精通中文的国外读者。1976 年，美国明尼苏达大学出版社出版了由后来担任了美国东方学会会长的著名汉学家、明尼苏达大学马瑞志教授翻译的《世说新语》的英语全译本。全书 750 多页，每页 55 行，密密小字，无论从物质形态还是从学术意义上说，这都是一部极具分量的巨著。这也是在英语世界出现的第一部《世说新语》的全译本。因而，它甫一出版，就受到全美汉学界和读书界的热烈好评。译者的渊博精审，即使华裔学者也表示佩服。哥伦比亚大学教授夏志清推许马瑞志“踏实为学”“实在是西方汉学家间最值得我们敬佩的一位”。[①]周一良教授和王伊同教授也说：“西人治汉学，精微若君者，不多见。”“当今美籍学者，咸推君为吾国中古史祭酒。实至名归，非溢美也。”[②]

马瑞志教授早年毕业于普林斯顿大学，继而就读于柏克莱加州大学东方语言系，师从著名汉学家卜弼德教授，于1949年获得博士学位。从1957年开始，马氏在教学之余，从事《世说新语》的译述工作，历经十九个寒暑，才完成了这一宏大的工程。译著出版至今二十年，仍常为人称引。而马瑞志先生在六朝文学研究方面，也勇猛精进，不断取得新的成果。今天，年逾八十的马教授虽已荣退，仍然勤奋用功，笔耕不辍，老骥伏枥，壮心不已。这同样是令人由衷敬佩的。

马氏从事翻译之时，广泛搜集《世说新语》的各种注本，校勘异文，并参考中国、日本以及西方学者的有关论著，在解释和译述时加以审慎抉摘。全书可分《前言》《译文》《传略》《释名》《缩写》《书目》等部分。《前言》是对全书概况的总的介绍；《译文》是全书的主体，不仅包括《世说新语》的正文，也兼及刘孝标注，而略有删减。这无疑增加了翻译的工作量及其难度，也提高了本书的文献和学术价值。《传略》则为《世说新语》中出现的主要人物各撰一小传，详其名、字、号、历官等，颇便读者。《释名》是对一些专有名称的解释。《缩写》列举书中所使用的书目文献的简略称法。《书目》开列了译者所参考的有关文献书目，长达48页（页679—726），可见其取资之富，视野之广。从译文上说，马译意信词达，语言准确优雅，堪称名译。

然而，智者千虑，犹有一失。加以此书卷次不菲，涉及典章、史实、

① 夏志清：《新文学的传统》之《自序》，（台北）时报文化出版事业有限公司，1979年。参看夏氏书所收《陈荔荔、马瑞志、余国藩——介绍三种中国名著的译者》。

② 周一良、王伊同：《马译〈世说新语〉商兑》，《清华学报》新20卷第2期，1992年12月。

故训极广极多，马氏以一人之力为之，势难周全。再者，在二十年前，马氏作译时，所见参考书自不如今日之多。马译于杨勇《世说新语校笺》取资独多，但后来出版的徐震堮《世说新语校笺》和余嘉锡《世说新语笺疏》皆不及见；张永言主编的《世说新语词典》和张万起《世说新语词典》二书也因后出而未能参考，故所解或有未确，所译或有未安，或字有误读，或词有漏译。1995 年到 1996 年间，笔者在哈佛大学读书研究期间，曾取马译《世说新语》细读之，读而喜之，乃将鄙见所及笔而录之，日久积得百余条。今董理成文，自知英文凡陋，所拟译文恐多未周，故名曰商榷，以求教于马瑞志教授。自期可以为此名著踵事增华，锦上添花，意同献曝，唯愿不见笑于世之博雅君子。

下列商榷各条，首段一依原书次序，并首先标明所在原书的页次（如 P12 表示在马译原书第 12 页）。《世说新语》书分三十六门，每门下若干条，今皆标明，以便与中文各本对勘（如 1.23 表示在第一门即《德行第一》之第二十三条）。再次则于所持异议理由略加阐释。第二段抄录马译原文，第三段为试拟的英译。凡周一良、王伊同二前辈文中已言及者，一概删除。计 148 条。

二、译文商榷

1. P12　1.23　或有裸体者　　或，有时也。

   and there were even some among them who went naked.

   and sometimes they even went naked.

2. 同上　每语子弟云　　子弟，泛言后辈也。

   he would often say to his sons and younger brothers.

he would often say to his younger generation.

3. P19 1.40 勿以我受任方州 余嘉锡《笺疏》引《广雅·释诂》:“方,大也。”

because I have accepted office in the present province

because I have accepted office in this powerful province

4. P19 1.41 内外无预知者

No one either inside or outside his headquarters had any foreknowledge that …

No one either inside or outside his family had any foreknowledge that …

5. P20 1.42 为殷、桓所逐 逐,驱逐,非追逐。

was being pursued by Yin Chung-k'an and Huan Hsuan …

was being driven out by Yin Chung-k'an and Huan Hsuan …

6. P23 1.47 康伯亦甚相知 相知,知二吴也。

Po himself also was well aware of the situation.

Po himself also knew the two Wu brothers quite well.

7. P44 2.26 有千里莼羹,但未下盐豉耳 按:余嘉锡《笺疏》页80已驳“未下”为“秣下”说云:“无论秣陵之下、末下,绝不见于他书。且由未而之末,由末而之秣,一字数变,以伸其说,穿凿附会,亦已甚矣!信如所言,则千里莼羹与末下盐豉,乃是两物,不知水煮盐豉,是何美味?士衡乃举以敌羊酪,宁不为伧人所笑哉?”

We only have water-lily soup (ch'un-keng) from Thousand-li Lake and salted legumes (yen-shih) from Mo-hsia (Chien-yeh), that's all

We only have water-lily soup, but not adding salted legumes yet, that's all

8. P51 2.42 卿年未三十，已为万石，亦太蚤。瞻曰："方于将军，少为太蚤。比之甘罗，已为太老。" "蚤"承前"年未三十"而来，又与"老"对言，自是年轻之谓。古人称年老，亦有桑榆晚景之语。

You are not yet thirty years old, yet you've already reached a salary of ten thousand piculs, which is entirely too soon." Chan replied: "In comparison with you, sir, it may be a bit too soon, but compared with Kan Luo, I'm already old."

……, which is entirely too young." Chan replied: "In comparison with you, sir, I may be a bit too young, but compared with Kan Luo, I'm already too old."

9. P52 2.44 卿复何辞此？

So who are you to decline this one?

So why do you decline this one?

10. P52 2.45 佛图澄 澄旧读 dèng，今音 chéng。

Fo-t'u-teng P519 Biography Notices 亦作 Fo-t'u-teng，并注"See A. F. Wright, Fo-t'u-teng, A Biography, *HJAS*, XI (1948), 321–371."

Fo-t'u-ch'eng

11. P54 2.50 庾公大喜小儿对 小儿指孙放，孙盛之次子，非指潜、放二人。

Yu was most delighted with the small boys' replies.

Yu was most delighted with the younger boy's replies.

12. P56 2.52 廉者不求，贪者不与

An unacquisitive man doesn't seek such things, and an avarious man doesn't give them away, so I just got possession of it, that's all.

An unacquisitive man doesn't ask for it, and an avarious man I wouldn't give it to, that's why I could keep it, that's all.

13. P57　2.54　征褚公入　　入，入都也。故下句接以"既至石头"。

Ch'u P'ou was summoned to court

Ch'u P'ou was summoned to capital

14. P59　2.59　臣为陛下以百口保之　　百口，谓百条人命。

I guarantee it for Your Majesty with all the mouths of my household

I guarantee it for Your Majesty with all the lives of my household

15. P61　2.63　或言道人畜马不韵　　韵，雅也，非和谐之意。

Someone remarked, "A holy man and raising horses don't go together."

Someone said, "It isn't refined for a holy man to raise horses."

16. P62　2.65　夏侯湛作羊秉序绝可想　　叙，叙传也。下文刘注引《羊秉叙》无一言及于文集，非集叙可知。

Hsia-hou Chan once wrote a preface for Yang Ping's works …

Hsia-hou Chan once wrote a biogaphy for Yang Ping …

17. P62　2.67　此想长松下当有清风耳　　此，指前一行为。

But I rather think that under a tall pine there is apt to be a refreshing breeze, that's all.

This is just like thinking that under a tall pine …

18. P63　2.69　许玄度出都

Hsu Hsun came out of retirement to the capital

Hsu Hsun left for the capital

19. P64　2.71　俄而雪骤　　俄而，不久。

when suddenly there was a violent flurry of snow …

soon afterwards there was a violent flurry of snow …

20. P67 2.79 诸人莫当就卿谈 莫，约莫（据余嘉锡《笺疏》引文廷式《纯常子枝语》卷一四说），不作“暮”解。

Everybody's coming to your place this evening for conversation

Everybody's probably coming to your place for conversation

21. P86 3.12 公因便还到过任边云 便还，便旋，小便也。

For this reason the Chancellor came over, and as he passed by Jen remarked

The Chancellor passed by Jen on the way to urinate and remarked

22. P89 3.18 骠骑看文书不顾之 文书，复合词，非有文件与书信之谓。

Ho was reading documents and letters and paid no attention to them

Ho was reading documents and paid no attention to them

23. 同上 我今故与林公来相看 故，特地，马氏未译出。

We've come today along with Chiu Tun for a visit

We've come today specially along with Chiu Tun for a visit

24. P93 4.1 注引《玄别传》：师故兖州刺史第五元，先就东郡张恭祖…… 译者误读“第五元”作“第五元先”。

went to study under the former governer of Yen Province (S. Shantung), Ti-wu Yuan-hsien. From there he went to Chang Kung-tsu of Tung Commandery (Hopei) …

went to study under the former governer of Yen Province (S. Shantung), Ti-wu Yuan. At first he went to Chang Kung-tsu of Tung

Commandery (Hopei) …

25. P110 4.35 默而识之乎？ 识，记也。

Are you understanding in silence?

Are you memorizing in silence?

26. P126 4.66 T'ao P'ei（曹丕）

按：当是 Ts'ao P'ei 之误植。

27. P128 4.68 左太冲作《三都赋》初成 初，刚，才。

When Tso Ssu first completed his "Poetic Essays on the Three Capitals (San-tu fu)" …

When Tso Ssu had just completed his "Poetic Essays on the Three Capitals (San-tu fu)" …

28. P128 4.68 注引《左思别传》：皇甫谧西州高士，挚仲洽宿儒知名，非思伦匹 谧为安定朝那人，西州指其来自西部州郡。非思伦匹，指谧、虞二人。

Huang-fu Mi was an eminent gentleman of Hsi Province, Chih Yu was famous as an old-time literatus, but was not among Ssu's associates.

Huang-fu Mi was an eminent gentleman from the western province, ChihYu was famous as a senior scholar, both were not among Ssu's associates.

29. P.130 4.71 此非徒温雅 温和典雅，非温习《雅》。

These are no vain rewarmings of the "Court Songs" (Ya),

This is not only gentle and graceful,

30. P146 5.1 君与家君期日中，日中不至，则是无信；对子骂父，则是无礼

If you made an appointment with my father for midday, and at midday you hadn't shown up, that was a lack of trustworthiness. And if in the presence of the son you revile the father, that is a lack of courtesy.

按：两个“if”似可删。

31. P146　5.2　文帝兄弟每造其门，皆独拜床下　　皆，谓每有造访皆如此。

But every time Ts'ao sons, Ts'ao P'ei and Ts'ao Chih, visited his house they would both individually do obeisance as disciples to a teacher below his couch

But every time Ts'ao sons, Ts'ao P'ei the future Emperor Wen, along with the brothers, visited his house, he would always do obeisance as disciples to a teacher below his couch

32. P165　5.29　周得之欣然

Chou got the point and broke into a laugh

Chou got the point and felt delighted

33. P168　5.35　想足下不愧荀林父耳

I hope Your Excellency wouldn't be ashamed of me if I were merely a Hsün Lin-fu, and nothing more

I hope Your Excellency wouldn't be ashamed to be a Hsün Lin-fu, and nothing more

34. P179　6.1　外启信至　　信，信使也。

Reports from the outer (commanderies) arrived

It was reported from the outside that the messenger arrived

35. P180　6.2　文王亦寻悔焉　　寻，不久。

Ssu-ma Chao himself later repented of it

Ssu-ma Chao himself repented of it soon afterward

36. P182　6.8　经时未行　　经时，久也。

who had let the time go by without doing it

who hadn't done it since a long time passed

37. P185　6.17　温太真尝隐幔怛之　　按：下文“此儿神色恬然”云云，可知庾会未被惊吓。

Wen Ch'iao once hid behind a curtain and startled Hui

Wen Ch'iao once hid behind a curtain and tried to startle Hui

38. P186　6.18　更宰杀为馔，具于公前鞭挞亭吏　　具于公前应连前读。

In addition he ordered animals slaughtered for a sumptuous feast, and had the innkeeper horsewhipped in front of Ch'u

In addition he ordered animals slaughtered for a sumptuous feast, served the food in front of Ch'u, and had the innkeeper horsewhipped

39. P188　6.23　此手那可使箸贼?　　按：庾亮之意，谓此手善射，若使射贼，那可复当，有奖慰其人之意，诙谐谈笑，众人乃安。若译 poor，则仍有责怪憾恨之意，恐众人难安耳。

How could a marksman as poor as this be used to hit the rebels?

How could a marksman as good as this be used to hit the rebels?

40. P189　6.26　待收信还　　信，使者。

waiting until the word of the arrest was brought back

waiting until the man who went to arrest (Yu Hsi) came back

41. P192　6.35　俄而谢玄淮上信至　　俄而：不久。

when suddenly a messenger arrived from Hsieh Hsuan at the

Huai River

shortly afterwards a messenger arrived from Hsieh Hsuan at the Huai River

42. P200　7.7　注 1 引邓粲《晋纪》　勒手不能书，目不识字。

Shi Lo did not know how to read or write, nor did his eyes recognize any characters

按："read or" 应删，否则与原意不符，且与下文"目不识字"重复。目不识字即不能读书也。

43. 同上　本条正文：郦食其　食其音义鸡。

Li Shih-ch'i

Li Yi-chi

44. P215　8.17　浑曰：何如我？济曰：济以上人　济言委婉，故未径答王湛何如其父王浑，乃直以己身相比。译者承此误认"我"指浑、济二人。

How does he compare with us?

How does he compare with me?

45. P218　8.21　时闻其咏，往往与其旨合　其，指山涛。

from time to time he heard them being recited, and frequently agree with their ideas

from time to time I heard him reciting them, and frequently agree with their ideas

46. P223　8.39　士龙为人文弱可爱　文弱漏译。

Lu Yun as a person was lovable

Lu Yun as a person was frail yet lovable

47. P234　8.95　许玄度送母，始出都

When Hsü Hsün first came out of retirement to the capital to escort his mother home

When Hsü Hsün first came to the capital to escort his mother home

48. 同上　注引《续晋阳秋》：询出都

Hsün came out of retirement to the capital

Hsün came to the capital

49. P250　9.4　各在一国

but each lived in a different one of the Three Kingdoms

按：lived 似不及 served 为佳。

50. 同上　注 1：The term Kou, which in modern Chinese means "dog", in earlier times referred to the young of the animals. Chu-ko T'an was the youngest of the three.

按：此说恐非是。余嘉锡《笺疏》云："此所谓狗，乃功狗之狗，谓如韩卢宋鹊之类，虽非龙虎之比，亦甚有功于人，故曰并有盛名，非鄙薄之称也。观《世说》下文云'诞在魏与夏侯玄齐名'，则无诋毁公休之意亦明矣。《太公六韬》以文、武、龙、虎、豹、狗为次，知古人之视犬，仅下龙虎一等。凡读古书，须明古人词例，不可以后世文义求之也。"

51. P253　9.15　君家中郎　　按：8.33 注引《晋阳秋》："为太傅从事中郎。"马译为："Yü Ai served as Ssu-ma Yueh's administrative clerk." 从事中郎是将帅幕僚，非中郎将可知。

The commander from your family (Yü Ai)

此处可用 administrative clerk，或径译其名为佳。8.38、8.41、8.42 诸条称中郎，皆直译其名。

52. P256　9.26　王丞相云："见谢仁祖，恒令人得上。"与何次道语，唯举手指地曰："正自尔馨。""与何次道语，唯举手指地曰"二句并非王导语。

Chancellor Wang Tao said, "whenever I meet Hsieh Shang, he always enables me to reach a higher level of existence, but when I converse with Ho Ch'ung,"—Wang simply raised his hand and pointed toward the ground—"it's just exactly like this."

Chancellor Wang Tao said, "whenever I meet Hsieh Shang, he always enables me to reach a higher level of existence." But when he converse with Ho Ch'ung, he simply raised his hand and pointed toward the ground—"it's just exactly like this."

53. P267　9.69　君家道卫君长云何？　君家，君之父也。

How does your family characterize Wei Yung?

How does your father characterize Wei Yung?

54. P281　10.9　夷甫晨起

When Yen awoke in the morning

When Yen got up in the morning

55. P284　10.13　但与君门情，相与惜之　　余嘉锡《笺疏》引李慈铭说："案循祖齐为吴将军，与张昭交善，故云门情。"

but in the matter of the feelings aroused over your gate, I feel sorry about it on your behalf.

but in the matter of the relationship between our families, …

56. P286　10.19　初不问郡事　　问，察问，按察也。

he asked no questions whatsoever about affairs in the commandery …

he didn't investigate the affairs in the commandery at all …

57. 同上　仁祖是胜我许人

Shang is a person who is superior to me

Shang is the kind of person who is superior to me

58. 同上　故一无所问

That's why I didn't ask a single question

That's why I didn't investigate at all

59. P286　10.20　民所不取

It won't be accepted by the people.

That's what I cannot accept.

60. P287　10.23　我病自当差　　自，自然，肯定。

My illness will get better by itself.

My illness will surely get better .

61. P293　11.3　臼，受辛也　　辛，此处也是 a scribal pun，指蒜之类气味辛辣之物，非谓辛苦。

to suffer hardship

to suffer the pungent

又 P651 shou-hsin "受辛" 及 P659 hsin "辛" 皆释为 "hardship"，亦当是正。

62. P295　11.6　郗于事机素暗　　素，向来也。

Ch'ih, who in his judgments of the affairs was both simpleminded and dull

Ch'ih, who in his judgments of the affairs was usually dull

63. P297　12.1　太丘曰："尔颇有所识否？" 对曰："仿佛志之。" 识，志也，记也

Ch'en Shih said, "Did you understand anything we said?" They replied, "we noted it after a fashion."

Ch'en Shih said, "Did you remember anything we said?" They replied, "we remember it after a fashion."

64. P297 12.2 答曰："何氏之庐也。" 何氏指何氏家族，非谓何晏。

he replied, "This is Mr. Ho's hut."

he replied, "This is the Hos' hut."

65. P298 12.3 元帝异之 之，此指明帝之应答。

Emperor Yuan marveled at him

Emperor Yuan marveled at his reply

66. P299 12.5 母甚异之 参看 65 条。

His mother marveled at him greatly

His mother marveled at his answer greatly

67. P302 13.4 志在千里

still wills to run ten thousand li

still wills to run one thousand li

68. P304 13.8 于时寻阳周馥曰 寻阳治在今寻阳县，今江西九江市西。

At the time Chou Fu of Hsün-Yang (An Hui) said …

At the time Chou Fu of Hsün-Yang (Chiang Hsi) said …

69. P306 13.12 入不言兮出不辞 入不言谓其入不事先声言，马氏译文引 David Hawkes "*Songs of the South*"（Oxford: 1959, P41）。

Coming he did not speak, And leaving took no leave

Coming he did not foretell, And leaving took no leave

70. P314 14.25 问讯王公

once when he went to visit his father, Wang Tao,

once when he went to pay his respects to his father, Wang Tao,

71. P321　16.2　自说昔在洛水边

he said to himself

he himself said

72. P322　16.3　王右军得人以《兰亭集序》方《金谷诗序》，又以己敌石崇

Whenever Wang Hsi-chi heard someone compare his own “Preface to the Lan-t’ing Collection” to Shih Ch’ung’s “Preface to the Chin-ku Poems”, or again, whenever someone matched him against Shih Ch’ung, …

Whenever Wang Hsi-chi heard someone compare his own “Preface to the Lan-t’ing Collection” to Shih Ch’ung’s “Preface to the Chin-ku Poems”, or again, match himself against Shih Ch’ung, …

73. P322　16.6　于时微雪　　时正微雪，非地上有积雪也。

At the time there was a light snow on the ground,

At the time there was a light snow,

74. P328　17.15　便出都

immediately coming out of retirement, went to the capital

coming out of retirement 似可删。

75. P329　17.17　王孝伯入临　　临，哭吊也。

Wang Kung entered the mausoleum to pay his respects

Wang Kung entered the mausoleum to mourn for him

76. 同上　注引《中兴书》：烈宗丧

When Emperor Hsiao-wu was buried

When Emperor Hsiao-wu was dead

77. P335 18.8 善史传 史传，史籍传记也。

well versed in the histories and commentaries

well versed in the histories and biographies

78. P336 18.10 乃遣信报少孤 信，信使。

and accordingly sent a letter to Lou

and accordingly sent a messenger to tell Lou

79. P340 19.1 注引《汉书·匈奴传》：呼韩邪单于

the Shan-yü, Hu-han-hsieh

the Ch'an-yü, Hu-han-ye

80. P341 19.1 注引《琴操》：汝为汉也，为胡也？ 为，作，当也。

Are you a Chinese or a Hsiung-nu?

Are you going to be a Chinese or a Hsiung-nu?

81. P345 19.9 大丈夫不能仿佛彦云 大丈夫，犹今言大男人。

My great husband can't exactly compare with his father (Wang Ling), either, yet he's pitting a mere woman against a magnificent hero.

As a great man, you can't exactly compare with your father (Wang Ling), either, yet you're pitting a mere woman against a magnificent hero.

82. P346 19.11 我当年可以为友者，唯此二生耳 当年，当世，此生也，与来世及身后相对，非盛年之谓。（参看张永言：《从词汇史看〈列子〉的撰写时代》，《季羡林教授八十华诞纪念论文集》，江西人民出版社，1991 年，页 194）

It's only these two gentlemen whom I may consider the friends of my mature years

It's only these two gentlemen whom I may consider the friends through my life

83. P351 19.19 百里许

a hundred li or more

a hundred li or so

84. 同上 路已远，君宜还 路已远漏译。

I think you'd better return, sir

Now it's a long distance (from your home), I think you'd better return, sir

85. P352 19.20 注引《侃别传》：昔年少，曾有酒失 酒失，因纵酒而失。

Long ago in my youth I was often under the influence of liquor,

Long ago in my youth I used to have the indiscretion under the influence of liquor,

86. P353 19.22 婿故自急 故，只，不过；婿，此指侄女婿。

Your husband (and his family) were really and truly in danger

My cousin-in-law just worried himself for imaginary fears

87. P355 19.27 古几 古字漏译。

the armrest

the old armrest

88. P357 20.1 既无一言直 直，是之也。

Since he had never uttered a single word about it directly to Hsü

Since he had never uttered a single word commending Hsü

89. P360 20.7 注引《郭璞别传》：黔黎将同异类矣

The black-haired Chinese are about to share a common fate with other peoples

The black-haired Chinese are about to become nonhuman

90. P363　21.1　注引傅玄《弹棋赋叙》：乃因其体作弹棋　　作弹棋者刘向，非成帝。参看《西京杂记》卷二“弹棋代蹴踘”条。

So the emperor, following the form for football, invented the game of pellet chess

So Liu Hsiang, following the form for football, invented the game of pellet chess

91. P369　22.3　篇名《宠礼》

favors and gifts

favors and deference (or courtesy)

92. P369　22.3　状短小

Hsun's figure was short and squat

按：squat 意为矮胖，short 已足原文短小之意，前词似可删。

93. P370　22.4　注引《语林》：玄度出都

When Hsu Hsun came out of retirement to the capital

When Hsu Hsun came to the capital

94. 同上　我成轻薄京尹　　轻薄是无礼之谓。

I'll become a worthless and insignificant capital intendant

I'll become a frivolous capital intendant

95. P373　23.3　以酒为名　　名，命也。参余嘉锡《笺疏》引黄生《义府》下说。

and took "wine" for his name

and took "wine" as his life

96. P382　23.31　殷洪乔作豫章郡，临去，都下人因附……　按：余嘉锡《笺疏》，"都"是传写之讹，应作"郡"。杨勇《校笺》更据《太平御览》《北堂书钞》等书引《语林》，改"都"为"郡"，甚是。殷氏是离任，而非赴任，附书者是豫章郡人，而非都下人士，否则殷氏不必携至豫章而乃掷之水中。马氏以为石头在建康，乃迁就"都"字立论，又牵连以为都下人附书。

When Yin Hsien was appointed grand warden of Yü-chang Commandery (Kiangsi), on the eve of his departure to take up his post, the people of the capital (Ch'ien-k'ang) took the occasion to entrust him with a hundred or …

Yin Hsien was grand warden of Yü-chang Commandery (Kiangsi), on the eve of his departure to leave his post, the people of the Commandery took …

97. P382　23.32　使人思安丰　　人，我也。

makes a person think of Wang Jung

makes me think of Wang Jung

98. P383　23.33　注 1

i.e., on the fashionable Black Clothing Street (Wu-i Chieh)

(Wu-i Chieh) 应作 (Wu-i Hsiang)

99. P387　23.42　谢公闻之曰："子野可谓一往有深情。"　之，此指事，不指人。

Hsien An, hearing him, said, "Tzu-yeh, you're what might be called a man of deep feeling all the way through."

Hsien An, hearing this, said, "Tzu-yeh might be called a man of deep feeling all the way through."

100. P389　23.49　王子猷出都　　出，谓赴也。

Wang Hui-chih once came out of retirement to the capital

Wang Hui-chih once went to the capital

101. P391　23.53　但使常得无事，痛饮酒，熟读《离骚》，便可称名士　　“熟”漏译。

Merely let a man be perpetually idle and a heavy drinker, and whoever has read the poem “Encountering Sorrow” (*Li-sao*), can then be called a “famous gentleman”.

Merely let a man be perpetually idle and a heavy drinker, and whoever is well-versed in the poem “Encountering Sorrow” (*Li-sao*), can then be called a “famous gentleman”.

102. P396　24.10　注引《述别传》：述少真独退静　　纯真、孤独、谦退、恬静。《赏誉篇》62 条引《晋阳秋》曰：“述体道清粹，简贵静正，怡然自足，不交非类，虽群英纷纷，俊义交驰，述独蔑然，曾不慕羡，由是名誉久蕴。”亦即真独退静之意也。

When Shu was young he realized his powers in solitude, and withdrew from the world in quietness.

When Shu was young he was innocent, solitary, modest and quiet.

103. P396　24.11　马比死多少？　　比，近来也，未译。

How many horses have died?

How many horses have died recently?

104. P396　24.12　意不足尔　　不足，不值得往访。

You're just not important enough.

I think he is just not worth visiting.

105. P397　24.12　阿螭不作尔　　不作，同不足　　螭音痴。

A-li just doesn't do that sort of thing.

A-ch'ih is just not worth visiting.

106. P402　25.6　注 2 译者注：A fellow with sharp teeth (li-ch'ih erh, see　below, No.54) seems to be someone eager to make a reputation.

今按:《排调》54：右军指简文语孙曰："此啖名客！"简文顾曰："天下自有利齿儿。"杨勇《校笺》："《魏志・卢毓传》：选举莫取有名。名如画地作饼，不可啖也。啖名客，犹云好名之甚者。"马译似本杨说。余嘉锡《笺疏》则以为啖名是啖石之讹，"盖道家有啖石之法，右军以兴公善于持论，然多强辞夺理，故戏之为啖石客。"余说是否，容或可商，今亦暂不置论。然孙楚此处所谓"所以漱石，欲砺其齿"，无非以能言善辩自我期许；若为汲汲名利之徒，当初何必欲隐，又何必枕流洗耳。马氏此注于读者解读或致误解，似可删。

107. P404　25.7　注引《张敏集・头责子羽文》：旨味弗尝　旨味，食物美味也。

Your thought and manner are both far from normal.

You never taste any kind of the delicious food.

108. 同上　若此者乎，必子行己之累也　与上文"如此者，故我形之足伟也"相对。累，病也。

If you go on like this you'll surely be involved in grief.

The reason for this must be the wrong of your deed.

109. 同上　则当如皋陶　陶音姚。

Then you should be like Kao Yu.

Then you should be like Kao Yao.

110. 同上　则当如陈轸、蒯通　蒯音 Kuai，马译误认为荆。

Then you should be like Ch'en Chen and Ching T'ung

Then you should be like Ch'en Chen and K'uai T'ung

111. P405 25.9 注引《张敏集·头责子羽文》：此一介之所以显身成名者也 一介，谓寒士也，一介书生也，非谓其所以显身成名者为琐屑不足道也。

These are the mere trifles by which men publicize themselves and makes their names.

This is how a scholar publicize himself and makes his name.

112. 同上 块然穷贱 块然，状孤独寂寞也。

clodlike, in poverty and misery.

solitary (like a clod), in poverty and misery.

113. P.406 25.9 云间陆士龙 云间为华亭之古称，陆士龙一语亦涉双关（Pun）。译者注日下系用典，指洛阳，则云间亦应加注。

Lu yun thereafter raised his hand and said, "Lu Shih-lung here, the gentleman-dragon among the clouds" (Yün-chien Shih-lung)

加注："Yüan-chien", "among the clouds", was an alternative name for Hua T'ing, which was Lu's native place

Glossary of Terms and Official Titles (《释名》) 中有 "jih-hsia" 条，无 "Yün-chien" 条，亦需补出。

114. P406 25.7 注引《张敏集·头责子羽文》：岂与夫子同处也？夫子，指子羽。余嘉锡《笺疏》引李慈铭说："洪本作命也夫与子同处。"可证夫子即子羽。

Why must you live among the great?

Why must I live with you?

115. P408 25.15 枝条拂青天，不以为高；群狐乱天下，不以为浊

The fact that its branches brush the sky is no indication that it's high; and the fact that foxes fouled up its lower part is no indication that it's unclean.

Though its branches brush the sky, I don't think it's high; though the foxes fouled up its lower part, I don't think it's unclean either.

116. P419　25.44　人以汝家比武侯　　汝家，汝父也。

when someone compares the head of your family to Chu-ko Liang

可径译为 when someone compares your father to Chu-ko Liang

117. P423　25.57　注引裴景仁《秦书》：著《符子》数十篇，盖老、庄之流也　　篇与卷不同。

Lang wrote a book called *"Master Fu" (Fu-tzu)* in several tens of chuan, similar to the Lao-tzu and Chuang-tzu.

Lang wrote a book called *"Master Fu" (Fu-tzu)* including several tens of essay, which belonged to the school of the Lao-tzu and Chuang-tzu.

118. P436　26.20　注引伏滔《长笛赋叙》：传之耆老云　　耆老非特指某人。

The old man who transmitted it to him said

It is said by the old men

119. P437　26.24　裴郎又云：谢安目支道林，如九方皋之相马

And in another passage P'ei says that Hsieh An characterized Chih Tun, saying, "He's like Chiu-fang Kao and his judging of horses"

And in another passage P'ei says that Hsieh An characterized Chih Tun, saying, "He's like Chiu-fang Kao judging the horses"

120. P440　26.32　注引旧语：秣陵有哀仲家梨，甚美，大如升，入口消释。言愚人不别味，得好梨，烝食之也　　"言愚人"以下是刘孝

标释义语，非旧语所载之事　　按本书体例，此条后一句当别作一条。

The Commentary quotes an old saying "... It was said that stupid persons who did not discriminate between flavors, after getting these good pears, would cook them before eating."

SSHY Comm.: Here Huan Hsuan meaned to say that only stupid persons who did not discriminate between flavors, after getting these good pears, would cook them before eating.

121. P443　27.6　注：帝所生母荀氏，燕国人，故貌类焉　　本注前文引《异苑》及本条正文皆称晋明帝为"鲜卑奴"。

The emperor's mother, Lady Hsün, was a native of the (Hsien-pei) state of Yen (Hopei), so his appearance was similar to hers.

The emperor's mother, Lady Hsün, was a native of the (Hsien-pei) state of Yen (Hopei), so his appearance was similar to the Hsien-pei's.

122. P447　27.11　后有伧人来　　此伧人未必为道人。

Later another northern monk came south.

Later another northerner came south.

123. P448　27.13　会有亡儿瘗在此　　杨勇《校笺》："《说文》：瘗，幽薶也。段注：幽者，隐也；隐而埋之也。"隐，没也，隐而埋之即掩埋之意，无"secretly"之意。马氏或沿此注而误解。

it happens that my deceased son is secretly buried here about ...

"secretly" 可删。

124. P449　27.13　注引《中兴书》：权瘗此境，故来迎之　　迎，谓迎其子遗骨归葬。范汪为颍阳（今河南许昌）人，葬子于姑孰，故云。

as an expedient I buried him in this place and had come to pay my respect as an expedient I buried him in this place and had come to bring his skeleton back (to rebury in his hometown).

125. P450 28.1 黜免

Dismissal from office

似译作并列结构为佳。或可译为 Exile and Dismissal。

126. P450 28.2 注引《荆州记》：峡长七百里

The Four Gorges stretch along the Yang-tze for several hundred *li*

“Four”应作“Three”，或删去。“several”当作“seven”。又，不知马氏何以误三峡为四峡，岂以巴东三峡加上巫峡而为四？

127. 同上 注引《荆州记》：巴东三峡巫峡长 长音肠，非掌。

Of the Three Gorges of Pa-tung, the Wu Gorge is the crown

There are three gorges in Pa-tung, and the Wu Gorge is long

128. 同上 译者注 2: See *SSHY* VII.20, n.4

按：P206 *SSHY* VII.20 仅三条注，无 n.4。其第二条注云："See *SSHY* II.58 above. P58 *SSHY* II.58 n.1" 释三峡及桓温征蜀事较详。译者注参看，不如径注此条。

129. P457 29.6 家舅刻薄，乃复驱使草木 驱使，役使，使用。草木，偏义指草，即王不留行。此文王伊同、周一良二先生文已及，拙见小异，故附及之。

my maternal uncle is so penny-pinching that he's even hard pressed over having to part with plants and trees

my maternal uncle is so penny-pinching that he even goes so far as to take advantage of the plant (as a hint)

130. P457 29.9 乞与亲友周旋略尽 略尽，《晋书·郗超传》《太平御览》一九一、八三六，《事类赋》十引《世说》作“都尽”。杨勇

《校笺》据改。

so that when he had gotten all the way around, the treasure was almost completely exhausted

“略尽”可译作与 almost exhausted，“都尽”可译作“completely exhausted”，almost 与 completely 二者似不宜并用。不知马译所据何本？

131. P458　30.1　注引王隐《晋书》：劫夺杀人，以致巨富　　巨富，大富也。

he plundered, robbed, and killed people in order to gain power and wealth

he plundered, robbed, and killed people and therefore he became enormously wealthy

132. P460　30.6　武子一起便破的，却据胡床　　“却”字未译出。

The instant Chi raised his bow he pierced the target, whereupon, seating himself on a folding stool

The instant Chi raised his bow he pierced the target, whereupon, stepping backward and seating himself on a folding stool

133. P465　31.1　而情性酷恶　　酷，甚也，极也。

but whose temper was vicious and ugly

but whose temper was viciously bad

134. P468　32.2　俄而见诛　　俄而，不久。

he was suddenly executed.

shortly afterwards he was executed.

135. P474　33.7　王乃具叙宣王创业之始，诛夷名族，宠树同己，及文王之末，高贵乡公事，明帝闻之　　闻之，指前述诸事，非仅指高贵乡公事。

Wang then proceed to recount in detail the beginnings of Prince Hsüan's (Ssu-ma I d.251) founding of the dynasty, how he exterminated all the famous clans and established in favor those who sided with himself. When he came to the last years of Prince Wen (Ssu-ma Chao, d.265) and the incident of the murder of Duke Kao-kuei (Ts'ao Mao, r.254–260), Emperor Ming, on hearing this …

Wang then proceed to recount in detail the beginnings of Prince Hsüan's (Ssu-ma I d.251) founding of the dynasty, how he exterminated all the famous clans and established in favor those who sided with himself, and the incident of the murder of Duke Kao-kuei (Ts'ao Mao, r.254–260)in the last years of Prince Wen (Ssu-ma Chao, d.265), Emperor Ming, on hearing this…

136. P475　33.10　大丈夫乃为庾亮所卖　　卖，出卖。

The great man has been bought by Yü Liang!

The great man has been betrayed by Yü Liang!

137. P478　33.16　东信至，传淮上大捷　　信，信使。

when a letter from the east (Ch'ien-kang) arrived relating the news of the great victory of the Huai River

when a messenger from the east (Ch' ien-kang) arrived relating the news of the great victory of the Huai River

138. P478　33.16　谈者以为此死，贤于让扬之荆　　按：原文视让扬、之荆为一事，故余嘉锡《笺疏》特引程炎震说，辨证让扬、之荆为二事。

Conversationalists considered this death to have been a more worthy act than yielding of the governorship of Yang Province to Hsien An, or his going to Ching Province.

Conversationalists considered this death to have been a more worthy act than yielding of the governorship of Yang Province to Hsien An, and then going to Ching Province.

139. P480　34.3　大喜曰：蟹有八足，加以二螯　　此语本《劝学》，而不见于《尔雅》，故下文谢尚以“读《尔雅》不熟，几为《劝学》死”嘲之。

and was greatly delighted, crying out, “(As it says in the *Erh-ya*), the edible crab (hsieh) has eight legs plus two claws.”

and was greatly delighted, crying out, “(As it says in the *Chüan-hsüeh*), the edible crab (hsieh) has eight legs plus two claws.”

140. P481　34.4　坐席竟，下饮　　李详引陆羽《茶经》以为下饮即设茶。

After the banquet was ended and they were drinking toast,

After the banquet was ended and they began to drink some tea,

141. P487　35.3　酷妒　　酷，极。

was cruel and jealous

was wretchedly jealous

142. P525 《传略》夏侯玄条

“张辑”应作“张揖”，汉字误书。

143. P615　ch’ao-t’ing 朝庭 the (imperial) court

“庭”应作“廷”。

144. P643　ming-sheng 名胜 famous mountains　　名胜谓名流与胜流也。

P238　8.114“来往名胜处”与P107　4.29“宣武集诸名胜讲《易》”，分别译为：

the famous and outstanding men of the day

the famous and outstanding men of the time

皆不误。《释名》应改从之。

145. P655　ti-wu 第五 fifth

按：第五是姓，2.42 刘注有“第五琦”，4.1 刘注有“第五元”，释义应补 surname 一项。

146. P661 《释名》“wu-lou 屋漏 the dark of the room”

应释作 the leaking room。

147. P667　*CSCC Chin-shu Chiao-chu* 晋书　　注 edited by Wang Shi-chien (1859)

Wang 应作 Wu。

148. P669　“相牛经”条

“宁戚”当作“甯戚”。

（原载拙著《世族与六朝文学》，黑龙江教育出版社，1998 年）

拾贰
论霍克思教授的《楚辞》翻译

一、霍克思的生平经历

霍克思，是二十世纪英国著名汉学家和翻译家。他生长于伦敦东区，中学毕业后进入牛津大学基督教堂学院（Christ Church College, Oxford）学习古典学，未及毕业，就因为第二次世界大战的关系，而转到伦敦学习军事日语，并辅导情报人员破译日军密码及分析战役报告。在这一过程中，霍克思对东方语言产生了浓厚的兴趣，并与二十世纪著名汉学家、翻译家魏理结识。第二次世界大战结束后，霍克思重返牛津大学，在当时牛津大学唯一的汉学教师、传教士出身的修中诚（E. R. Hughes, 1883—1956）的指导下学习汉语。1948 年，在燕卜逊（William Empson，1906—1984）教授的帮助下，他来到中国北京大学留学。在北京期间，他不仅师从俞平伯等教授，在中国传统文学和文化方面打下良好的基础，而且与北京市民一起，见证了北京城的解放。1951 年，他回到英国。1955年，他以《楚辞的年代与作者问题》（The Problem of Date and Authorship of Ch'u Tz'u）的论文获牛津大学中国文学博士学位，1961年出任牛津大学中国文学讲座教授。1979年，为了能够全身心投入《红楼梦》的英译工作，霍克思毅然辞去这个教授职位。[①] 他对翻译工作的重视由此可见一斑。

在中国学术界，甚至在英语读书界，霍克思被人提起，主要是因为他在英国企鹅出版社出版的英译本《红楼梦》。实际上，霍克思在汉学研究尤其是中国古典文学研究方面造诣精深，在《楚辞》、杜诗乃至武侠小说等方面都有建树。作为西方最早以《楚辞》研究取得博士学位的汉学家之一，霍克思在《楚辞》研究方面做出了很多开创性的贡献，成绩骄人。1959年，他在牛津大学出版社出版了《楚辞：南方之歌》。[②] 此书是霍克思教授的成名作，是在其博士论文中的翻译部分的基础上修订而成的。在这个意义上，我们可以说，霍克思教授的汉学研究是从《楚辞》起步的。1953年，世界和平理事会在芬兰首都赫尔辛基开会，号召全世界人民纪念世界四大文化名人，其中一位便是屈原。二十世纪五十年代，《楚辞》成为中外中国古代文学研究的共同热点，在一定程度上便与这一事件有关。霍克思英译本《楚辞》恰在此事之后不久出版，遂被列入联合国教科文组织（UNESCO）的“中国翻译丛书”（*The Chinese Translations Series*），这不仅证明了此书自身的水平，也显著扩大了《楚辞》在西方世界的影响。

---

① 关于霍克思生平，参考英国《卫报》上所登讣告（Obituary: David Hawkes, *Guardian*, August 25, 2009）。

② David Hawkes, *Ch'u Tz'u: The Songs of the South, An Ancient Chinese Anthology*, Oxford: Oxford University Press, 1959.

二、霍译《楚辞》的贡献及特点

霍克思教授对《楚辞》学研究的首要贡献，是第一次将《楚辞》全部篇章都译成了英文。在《楚辞：南方之歌》的附录中，有作者所撰《〈楚辞〉英译史》一篇，言简意赅地追溯了《楚辞》的英译史，对 E. R. Parkers、翟理斯、理雅各、叶乃度（E. Erkes）、魏理等十余家译本有简短评论，对理解《楚辞》在西方的传播也有帮助。但是，这些译者无一人将《楚辞》全部译为英文。而霍克思在《楚辞：南方之歌》中，不仅翻译了《楚辞章句》中所收全部作品，包括《离骚》《九歌》《天问》《九章》《远游》《卜居》《渔父》《九辩》《招魂》《大招》《惜誓》《招隐士》《七谏》《哀时命》《九怀》《九叹》《九思》，而且还有对这些作品所作的文本校注和附考。至于诸篇作品之顺序，也完全依照王逸《楚辞章句》，体现了霍克思对这一中国文本传统的尊重。

霍克思的《楚辞》译本展现了他的汉学功力和文学造诣，具有鲜明的特点。首先，霍克思本人对文学具有浓厚的兴趣，对文学语言尤其具有异乎常人的敏锐感觉，其性情亦近于文人。因此，尽管他身兼大学教授和文学翻译家两种身份，在很长一段时间里，也同时扮演这两种人生角色，但是，在他看来，兼有两种身份角色之所以有可能，是因为其间有一个重要联结点，那就是他所挚爱的中国文学。1961 年 5 月 25 日，他在就任牛津大学汉学教授的就职演说中，曾经明确说，“我们的任务是教学文学。如果大学不是用文学，即不是用本身值得阅读的书籍来教授语言，那末，至少我就不愿意做一名大学教师”[①]。当汉学教授与文学翻译这两种身份和事业发生矛盾的时候，为了能够专心从事文学翻译，他宁愿放弃教授的身份。这种态度不仅能够说明他的《红楼梦》英译本取得重大成就的原因，也说明了他一开始对文学翻译是如何投入。

与那些学究式、经院式的研究不同，霍克思希望他的汉学研究能够对一般读者理解中国文学有所帮助，特别希望他的译本能够被广大读者所接纳。因此，他特别注意译本的可读性，提高译文的文学水平，也就是在“信”之外，力求“达”“雅”。在这一方面，他深受英国著名汉学家、翻译家魏理的影响。魏理曾经描述过自己的翻译步骤：第一步先理解原文，将文意牢记在心，然后在不看原文的情况下，用译文写出原文之意；第二步再以译文与原文对照，做必要的推敲、修改和润色。霍克思的翻译也是如此。他自认为其译文介于直译（literal translation）与意译（free translation）之间，而更偏向于自由度较大的意译一些。所谓的“自由度”，其实是指不强求译文与原文之间僵化对等，而追求两者语意感觉的动态平衡，不求形似，只求神似。这一点也是受了魏理的影响。从一定意义上说，魏理是霍克思步入汉学研究生涯的引路人之一。当他决定学习中国文学之初，魏理给予他很大的鼓励和支持。本书的完成，自然也得到了魏理的帮助。在本书《前言》中，霍克思特别感谢了魏理。

作为译本，《楚辞：南方之歌》不仅忠实于原文，而且优美流畅，其文学水平得到了所有评论者的好评。霍克思匠心独具，巧妙地再现了

---

① David Hawkes, Chinese: Classical, Modern and Humane, *Classical, Modern and Humane: Essays in Chinese Literature*, HongKong: The Chinese University of Hong Kong Press, 1989, pp. 3–23。此处用裘克安译文，《古典、现代和人文的汉学：汉学教授戴维·霍克思就职演说》，载裘克安编著：《牛津大学》，湖南教育出版社，1986 年，页 156—180，引文见页 180。

《楚辞》的修辞形式与辞章之美，有不少译文堪称神来之笔。例如[①]：

屯余车其千乘兮，There I marshaled my thousand chariots,

齐玉轪而并驰。And jade hub to jade hub we galloped on abreast.（页 34）

这个例子出自《离骚》。将“齐玉轪”译为 jade hub to jade hub，不仅词信意达，而且传达了原诗所描绘的那个百车千乘齐头并驰场面的神韵。再如：

心不怡之长久兮，It is now a long time since my heart has known happiness,

忧与愁其相接。Grief comes following sorrow and sorrow following grief.（页 60）

这个例子出自《九章·哀郢》。表面上，原文第一句用的是简单句加否定句式，而译文则是复合句加肯定句式，完全不同，但从整体语感上体会，则二者心心相印，丝丝入扣。第二句译文更妙，Grief comes following sorrow and sorrow following grief 不仅译出了原文所谓忧愁相接之意，而且通过 grief（忧）sorrow（愁）二字的巧妙排列，回环蝉联，在视觉上强化了“忧与愁其相接”的感觉，修辞之妙甚至有过于原文。再如其所译《礼魂》：

The rites are accomplished to the beating of the drums, 成礼兮会鼓，

The flower-wand is passed on to succeeding dancers. 传芭兮代舞。

Lovely maidens sing their song, slow and solemnly. 姱女倡兮容与。

Orchids in spring and chrysanthemums in autumn, 春兰兮秋菊，

---

① 杨联陞先生曾经注意到以下这两个例子，参看 Lien-Sheng Yang, Review: Ch'u Tz'u: The Songs of the South, An Ancient Chinese Anthology, *Harvard Journal of Asiatic Studies*, Vol.23 (1960–1961), pp.209–211。

So it shall go on until the end of time.　　　　长无绝兮终古。

译文无论在外形与句意上，都与原诗一一对应，显示译者对全诗节奏的把握相当准确。“容与”译作 slow and solemnly，优雅得体，还巧妙传达出了双声词的特殊韵味。

《礼魂》是《九歌》的最后一篇。将魏理和霍克思的两种《九歌》译本放在一起比较，是饶有趣味的。这不仅因为两位翻译家都生活在英国，居处相近，情同师生，而且因为这两种英译本在出版时间上距离如此之近。魏理翻译的《九歌》初版于 1955 年，次年即重印。[①] 其时，霍克思刚刚完成关于《楚辞》的博士论文，不久后即将其修订出版。在这一过程中，两人自然有不少接触，霍克思在《前言》中自承得到了魏理的很大帮助和鼓励，而魏理在其《九歌》译本的《前言》中，也感谢霍克思为其阅读译稿并提供意见。在这种背景之下，比较两种译本的异同，从“同”中窥见二人的相互影响，从“异”中体会两位翻译家各自不同的理解，以及各自对自己观点的坚持，是引人入胜的。魏理认为《国殇》和《礼魂》两篇与前九篇性质不同，可能不在最初的《九歌》系列之中，因此，其所译《九歌》只有前九篇。[②] 霍克思则遵从传统的看法，将这两篇视为《九歌》不可分割的组成部分。至于对具体作品的理解与翻译，两家也颇有不同。基本上，魏理认为《九歌》是巫师或女巫表演时所唱，是巫师或女巫的独唱，或者是巫师与神灵之间的对唱；而霍克思则认为《九歌》表现的是当时楚国宫廷的祭祀歌舞场面，很多场合属于合唱。反映在译文中，魏理的译文多为单数人称，而霍克思的译文多为复数人称。

---

① Arthur Waley, *The Nine Songs: A Study of Shamanism in Ancient China*, London: George Allen and Unwin Ltd., 1955.

② 魏理在《汉诗 170 首》中翻译了《国殇》，在《汉诗续译》(*More Translations From the Chinese*) 又翻译了《大招》。二诗后来都收入其《中国诗选》，魏理还对《国殇》做了较大修订。参看《楚辞：南方之歌》，页 216。

姑以《九歌》第一篇《东皇太一》为例。先录原文如下：

吉日兮辰良，
穆将愉兮上皇。
抚长剑兮玉珥，
璆锵鸣兮琳琅。
瑶席兮玉瑱，
盍将把兮琼芳。
蕙肴蒸兮兰藉，
奠桂酒兮椒浆。
扬枹兮拊鼓，
疏缓节兮安歌，
陈竽瑟兮浩倡。
灵偃蹇兮姣服，
芳菲菲兮满堂。
五音纷兮繁会，
君欣欣兮乐康。

魏理的译文如下：

The Great Unique (Monarch of the East)

On this lucky day, good in both its signs,
Let us in reverence give pleasure to the Monarch on high.
I hold my long sword by its jade grasp,
My girdle-gems tinkle with a *ch'iu-ch'iang*.
From the jeweled mat with its jade weights,
Why not now take the perfumed spray?
Meats I offer, flavoured with basil, on strewn orchids laid,

I set out the cassia-wine and peppered drink.

Now the sticks are raised, the drums are struck,

To beats distanced and slow the chanters gently sing,

Then to the ranks of reed-organ and zither make loud reply.

The Spirit moves proudly in his splendid gear,

Sweetest scents with gusts of fragrance fill the hall.

The five notes chime in thick array,

The Lord is pleased and happy, his heart is at rest.

霍克思的译文如下：

Tung Huang T'ai I (The Great One, Lord of the Eastern World)

On a lucky day with an auspicious name,

Reverently we come to delight the Lord on High.

We grasp the long sword's haft of jade,

And our girdle pendants clash and chime.

Jade weights fasten the god's jeweled mat,

Now take up the rich and fragrant flower-offerings.

The meats cooked in melilotus, served on orchid mats,

And libations of cinnamon wine and pepper sauces!

Flourish the drumsticks and beat all the drums!

The singing begins softly to a slow, solemn measure,

Then, as pipes and zithers join in, the singing grows shriller.

Now the priestesses come, splendid in their gorgeous apparel,

And all the hall is filled with a penetrating fragrance.

The five sounds mingle in a rich harmony,

And the god is merry and takes his pleasure.

很显然，两家对篇名《东皇太一》的翻译就不同。这基本上还只是用字的不同，理解上并没有太大的差异。某些句子译文在用词上，两家也大同小异。但是，第三、四句魏理译文用第一人称单数（I, my），而霍克思译文则用第一人称复数（we, our），体现了两家对这一场景理解的不同。[①] 总的来看，霍克思译本显然后出转精，译文比魏理更加准确。比较明显的例子是“吉日兮辰良”一句和“璆锵”一词的理解。

《楚辞》中花草之名甚多，这是翻译者所面临的严峻考验之一。一方面，古代汉语中的这些专名有的今天也无法确认；另一方面，即使可以确认，也往往是一个植物学上的学名，简单植入文学翻译之中，亦难以传达其文学意蕴。对此，霍克思对此做了灵活机动的处理：有时根据中文字面创用新词，如将《离骚》中的“揭车”译作 cart-halt，以突出其形象性；有时借用某一拉丁文名词而加以英语化，以渲染其古典氛围；有时则在英语植物种属名前加上某个修饰限定词，以暗示其意蕴。还有一些花草名早有传统译法，沿用已久，例如，西方汉学著作一般将“兰”译为 orchid，若严格从植物学意义上说，这是不对的。然而此译名行之已久，约定俗成，霍克思明知其不对，亦不再另起炉灶，仍旧照用，以免造成更多困扰。显然，正如霍克思所指出的，这种做法不合科学，但是为了解决文学翻译中的问题，不得不采取这样的权宜之计。这也显示了霍克思译本对于文学性的格外强调。

《楚辞》一书历经两千多年的传承，版本众多，其中包括很多异文及通假字。这不仅牵涉到版本流传及文学传播的问题，也关系到字句解释及作品理解问题。霍克思参考了古今各家注本，其中，闻一多的研究

---

① 参看 K. P. K. Whitaker, Review: Ch'u Tz'u: The Songs of the South, An Ancient Chinese Anthology, *Bulletin of the School of Oriental and African Studies, University of London*, Vol. 23, No. 1 (1960), pp. 169–170。

成果特别是其《楚辞校补》对其启发最大。因此，在本书《前言》末段的致谢名单中，他特别提到这位学者的名字，尽管彼时闻一多已经去世十余年。版本校勘和文字确定，最能显示专家的学术水平，但读者一般对此没有多大兴趣。因此，霍克思在修订其博士论文时，删去了初稿中原有的大部分烦琐注释，只保留少数简注。对于某些确有必要解释的版本及文字校订问题，他干脆将其统一放在附录中（页 183—210）加以说明。这就使译文眉目清楚，便于阅读。关于霍克思译本对文字的校订，这里姑举三例以做说明。在某些《楚辞》版本中，《离骚》"指九天以为正兮，夫唯灵修之故也"二句之下有"曰黄昏以为期兮，羌中道而改路"二句。宋代学者洪兴祖《楚辞补注》首先提出，这两句当是衍文，因为在更早的汉代王逸《楚辞章句》中，并没有对这两句加注，这两句中已经出现的"羌"的字义，也只是到了后面出现时才加注。这说明王逸所见本当时并无此二句。霍克思采纳了洪兴祖的意见，在这一点上，他与 1958 年初版的马茂元《楚辞选》英雄所见略同。[①] 这个例子说明霍克思善于吸收利用前人的校订成果。在《离骚》中，有"苟余情其信姱以练要兮，长顑颔亦何伤"二句。上句句式特长，且一句之中有三个虚字，显得与众不同。霍克思援引《离骚》"苟余情其信芳""苟中情其好修兮"这两个构造相似的句子为例，证明此句可能涉下文"虽好修姱以鞿羁兮"一句而误，"以练要"可能是衍文。[②] 因此，他在译文中就不再翻译这三个字。他还认为《天问》一篇多有错简，并根据用韵、句法及语意，提出"厥萌在初，何所意焉"二句，其中"何所意焉"应作"谁所忆焉"，应移置"璜台十成，谁所极焉"之后，"登立为帝，孰道

① 此书《前言》作于 1957 年，页 180 引书缩略说明中亦未提及马茂元《楚辞选》，可见霍克思在此书出版之前，没有见过马茂元《楚辞选》。

② *Ch'u Tz'u: The Songs of the South, An Ancient Chinese Anthology*, p. 184.

尚之”应在“女娲有体，孰制匠之”之后；他还参考闻一多、郭沫若等学者的观点，对“何环穿自闾社丘陵，爰出子文”以下诸句的错简做了校正。这些例子说明霍克思对文本的校订也能进行独立思考，并提出自己的看法。

除了全文翻译及附加脚注之外，每篇作品之前还有类似题解的说明，要言不烦，往往融入作者的研究心得，间有辨析，值得注意。例如在《离骚》篇的解题中，作者比较了《离骚》中所体现的屈原形象与《史记·屈原贾生列传》所描述的屈原形象之间的异同；又指出，《离骚》最后两句“既莫足与为美政兮，吾将从彭咸之所居”，究竟是作者真实的告白还是比喻性的写法，关系到我们对全诗的理解。作者还简单分析了《离骚》中的神游描写，强调其背后的巫文化渊源、其所产生的文学影响以及艺术意义，观点颇有启示意义，也对译本读者具有重要的引导作用。

附考部分是五篇小考证，对《离骚》原文翻译及理解中的几个难点，包括“摄提”“荃”“灵修”“女须”“兰”“椒”等，提出自己的看法。传统注家多以为此处“兰”隐指楚怀王之少子子兰，“椒”隐指楚大夫子椒，霍克思则认为，“子椒”只是注家的想象，并没有得到史料文献的支持，子兰之说也同样没有根据。另一方面，《离骚》中这一类香草确实隐喻某些现实人物，只是我们现在无法确认这些人是谁。

总之，霍克思的《楚辞》翻译，不仅为西方汉学研究提供了一个中国文学经典的基本文献，也为丰富世界文学宝库做出了贡献。此书虽以翻译为主，然而，其总论、题解、校注及附考部分，却时见译者个人的研究见解。他的《楚辞》英译以及其他有关《楚辞》的研究成果，至今仍然受到中西学术界的重视。西方汉学家论著中涉及《楚辞》，经常征引此书。1983 年，台北华正书局出版了史墨卿《离骚引义》，书后所附英文翻译即是采用霍克思的译本，可见霍克思译本在中文学界的影响。

此书出版之后，霍克思还继续关注《楚辞》研究的课题，并发表了两篇十分重要的论文。第一篇是1967年发表于《大亚细亚》(或译为《泰亚》)上的《神女之探寻》[1]，另一篇则是《帝高阳之苗裔考》[2]。其中提出了不少有价值、有启发性的观点，两篇文章尤其是前一篇论文也经常被《楚辞》研究者征引，只是已逸出本文论题范围，只能以后再讨论。

(原载中国屈原学会编:《中国楚辞学》第18辑，
学苑出版社，2011年)

---

① David Hawkes, The Quest of the Goddess, *Asia Major*, New Series, Vol. 13, Parts 1-2 (1967)。笔者曾译为中文，参看《神女之探寻：英美学者论中国古典诗歌》，页28—52。

② David Hawkes, The Heirs of Gao-yang, *T'oung Pao,* Second Series, Vol. 69, Livr. 1/3 (1983), pp. 1-21，后收入其论文集《古典、现代与人文：中国文学论集》(*Classical, Modern and Humane: Essays in Chinese Literature*)。

拾叁
普林斯顿大学版《唐史研究手册》评介

1986年，美国普林斯顿大学出版社出版了两卷本《唐史研究手册》（Denis C. Twitchett and Howard L. Goodman ed., *A Handbook of T'ang History*, Princeton: Princeton University Press, 1986）。这是当时普林斯顿大学出版社出版的、由著名汉学家牟复礼（Frederick W. Mote）教授主持的“研究手册丛书”（*Research Manual Series*）中的一种。主编之一的崔瑞德（Denis C. Twitchett, 1925—2006）教授是驰名欧美的汉学名家，曾先后执教于英国伦敦大学、美国普林斯顿大学等名校，在唐史研究方面尤其学有专精，成就卓著，著有《唐宋时代的土地占有与社会秩序》（*Land Tenure and the Social Order in T'ang and Sung China*, London: School of Oriental and African Studies, University of London Press, 1962）、《唐代财政管理》（*Financial Administration under the T'ang Dynasty*, Cambridge: Cambridge University Press, 1963）、《唐代正史的撰写》（*The Writing of Official History under the T'ang*, Cambridge: Cambridge

University Press, 1992）等专著多种，曾主编《剑桥中国隋唐史》等。另一位主编是顾浩华（Howard L. Goodman），博士毕业于普林斯顿大学，专攻中古中国的历史文化，曾长期主编学术刊物《大亚细亚》。他在研究手册编写方面富有经验，他与牟复礼教授共同主编的《明史研究手册》（*A Research Manual for Ming History*）在1984年刚刚由同一家出版社出版发行。无论怎么说，在这本书出版十年之后才来对它进行评介，确实有些太晚，经过时光的淘洗，书中的某些材料和观点也许已不再新鲜如昨，但它独特的框架和新奇的构思仍然能给我们一些有益的启示。

一、第一卷

《唐史研究手册》号称两卷本，其实主要内容都在第一卷里。第一卷也可以说是本书的正编，它包括四个部分。第一部分是概论，除了介绍西方研究唐史的历史概况及其现状，概括说明本书的功用及其构成之外，重点是最后一小节《设定历史舞台》（Setting the Stage）。唐史研究千头万绪，有价值的课题不胜枚举，这样一册二百多页的研究手册显然不能面面俱到。为此，在唐代经济史研究上造诣尤深的编者将本书所面对的唐代广阔的历史舞台，设定在"开元时代的赋税改革"这一幕上。通过编者的巧妙安排，读者的注意力也被聚焦到这一专题上来。显然，这是一个经济史或者说是制度史的课题，历史的线索原已贯穿其中，但编者以其为中心，以点带面，兼涉其他，又收到了一举多得的功效。

值得特别注意的是《设定历史舞台》一节。为了使读者阅读下文时有一定的历史知识准备和思考的前提，编者提前在这里介绍了开元时代宇文融献策进行赋税改革的经过。开元中，御史宇文融献策检括地籍户口，调整赋税政策，检得八十余万户，地亦称是，得钱数百万贯，因而大得玄宗欣赏，权重一时，数年之间，擢拔多次，直至拜相。宇文融之政策与为人，在当时及后世毁誉不同。他曾被张说等嫉为小人、幸人，最终也因事去职遭贬，但他的政策却影响了继位者的作为，其中包括他所荐进的、颇受正统史家好评的宋璟。编者分析了宇文融何以以及在哪些方面备受攻击和指责，评述了宇文融登台的背景、括户策的具体实施及其利弊、实施过程中的助力和阻力、唐玄宗和其他大臣的立场及其不同反应、宇文融及其同党与皇帝的关系以及他们是否滥用权利的问题，描述了当时的社会文化背景、门阀与进士阶层的升降、当时的经济形势、官僚集团的利益与利害关系、宇文融的人事关系、他对后开元时代唐代政治经济发展的影响。编者意在指出，这个经济史或制度史的问题也可以从社会史、政治史、文化史等诸种角度来观察。编者特别强调，面对复杂的历史问题，简单的思考是远远不够的。我们不宜轻信任何史料，无论这一史料表面上看起来如何可信。因为留下这些史料文献的历史学家，都是聪明过人的人，他们都受过良好的文化教育和写作训练，文辞之中布满了典故和各类婉辞，也有可能掩盖了他们的真正旨意。总之，与我们一样，这些历史学家也有他们的立场和态度，有他们的情感乃至偏见，而这些都有可能影响他们的历史叙述的公正性和客观性。作为后来的历史研究学者，我们的任务就是要跨越这重重障碍，去发现历史的真实，去尽可能把握事实的真相。曾经沧海的老学者的这些甘苦之言，也可以说是对刚开始踏入这块研究领域的年轻学子的告诫。这已超出方法论的范畴，而进入史学理论的领域了。

第二部分，介绍重要的唐代史料和唐代研究方面的参考工具书。这一部分将唐代史料分作正史、其他史籍和文集三大类，做了扼要介绍。正史类介绍了两《唐书》，并比较二书的异同；其他史籍类介绍了《通鉴》《通典》《唐会要》《册府元龟》等书；文集类着重介绍了《文苑英华》《唐文粹》《全唐文》等书。这些都是最基本的唐史文献，因此，介绍一般都包括成书经过、史料来源和版本情况诸项。其中，对两《唐书》和《通鉴》的详细介绍尤其是重点，有关唐代的史官建置、史料取舍、史书体裁以及后人对此诸书所作的各种注释补正，也在介绍中一一涉及。关于工具书，分作 Who（人物生平传记资料）、When（历法的换算与理解）、Where（行政区划与历史地理）、Writings（唐代作品存佚及篇名）、What happened（历史事件及综合性参考书），介绍了各种不同的参考工具书。

应该指出，近现代以来出版的中国文史工具书汗牛充栋，良莠不齐。其中有些至今仍有一定的参考价值，有些则错讹较多，已为后出的同类工具书所取代。对于中国文史领域的初学者，特别是西方文化背景的初学者来说，要从成排成架的工具书中辨识孰优孰劣，良非易事。因此，编者特别列举了一些已经过时的、尽可能不要使用的工具书，如三十年代出版的《中国人名大辞典》《中国地名大词典》《中国文学家大辞典》等书，以及 19 世纪末出版的翟理斯《中国传记辞典》（*A Chinese Biographical Dictionary*, London and Shanghai: Kelly and Walsh, 1898），这绝不是一项多余的工作。

第三部分是对早期有关开元赋税改革的重要记载的评述。编者先将《旧唐书·食货志序》和柳芳《食货论》两篇文献译为英文，并将二文与其他史籍中的记载做了比较，同时展开意在导读的分析。随后，编者布置了阅读计划和思考题，引导读者做进一步的思考和探讨。为了帮助读者理解文献中的专有名词，编者引经据典，示范性地对典章、制度、官名、地名、人名别称，乃至修辞手法，加以疏释，并逐步分层次指定阅读材料和研究题目。读者果能依其言而循序渐进，必会得到一次很好的实战训练，其收获自非仅停留于纸上谈兵者可比。

第四部分，是从传记的观点观察分析历史问题。编者围绕开元赋税改革献策者（schemer）宇文融的生平事迹，以查考其传记资料为例，既是侧面剖析全书所重点研判的开元赋税改革，也是读史方法的提示和传记研究的示范。编者指出，除了基本的传记资料之外，政典等补充史料也不应忽视。即使对基本传记资料，使用时也要十分小心。使用正史要将新、旧《唐书》对校，将两《唐书》与《通鉴》及其他政典对校，甚至还要将通行的中华书局校点本两《唐书》与百衲本或其他有价值的版本做一番校勘验证。在这一部分，编者有意设计了一场史料注释和校勘的练习，培养对史料的甄辨能力和怀疑精神，所提的问题包括：正史的记载是否一定可靠，中华书局校点本是否确实可信，某一事件有何含义，某二人关系又如何，等等。

从全书结构上看，第一、二两部分都属于概论和背景讨论性质，所不同的是，第一部分交代的是远景，第二部分描述的是近景。第三、四两部分则进入实质性的个案研判阶段，有很强的示范性和针对性。在这四个部分之外，本书还附有一个较详尽的书目，包括 A：有关唐史研究的西语著作；B：唐代经济史研究专著选目；C：本书引用的唐代研究工具书；D：本书引用的中文文献；E：本书引用的有关唐史、唐史学史和校勘学的著作。需要说明的是，自 1986 年以来，中国大陆的唐代研究发展迅速，一批 1986 年以后新出或 1986 年以前出版而本书编者未及见的资料参考书、各种索引辞典之类的工具书以及研究专著，还未被纳入本书的视野。略举数例，以见一斑。资料参考书如《唐代文学研究》（丛刊）、《唐代文学研究年鉴》、《全唐诗补编》等；索引辞典之类如《新旧唐书人名索引》（两《唐书》索引合为一种，共三册。手册误析为两种，当是未见到原书所致）、《唐五代五十二种笔记小说人名索引》、《唐五代人交往诗索引》、

《唐诗大辞典》、《中国文学家大辞典（唐五代卷）》等；研究专著之类如《唐刺史考》《元和姓纂四校记》《全唐诗人名考》等。如果本书有机会修订重版，将这些书目增补进去，对本书的使用者无疑大有裨益。

二、第二卷

第二卷是本书的附篇，附录有关中文文献（Chinese Text）十九篇，依次为：（1）傅璇琮先生撰《唐五代人物传记资料综合索引序》，（2）《旧唐书》卷四八《食货志序》，（3）《文苑英华》卷七四七柳芳《食货论》，（4）《全唐文》卷三七二柳芳《食货论》，（5）《旧唐书》卷一〇五史臣评、赞，（6）《旧唐书》卷九八史臣评、赞，（7）《旧唐书》卷一〇五《宇文融传》，（8）《新唐书》卷一三四《宇文融传》，（9）《全唐文》卷三〇三宇文融《定户口疏》，（10）《全唐文》卷二九《贬宇文融汝州刺史制》，（11）《全唐文》卷二九《遣使宣抚河南北道诏》，（12）《全唐文》卷二九《遣使宣抚河北诏》，（13）《全唐诗》卷一〇八宇文融《奉和圣制……宴都堂赐诗》，（14）《新唐书》卷七一下《宇文氏世系》，（15）《通典》总目，（16）《册府元龟》总目及第一册目录，（17）百衲本《旧唐书·宇文融传》，（18）《旧唐书》卷一五《玄宗本纪》选段，（19）《旧唐书》卷一〇〇选段（有关宇文融的段落）。

除了第一篇以外，另外的十八篇都是原始文献，也可以说是第一手的史料。这些文献的选择，都是结合本书的意图，反映了编者的良苦用心。第二至六篇反映了传统史家对这一历史事件的各种不同看法。第七、八两篇是宇文融最主要的传记资料。第九至十二篇是关于这一历史事件的一些原始材料。第十三、十四两篇是关于宇文融传记的背景材料。第

十五、十六篇意在使读者对政典类类书有一个基本认识。第十七篇可与七、八两篇配合使用。第十八、十九两篇，则是从其他地方搜寻而得的有关宇文融的材料。这十八篇基本上已涵括了有关宇文融及其财政献策的主要内容，是构成本书的最主要的文献躯干。而傅璇琮先生的那篇长篇序言，对唐五代各种有关人物传记的文献史料的源流及详略得失，有很全面的阐述，对其史料价值的评析和真伪的甄辨，也有很具体的例证，对初学者能起到很好的引导启发作用。本书的编者将这篇序言放在"中文文献"的首要位置，就是着眼于它的津梁作用。

编写研究手册、指南之类的书，最容易陷入带评注的书目罗列或者漫无核心的史料选读之类的窠臼。展示发现问题的经过和寻求解决问题的途径，亦即展示一个完整的研究工作的全过程，往往为这一类书的编写者所忽视。其实，大多数的史学思考、方法运用，也正包含在这一过程当中。面对一项已经完成的研究，训练有素的学者，也许可以一眼看到史料的关键部位和论析的要害之处；初学者则可能只有"鸳鸯绣好从君看"的惊叹和迷惑，却无从发现金针从何下手、针针线线又是如何连接的。《唐史研究手册》则通过点面结合，博而能约，又注重实例研判，有很强的实践性、可操作性，从而显示了自己的特色和价值。从这一角度来说，这本手册正如一个老学者在面对一群初学者，不厌其烦地将一项大课题的研究过程的正面、侧面，细细剖析，娓娓道来，可谓是巧度金针了。记得十余年前，周勋初师给我们讲授"近现代学者治学方法"课时，曾以王国维、陈寅恪诸前辈大师的著名论文为例，结合对该论题的研究历史及现状，以学术史和方法论双线相辅，溯源竟流，指点前辈功力深湛、论析精妙之处，缕缕叙来，倍感亲切，今日读此书，正有类似的感受。

（原载《古籍整理出版情况简报》第228期，1997年6月10日）

拾肆
千古惊知己
——法国汉学家侯思孟的阮籍、嵇康研究

一、引言

2003年，由美国汉学研究界两大名家柯睿教授和康达维教授联袂主编的论文集《中国中古前期文学与文化史研究——马瑞志、侯思孟纪念论文集》在美国出版。这册论文集标题中的“中古前期”（Early Medieval）是欧美汉学界惯用的一个术语，指的是从建安直到唐朝建立为止的大约四百年时间[①]，差不多相当于中国学术界通常所谓的魏晋南北朝时期。实际上，这册厚达469页的论文集所收录的十篇论文，都是北美汉学界有关魏晋南北朝文史研究领域的最新成

① 关于early medieval（China）具体起讫的时间点，各家说法又小有不同，这里采用本书主编在《序言》中的说法。

果。[①]论文集标题中提到的马瑞志和侯思孟两位教授，则是欧美汉学界的名宿，尤其以在魏晋南北朝文学与文化史研究方面的卓越成就而名扬四海。算一算，在论文集出版的那一年，马瑞志教授已经寿登九十，而比较年轻的侯思孟教授也已经年近八十。马瑞志教授长住美国，而侯思孟教授长住法国，将大西洋两岸这两位年纪相差十三岁的汉学家相提并论，完全是因为他们都将毕生精力献给了一个共同的事业——魏晋南北朝文学和文化史的研究。两位同样高寿的学者，也同样有着长久的学术生命，延续将近半个世纪，堪称学林佳话乃至学界奇迹。这册论文集的出版，正是以论学的方式向这两位前辈的学术成就致敬。

在二十世纪五十年代以前，整个欧美汉学界的魏晋南北朝文学和文化研究乏善可陈，几乎看不到什么严谨、厚重而精密的专门研究，更缺乏独树一帜的领军人物。时至今日，这一局面已经完全改观了。一个有目共睹的事实是，自二十世纪五十年代以来，欧美汉学在魏晋南北朝文学与文化研究领域开拓良多，在很多方面都取得了长足进步，令人刮目相看。回顾这一历程，马瑞志和侯思孟这两位先生居功至伟。他们以各自取得的丰硕成果，显著提升了论著水平，奠定了坚实的研究基础，开创了全新的学术局面，同时也为后来者树立了崇高的标准和良好的榜样。可以毫不夸张地说，他们是近六十年欧美魏晋南北朝文学和文化研究领域的两面旗帜。

追溯往昔，马瑞志和侯思孟走上汉学研究的人生道路，并选择魏晋南北朝文学和文化研究为主攻方向，有着各自不同的时代背景与人生机

① 作者之中，只有苏瑞隆目前不在美国，而任教于新加坡国立大学，但苏瑞隆是在美国西雅图华盛顿大学获得博士学位，师从康达维教授，因此其论文在一定意义上也可以说是美国汉学界的成果。

缘，可谓殊途同归，不谋而合。在这个共同的研究领域中，马瑞志教授主攻后半段也就是南北朝文学和文化，而侯思孟主攻前半段也就是魏晋文学和文化，虽然有时候难免有一些交叉重叠，但基本上，两人方向明确，重点突出，好像有一个默契的分工，彼此的工作正好可以互补。①

在魏晋文学与文化研究中，竹林七贤显然是无可回避的一个重要课题，而在竹林七贤研究中，阮籍和嵇康又首当其冲。无论从历史地位还是文学贡献来看，抑或从现存的文献资料来说，阮籍和嵇康都是竹林七贤研究的“重中之重”，这一点是没有疑问的。不妨以今人韩格平的《竹林七贤诗文全集译注》② 为例做一说明：此书正文共 612 页，《阮籍集》和《嵇康集》的译注已占去 561 页，约合全书的 91.7%。关于阮籍与嵇康在竹林七贤研究中的重要性，这个数字也许可以给我们一个直观的印象。当然，冷冰冰的数字虽然精确，却无法完整而生动地显示阮籍和嵇康在中国历史上的重要性，也不能够解释侯思孟当年为何选择阮籍和嵇康作为自己踏入汉学之门最初的研究课题。要理解这一点，还必须从侯思孟特殊的学术训练和个人兴趣说起。

二、侯思孟的汉学道路

侯思孟的汉学道路颇有与众不同之处。1953 年，这个出生于美国芝加哥、年方二十七岁的小伙子，就以一篇《阮籍及其诗歌》(Yuan Chi

① 这本论文集之前附有马瑞志教授和侯思孟教授的传略和相当详尽的论著目录，可以参看。
② 韩格平注译：《竹林七贤诗文全集译注》，吉林文史出版社，1997 年。

and His Poetry）的博士论文，获得了美国名校耶鲁大学的博士学位。[①]不久，他就应聘到密西根大学任教。密西根大学乃是当时美国中部汉学研究之重镇，能在这个大学获得教职绝非易事。侯思孟少年出道，春风得意，他完全可以安于现状，按部就班，循着这条康庄大道稳步前进。耶鲁大学的汉学教育和密西根大学的学术环境，已为他未来的发展铺就平坦通途，这是可以预期的事。事实上，从耶鲁大学毕业才两三年，他已经在学术界崭露头角了。仅 1955 和 1956 两年，他就在日本、欧洲和美国发表了五篇重要论文[②]，不能不引人注目。

然而，出人意料的是，侯思孟并未故步自封。这个初出茅庐的年轻人又远赴巴黎，师从当时法国汉学界的泰斗戴密微，攻读第二个汉学博士学位。1957 年，侯思孟以一篇题为《嵇康生平与思想》的优秀论文，获得了巴黎大学的汉学博士学位。同年，这篇论文便作为哈佛燕京学社的专著丛书之一，在荷兰莱顿 E. J. Brill 出版社出版。

先后在欧洲和美国接受不同的汉学教育，拥有美国和法国两大名校的两个博士学位，这样独特的学术经历当然是足以自傲的，但是，对侯思孟来说，这绝不只是为了在自己的履历上增加一个博士学位而已，也不只是为了更好地掌握法文。环顾现当代西方汉学界，精通中西多种语言的高手并不罕见，能够像侯思孟那样娴熟自如地运用英文和法文两种

① 根据侯思孟《诗歌与政治：阮籍生平与作品》（以下除非特别需要，一律简称《阮籍生平与作品》）之《自序》。《侯思孟传略》同此。此传附载《中国中古前期文学与文化史研究——马瑞志、侯思孟纪念论文集》卷前。此书主编柯睿教授和康达维教授都是侯思孟多年老友，传略中记录侯思孟生日准确到月日，其所述侯思孟获耶鲁大学博士学位的时间应当可信。笔者也注意到，胡万川在其《山居幽趣话嵇阮——访侯思孟教授》中，称侯思孟“1955 年左右获得耶鲁大学中国文学博士”，且此说颇有流传。1955 年距离侯思孟获得第二个博士学位（1957 年）时间过短，故不取信。胡万川文载其所著《海外存知己——西欧汉学家专访》，（台北）时报文化出版事业有限公司，1985 年，页 70—76，引文参看页 71。

② 具体篇目参看《侯思孟论著目录》（*Bibliography of Donald Holzman*），附载《中国中古前期文学与文化史研究——马瑞志、侯思孟纪念论文集》卷前。其中四篇将在下文提到。

语言进行汉学论文写作的人，虽然不是绝无仅有，也并不多觏。对侯思孟来说，巴黎大学的汉学博士学位，最重要的是，意味着他对法兰西汉学传统的认同、服膺与继承。必须强调，他的导师戴密微教授正是有着一百多年历史、当时已岌岌可危的法兰西汉学传统的正宗传人和坚定的守护者[1]，正是他将侯思孟真正引入法兰西汉学界，使之承继法兰西汉学的深厚传统，这个学术影响是全面而深刻的。1976年，侯思孟出版了专著《阮籍生平与作品》。虽然此书是以他的耶鲁大学博士论文为基础修订而成的，他却将此书题献给巴黎大学博士论文的导师戴密微，这一举动本身是耐人寻味的。换句话说，第二个博士学位对侯思孟学术生涯的影响，明显大于第一个博士学位。此后，侯思孟选择留在法国工作，虽然不时应邀到美国、亚洲各地讲学，却一直是法国汉学圈的重要一员。

另一方面，从侯思孟后来的众多经历来看，远赴法国攻读第二个博士学位也可以说是意料之中的事。法国当代史学家布洛克说过："历史学家这一行业，我认为是在从事找寻、发掘与重构的工作，这是一项美妙的行业，但也是一项困难的行业，要做得好，必须投入相当的工作，拥有许多不同领域的知识，以及具有一项真实的智识力量：好奇、想象、组织能力、清晰的表达，与公正不偏颇的思想，并具有对不同类型的人的感受力。"[2]侯思孟不仅具备历史学家的这些素质，在他的学术个性中，还有非常鲜明的挑战艰难以及不断迎接新考验的素质。选择一般西方人心目中无比艰难的汉学学科为自己的专业，选择中国文学中号称最为晦涩难解的阮籍《咏怀诗》为自己的博士论文题目，都是这种学术个性的表现。

---

① 参看《侯思孟传略》。

② ［法］艾田·布洛克（Etienne Bloch）:《我的父亲马克·布洛克》，载赖建诚译著:《年鉴学派管窥》，（台北）麦田出版有限公司，1996年，页318。

早自十九世纪开始，以法兰西汉学为代表的欧洲汉学，就已形成了一种重视语文学研究的传统。进入二十世纪，法国汉学家伯希和、戴密微等人仍然非常强调语文学的修养，强调从基本文献的翻译与解读出发，力求阅读之精细、理解之准确、解析之深入。从这一方法论的角度来看，阮籍和嵇康无疑是最为恰当的解剖对象。在研究阮籍的过程中，侯思孟不仅翻译了阮籍全部 82 首五言《咏怀诗》，而且翻译了阮籍现存所有赋作以及大部分散文作品。在研究嵇康的时候，他也同样从基本文献的译解入手，逐字逐句地细读、阐释嵇康的诗赋作品。嵇阮尤其是阮籍的诗作典故满纸，语言隐僻，旨意幽微，在中文学界向来号称难解，以西文（英文或法文）译解，更被一般人视为畏途。侯思孟广征群籍，遍参旧注，破解了许多难点，在数典释义方面也提出了一些富有创意的新见解。这在体现他的学术个性的同时，也展示了他的学术功力。

西方汉学，尤其是法国汉学，早就重视从人类学、宗教学、社会民俗学以及思想史（包括哲学史和宗教史）等角度，对中国古代文学和文化进行多角度的综合研究。戴密微本人即重视对中国思想史、中国佛教与道教文化的研究，葛兰言借鉴社会学的研究方法，从节日、舞蹈、宗教等角度研究《诗经》以及中国文化的成果，都对包括侯思孟在内的后代学者产生了影响。[①] 据侯思孟回忆，在年轻的时候，他曾经颇为迷恋道家思想，希望过一种潇洒放逸的生活。[②]《世说新语》等历史文献中所层

---

① 关于戴密微的学术，参看［法］侯思孟：《戴密微讣告》（Obituary: Paul Demiéville），*Journal of the American Oriental Society*, Vol. 99, No. 3 (Jul. -Sep., 1979), pp. 553-555。关于葛兰言，参看［法］戴密微著，胡书译：《法国汉学研究史概述》，原载阎纯德主编：《汉学研究》第 1 集，中国和平出版社，1996 年；又收入张西平编：《欧美汉学研究的历史与现状》，大象出版社，2006 年，页 183—222。

② 《海外存知己——西欧汉学家专访》，页 76。

累出来的竹林七贤神话，阮籍、嵇康等人传奇式的人生故事，他们的思想与道家的关系等，这样一些课题自然容易吸引侯思孟。侯思孟在晚年编定的一本论文集《中古中国的神仙、节日与诗歌：社会史与思想史研究论集》中，曾标举其学术研究的社会史与思想史视角。其实，这些特色视角在其早年的嵇阮研究中就已体现出来了。或者换句话说，他之所以选择阮籍和嵇康作为自己的研究对象，正是因为这两个课题适用他情有独钟的这些视角。

对于中古之前的中国历史时期，西方汉学界有不同的称法。侯思孟有时将其称为古代（ancient），例如 1995 年他在台湾新竹清华大学所做的系列讲演《从上古到中古前期中国的山水欣赏：山水诗之产生》；有时将其称为上古（antiquity），例如他晚年编成的另一本论文集《中国文学从上古到中古的演变》。这两个题目的共同点是突出上古到中古的过渡与联系。在侯思孟眼中，作为从上古到中古演变的连接段，三世纪具有特别重要的意义。《阮籍生平与作品》一书开宗明义，在《绪论》（Introduction）第一段第一句就明确提出，“三世纪是中国历史上最伟大的转折点之一，是一个人们生活的各个方面都发生了诸多变化的时期”[①]。阮籍和嵇康不仅是这一历史时期的产物，在很大程度上，他们的生平和思想也构成甚至促成了这一历史时期的诸多变化。把握这一点，我们就能更好地理解侯思孟的嵇阮研究的独特视角，也能更好地理解嵇阮研究在侯思孟整个学术中的重要性。明乎此，也就明白：阮籍与嵇康进入侯思孟的研究视野，就有如水到渠成，顺理成章。

---

① 《阮籍生平与作品》，页 1。

三、侯思孟的阮籍、嵇康研究

前文已经提及，侯思孟的汉学道路是从阮籍研究开始的。但是，他最早发表的五篇论文中，却有两篇是关于阮籍所从属的那个群体——竹林七贤。1955 年，他在日本京都用英文发表论文《竹林七贤在中国历史上的地位》①。1956 年，他又在久负盛名的老牌汉学刊物《通报》上，用法文发表了长篇论文《竹林七贤与当时社会》②。同一年，他又在日本发表了两篇文章，分别讨论阮籍、嵇康与佛教或道教的关系。③此后，除了在嵇阮研究中涉及竹林七贤之外，他似乎再没有将竹林七贤作为一个群体单独拿出来讨论。这似乎表明，侯思孟已经超越了群体研究的阶段，而进入了专家研究的阶段。

在嵇阮研究方面，侯思孟的主要论著包括：

1.《嵇康与佛教》（论文，1956）

2.《阮籍与嵇康及其道家思想》（论文，1956）

3.《嵇康生平与思想》（专书，1957）

4.《阮籍生平与作品》（专书，1976）

5.《嵇康的诗歌》（论文，1980）④

---

① Donald Holzman, The Place of the Seven Sages of the Bamboo Grove in Chinese History, *Kansai Asiatic Society Occasional Papers* 3 (1955), pp. 1–13.

② Donald Holzman, Les Sept Sages de la Forêt des Bambous et la société de leur temps, *T'oung Pao*, Second Series, Vol. 44, Livr. 4/5 (1956), pp. 317–346.

③ Donald Holzman, Kei Ko to bukkyo 嵇康と佛教，*Indogaku bukkyogaku kenkyu* 印度学佛教学研究 4.2 (1956), pp. 488–491; Gen Seki to Kei Ko to no doka shiso 阮籍と嵇康との道家思想，*Toho shukyo* 东方宗教 10 (1956), pp. 1–20.

④ Donald Holzman, La poésie de Ji Kang, *Journal Asiatique*, Vol. 268 (1980), pp. 107–177, 323–378.

6.《阮籍四言咏怀诗真伪考》(论文，1989)[①]

7.《三世纪中国的抗议：阮籍与嵇康对司马氏篡位的反抗》(论文，1997)[②]

以上是按时间顺序排列的一个目录。除此之外，侯思孟还应欧美多种百科全书和专业辞典编者之约，撰写过阮籍、嵇康以及竹林七贤的条目[③]，这反映了欧美学术界对侯思孟在嵇阮研究方面所取得成就的充分肯定。由于这些条目主要是面向普通读者的，重点不在表达学者个人的学术观点，因此本文不做论述。

以上七种论著，表面上看数量不多，但其实是颇有分量的。特别需要说明的是第五篇。它是作为论文在《亚洲学报》上连载的，后来也被作者当作一篇论文，收入其论文集《中古中国的神仙、节日与诗歌：社会史与思想史研究论集》之中，实际上，此文长达127页，完全可以作为一种专书来出版，也应当作为一种专书来看待。此文在很大程度上弥补了《嵇康生平与思想》一书在嵇康诗歌翻译与阐释方面的不足，可以视为《嵇康生平与思想》的第三大部分。

《嵇康生平与思想》一书由两大部分组成。第一大部分为《概论》，共有三章。第一章《三世纪哲学的文艺复兴》，叙述嵇康所处的三世纪的思想史背景，为后续的研究奠定基础。第二章《嵇康的生平(223—262)》，根据史传文献以及诗文作品材料考述嵇康的生平，所占篇幅最

---

① Donald Holzman, On the Authenticity of the Tetrameter Poetry Attributed to Ruan Ji，载《“中研院”第二届国际汉学会议论文集(文学组)》上册，台北“中研院”，1989年，页173—200。后收入侯思孟论文集《中国文学从上古到中古的演变》，第四篇。

② Donald Holzman, Protest in Third-Century China: Ruan Ji and Ji Kang against the Sima Usurpers, in Jacques Gernet and Marc Kalinowski ed., *En suivant la Voie royale: Mélanges en hommage à Léon Vandermeersch*, Paris: Ecole Francaise d'Extreme-Orient, 1997, pp. 345-359.

③ 详细目录参看《侯思孟论著目录》。

多（页 12—51）。有意思的是，在这一章开头，作者据《世说新语》援引王隐、虞预《晋书》中的有关记载，考证嵇家姓氏之所出，并提出“嵇”姓应读同“奚”（Hi）。本书中对嵇康姓氏的拼法别出心裁，一律作“Hi”，就是以此条考证为依据的。[①]这一结论是否可靠可以另当别论，它确实体现了侯思孟研究中某些老派汉学家较真字句的特点。第三章《嵇康的思想》（页 52—79）重点以嵇康的作品为据探讨他的思想，认为从根本上说，嵇康的思想还是属于道家立场的。嵇康对于中国哲学思想尤其是道家思想是有原创贡献的。他所思考的问题虽然与老庄相同，但他将道家思想的重点转换到一个更个人化、更内省、更心理层面的基点之上。这种转换为当时正在进入中国的佛教开辟了思想史的道路。侯思孟认为，嵇康思想中这种强烈的内省倾向证明，内省倾向是中国思想史所固有的，早在佛教来到中国之前就已经存在了，只是其重要意义往往没有引起中国思想史研究者足够的注意。因此，在谈到佛教与嵇康的关系时，侯思孟突出的也是嵇康对佛教的影响，而不是佛教对嵇康的影响。

此书第二部分为嵇康四篇重要作品的翻译，包括《养生论》《黄门郎向子期难养生论》《答难养生论》和《释私论》。每篇译文都有颇为详细的注释，附于当页下方。实际上，这四篇论说文正是第一部分第三章论述嵇康思想部分的主要文献依据，与前文相辅相成。值得注意的是侯思孟对以往不太受人注意的《释私论》特别关注。在《释私论》题下，侯思孟有一段较长的说明，引证“释法用私”“释争”“释忿去争”“释罪”等用例，确定“释”不是“解释”，而是“释除”“放下”之意。在张溥

① 从上列第五篇和第七篇论文对嵇康姓名的拼写来看，侯思孟后来似乎不再坚持这种看法。但在第五篇论文篇末所附英文概要（Summary）中，侯思孟仍指 Ji Kang 又称 Xi（即法文 Hi）Kang，则他只是不拘执于 Xi（Hi）的读法，而并没有放弃自己的观点。Xi Kang 的读音在欧美汉学界流传颇广，影响颇大。

《汉魏六朝百三名家集》中，此篇题作《无私论》，其所据为《晋书》本传所云“又以为君子无私，其论曰”。实际上，这是张溥的误解与误题，但“释私”亦可作“无私”，正可佐证侯思孟对文题的这种理解是不乏根据的。近年才出版的《嵇康评传》中特设《是非与公私》一节，其论述几乎完全以《释私论》为依据，虽然未及参考侯思孟此书，看法却与侯思孟暗合。[①]

书的最后附有一段关于《嵇康集》诸种版本的简单介绍。接下来是《参考书目》[②]（Bibliographie），《书目》之后，是书中所征引及翻译的嵇康作品的中文文本（页 137—189），最后是全书的索引。

顾名思义，《嵇康生平与思想》的重点不在其诗歌。书中虽然译释了一些嵇康诗歌，但都是围绕相关论述展开，是为论题服务的副产品。书的第二部分只翻译论说文，未及诗歌。因此，从形式与内容两方面来看，《嵇康的诗歌》一文都确实可以看作是《嵇康生平与思想》一书的补编。此文第一部分为《概论》，介绍前人对嵇康诗文的评论，考述嵇康作品及其版本。第二部分至第六部分，大体按照诗歌的主题类型，分为写给兄长的诗、写给朋友的诗、哲学思考题材（尤其是道家神仙题材）的诗、自传诗等几组，逐一对嵇康的诗进行详细译释。第七部分则是结论，论述嵇康诗的特点及其历史地位。

此文译释了戴明扬《嵇康集校注》[③]第一卷所收的全部诗作，可以说对嵇康诗歌做了一个全面而详细的研究。嵇康写给其兄的诗，即《兄秀才公穆入军赠诗十九首》，是嵇康最为重要的一组诗作。《嵇康生平与思

① 童强:《嵇康评传》，南京大学出版社，2006 年。

② 《参考书目》中把“葛洪”误作“曷洪”（页 133）、“历代名画记”误作“历代明画记”（页 135）、“严可均”误作“颜可均”（页 136），皆应是正。另外，第二部分页 126 注 3“预让”应作“豫让”。

③ 戴明扬校注:《嵇康集校注》，人民文学出版社，1962 年。

想》中只翻译六首[①]，本文不仅对这六首的旧译颇有修订，又新译了这一组诗中余下的所有诗篇，并希望以对这些诗作的细读阐释为基础，呈现这一组诗的完整结构。比较新旧两种译本，明显后出转精，足见侯思孟汉学功力之精进，亦足见其治学态度之严谨认真。嵇康诗歌对《诗经》《楚辞》以及汉末以来诗歌传统的继承和弘扬，他的四言诗在内容与形式两方面的创新，在文中都有翔实论析。

侯思孟的阮籍研究起步甚早，但将其成果最终公开正式出版，已经是在二十余年之后。在本书《自序》(Preface)中，侯思孟难免感慨万千，既感叹当年选题之莽撞，又惭愧当年译文之粗疏。确实，理解阮籍其人及其诗文，学力固然重要，人生历练亦不可少。从美国到法国，从阮籍到嵇康，时隔多年再次回到阮籍，其学力眼光自非当年吴下阿蒙。[②]本书作者《自序》之后，是饶宗颐用汉字楷书书写的《题辞》。继以《魏晋帝王年表》(自曹操至司马炎)，以备不熟悉这一段历史背景的读者参考。正文部分，除了头尾的《前言》和《结论》之外，主体部分由十一章构成。按照作者的设计，这十一章略可分为三大部分。第一部分讨论阮籍生活的政治环境，包括第一章《曹魏早期君主》、第二章《东平》、第三章《刺杀与退缩》；第二部分讨论社会问题，包括第四章《反对形式主义》、第五章《儒学文章与对庄子的奇特理解》、第六章《社会与孤独》；第三部分探索阮籍的内心世界，包括第七章《女仙》、第八章

① 按：《兄秀才公穆入军赠诗十九首》包括五言一首，四言十八首，《嵇康集》以五言为第一首，《汉魏诗乘》以四言为第十九首。侯思孟依从《嵇康集》之顺序，五言诗列在最前，为第一首，十八首四言诗继之，但另为一个序列，序号从第 1 到第 18。《嵇康生平与思想》页 19—21 翻译的是第 6、7、13、16、17、18，共六首。

② 此书出版之后，柯睿，伊佩霞等人都撰写书评给予好评。据笔者检索 JSTOR 电子资料库，*T'oung Pao*、*Journal of the American Oriental Society*、*The Journal of Asian Studies*、*Harvard Journal of Asiatic Studies*、*Bulletin of the School of Oriental and African Studies, University of London*、*Pacific Affairs*、*Chinese Literature: Essays, Articles, Reviews* 等重要汉学刊物上共发表了七篇书评，可见其影响之广。

《追求长生》、第九章《神秘主义》、第十章《大人先生》、第十一章《诗歌》。某些书评人认为第四至第十章实际上都是讨论阮籍的哲学与宗教思想的，可以视为一体，只不过如此一来，则专论阮籍诗歌形式特点的第十一章便孤悬在外，全书结构的匀称感要差得多了。

由于现存文献史料的匮乏，绝大部分阮籍作品都无法准确系年，研究阮籍的学者同时面临着诱惑和困惑。所谓“诱惑”，是说阮籍幽渺隐微的表达习惯，诱使读者或研究家费尽心力去求取真解，甚至求之过深，过度阐释。所谓“困惑”，是说史料不足，注家纷纭，常常令人无所适从，怯言其志，甚至陷入不可知论的泥淖。在这一方面，《咏怀诗》最早的两位注家颜延之和沈约为后学确立了典范。黄侃先生道：“颜、沈二君，依文立解，尚无差谬。不摭字以求事，不改文以就己，斯其所长也。近人解《咏怀》者，类皆反之。余病之久矣。”[①] 对此，侯思孟的策略有二：其一是尽量多提供有关阮籍生平及著作的材料，以便读者自我判断；其二是既然生平事迹无法准确系年，其思想发展历程亦难有真切的描述，与其强为系年导致削足适履，不如依照主题分章叙述。但这样做也产生了新的问题。政治与社会本来难以截然区分，何况在这两大题目下又细分出若干小的专题。诗歌毕竟是文学，是一种特殊的史料，将某些诗文分列某一专题而不是另一专题之下，就难免引起争议，甚至使人产生作者将诗与史混同、使文与人界限模糊的印象。

作为一部评传来看，《阮籍生平与作品》是相当成功的。侯思孟从政治、社会、心灵各个角度，生动地描绘出了阮籍的形象。阮籍由儒入道，反对儒学的形式主义。他感到幻灭，主要是激于当时的政治现实，而不是针对历史上的儒学思想。与此同时，他也通过老庄思想、

---

① 黄侃：《阮步兵咏怀诗笺》，潘重规手钞影印本，（台北）学海出版社，1975年，页1。

神仙学说及神秘主义来寻求生命的解脱。相对于思想形象，书中对阮诗尤其是阮诗艺术的解析显得较为薄弱。一方面，侯思孟同意大部分《咏怀诗》是讽刺诗，但具体讥刺哪些政治人物或政治事件，则不宜过于落实。但有时候，他也情不自禁地竭力追索，偶尔也有求之过深的毛病。另一方面，阮籍《咏怀诗》毕竟是在中国诗史传统中生长起来的，楚辞以及汉末以来五言诗，都对《咏怀诗》的语词及格调有所影响，而侯思孟为了强调《咏怀诗》乃阮籍诗心之独发，似乎有意无意地忽略了这一点。

1983年，中华书局出版了逯钦立辑校的《先秦汉魏晋南北朝诗》；1984年，人民文学出版社出版了《阮步兵咏怀诗注》。两书都辑录了据信已佚失很久的十首四言咏怀诗。1984年，刘文忠在《文献》第19辑发表论文《关于阮籍的四言〈咏怀诗〉十三首》，首先为这组诗之可信性提供了初步论证。①1986年12月29日至31日，"中研院"第二届国际汉学会议在台北召开。侯思孟向大会提交了论文《阮籍四言咏怀诗真伪考》，首次对这组诗提出质疑。他首先追踪了这组诗的文本历史，再对新发现的十首四言《咏怀诗》进行翻译解析，并将其风格与内涵与包括阮籍在内的当时其他诗作进行比较，从而得出结论：尽管其风格颇类三世纪作品，但这些诗与阮籍在其他作品中表达的思想与态度鲜有相同。此组诗为阮籍作品的可能性很小，如果真的是阮籍所作，也应该是很早期的作品，其创作年代与五言《咏怀诗》距离较远，乃至有思想上的差异。这是第一篇也是唯一一篇比较有分量的质疑这些诗作的论文，学界实在不能忽视。

---

① 此文后收入刘文忠《中古文学与文论研究》一书，学苑出版社，2000年。日本学者沼口胜亦认为此组诗可信，参看其《阮籍の四言"咏怀诗"について——その修辞的手法を中心として》,《日本中国学会报》第38期（1986），页103—119。

四、余论

从写法上来看，侯思孟嵇阮研究二书皆类评传体。《阮籍生平与作品》一书与童强的《嵇康评传》结构尤其相近，而《嵇康生活与思想》(附加《嵇康的诗歌》)也大体上属于评传的路数。作者早年所发表的两篇总论竹林七贤的论文，不妨视为这两部评传共享的绪论。与现行评传体不同的是，二书中有很多篇幅是关于嵇阮作品的译释，包括英译阮籍的全部诗赋及大多数散文作品，法译嵇康的全部诗作及大多数重要散文尤其是论说文。这些作品大多数是首次译为西方语言，空无依凭，索解困难，尤见其工作之艰巨。但这项工作为西方汉学界提供了丰富的材料和重要的文献，具有基础性和开创性。作者在这方面倾注精力之多，用力之勤，功力之深，令人肃然起敬。

遗憾的是，侯思孟关于嵇阮研究的这些成果，在中文学术界并没有引起足够的重视。除了少数一些文章介绍侯思孟的这些成果之外[①]，深入的研究至今仍告阙如。《阮籍生平与作品》的第八章和第九章和他的少数几篇论文，曾经被译为中文[②]，但似乎亦未见人征引参考。近三十年来，

① 有两篇对侯思孟的专访，一是李光真《但坐观罗敷——法国汉学家侯思孟》，载王家凤、李光真:《当西方遇见东方：国际汉学与汉学家（一）》，(台北)光华画报杂志社，1991年，页122—131；二是胡万川《山居幽趣话嵇阮——访侯思孟教授》。笔者所撰《欧美六朝文学研究管窥》亦对侯思孟之研究有所涉及。王志平《侯思孟与汉魏文学》(载李学勤主编:《国际汉学漫步》，河北教育出版社，1997年，页424—492)和何志娟《论法国汉学家侯思孟之嵇康、阮籍研究》(华东师范大学2007年硕士学位论文)，主要是对其观点论析的译述。

② 钱南秀译，题目改为《论阮籍二题》，其一为《追求长生》，其二为《神秘主义》。载钱林森编:《牧女与蚕娘：法国汉学家论中国古诗》，页242—284。此译文后又收入钱林森编:《法国汉学家论中国文学：古典诗词》，外语教学与研究出版社，2007年，页117—149。其他论文包括耿昇译:《“九品中正”考》，载李范文、陈奇猷等主编:(转下页)

中西学术界交往渐多，对国外文献的取用条件也逐步改善，可是，据笔者调查 CNKI 上近三十年发表的学术论文，没有一篇论文征引或参考过侯思孟的研究成果。这并不是因为侯思孟的成果乏善可陈，而是反映了中文学界对某些西方汉学研究文献的陌生与隔阂。

以阮籍十三首四言《咏怀诗》真伪问题为例。自这批文献披露以来，1986 年，侯思孟率先发表论文，考证这些诗作可疑。他对文本传承历史的考索，对五言与四言《咏怀诗》的比较，对阮籍诗风及诗心的抉发，都是迄今为止最为详细深入的。但近三十年来研究阮籍《咏怀诗》的学者，或者熟视无睹，存而不论①；或者不加辨别，全盘接受，信以为真②；真正审慎地对这些诗作进行辨证的人，凤毛麟角，偶有考证，又往往粗浅疏略，论证苍白无力，多不及侯思孟之精细。③又如，侯思孟提出，阮

（接上页）《国外中国学研究译丛》（1），青海人民出版社，1986 年，页 243—263；苏冰译：《孔子与中国古代文学批评》，《古典文学知识》1987 年第 3 期，页 128—135，又《文艺理论研究》1988 年第 2 期，页 91—97；江宜芳译：《中世纪中国与中世纪欧洲山水欣赏之比较》，《中国文哲研究通讯》第 5 卷第 4 期（1995 年），页 1—18；龙巴尔译：《民谣与贵族》，载李学勤主编：《法国汉学》第 1 辑，清华大学出版社，1996 年，页 205—215；杨民译：《曹植与神仙》，载《法国汉学》第 4 辑，中华书局，1999 年，页 187—232。

① 如郭光《阮籍集校注》（中州古籍出版社，1991 年）之《后记》写于 1987 年，其时十三首四言咏怀诗已问世多年，居然毫不知情，仍以为早已佚失。1986 年以来出版的其他诸种阮籍研究著作，包括徐公持《阮籍与嵇康》（上海古籍出版社，1986 年）、高晨阳《阮籍评传》（南京大学出版社，1994 年）、田文棠《阮籍评传：慷慨任气的一生》（广西教育出版社，1994 年）、韩传达《阮籍评传》（北京大学出版社，1997 年）、孙良水《阮籍审美思想研究》（文津出版有限公司，1999 年），除了孙良水书中提及四言咏怀而未对其真伪加以辨证之外，其他各书皆未提及，更未参考侯思孟的成果。陈伯君《阮籍集校注》（中华书局，2004 年）与靳极苍《阮籍咏怀诗详解》（山西古籍出版社，1999 年）皆只将四言咏怀诗列为附录，未有辨证。

② 如钱志熙：《魏晋诗歌艺术原论》，北京大学出版社，1993 年；韩格平注译：《竹林七贤诗文全集译注》，页 170 注 1。钱志熙在《论阮籍〈咏怀诗〉——组诗创作性质及其主题的逻辑展开》（《东方丛刊》2008 年第 1 期）中，则认为这批四言咏怀诗在疑似之间，有待再考。

③ 如高鲲：《对阮籍十首四言〈咏怀诗〉的真实性还是以存疑为好》，《现代语文》2006 年第 5 期，页 48—49。又如孙婠：《阮籍四言〈咏怀诗〉十三首浅议》，《龙岩学院学报》2005 年第 5 期，页 74—76。除了刘文忠发表于《文献》的那篇论文，只有吕光华《论阮籍四言咏怀诗的内容与特质》（彰化师范大学《国文学志》第 9 期，页 75—92）对此四言诗之真伪讨论较为细致，其结论是这十三篇四言咏怀诗之“真实性与可靠性实无庸置疑”。但遗憾的是，他亦未参考侯思孟的论文。

籍五言诗和嵇康四言诗不仅与前人诗有互文呼应，其本人不同诗篇中也存在这种现象，这是一个有趣且有意味的观察。又如，在翻译解析文本的时候，他提出了不少疑点，如《清思赋》中的“离伦”与“膺贾”，《达庄论》中的“钟山之口”，《大人先生传》中的“制物”等词语如何理解，都有待进一步探究索解。再如饶宗颐在《题辞》中提到，以往我们注意阮瑀尤其是他的文学对阮籍的影响，但对阮氏家学中的《易》学对阮籍思想可能有的影响，则较少注意。他又提出，阮籍《乐论》所谓“刘子问曰”可能是指刘劭，而不是一般人所理解的刘伶。[①]这些材料与观点虽然由饶宗颐先生提出来，但仅见于此书，也值得我们注意。

饶宗颐《题辞》最后说：“阮公心事，千载之下，难以情测，得君此书，将如阴霾之毕扫。阮公有灵，自当惊知己于千古也已。”[②]我认为这是大体平允的评价，因截取其意，用为本文之标题。

（原载江建俊主编：《竹林学的形成与域外流播》，
［台北］里仁书局，2010年）

---

① 饶宗颐：《题辞》，《阮籍生平与作品》卷前。郭光《阮籍集校注》页60注2即认为是刘伶。

② 饶宗颐：《题辞》。

拾伍
《柳毅传》的构成及其经典化
——杜德桥及其《柳毅传》研究

一、杜德桥的学术经历与背景

牛津大学中国学术研究所讲座教授、英国学术院（The British Academy）院士杜德桥先生走上汉学研究的道路，可以说是相当偶然的。

在上大学前，他对欧洲语言很感兴趣，先后学习了德语、法语、拉丁语等，表现出对外国语言文化的广泛兴趣。中学毕业的时候，适逢"冷战"时代，他应征入伍，在空军服役了两年时间。由于工作需要，他学起了俄语，也读过一些俄语文学作品，但渐渐地，他发现自己对俄语文学作品不感兴趣了。这样，退伍后到剑桥上大学时，就面临着一个重新选择专业的问题。当时正好有一位朋友决定学中文（这个朋友后来成了英国驻华大使），杜德桥一时心血来潮，决定也学中文。说起来，这个决定做得很是突然，带有很大的偶然性。多年后，当他谈起这个选择的时候，他将其归结为人生途中的一次“机缘巧合”。但是，从深层心理来分析，在一般西方人眼中显得十分新奇、艰深的中文，正好符合了这个对语言有着浓厚兴趣和良好天赋的年轻人的需求，正可满足他喜欢挑战困难的个性和求索探险的好奇心。于是，一次并非深思熟虑的决定，从此改变了一个年轻人的人生。实际上，当杜德桥开始步入这一汉学领域时，他所有的汉学基础，仅仅是读过一本英译的《论语》而已。然而，几十年来，他无悔于当初的抉择，孜孜不倦地在汉学领域辛勤耕耘，而悠久丰富的中国历史文化传统，也没有亏待这个“莽撞”的异邦学子，最终给了他丰厚的回报。[①]

1967 年，杜德桥在剑桥大学获得了博士学位，其后长期任教于剑桥大学和牛津大学。他的博士论文是关于《西游记》故事发展的研究。杜德桥坦言这不是一个纯文学的研究，而主要是文学史或文学背景、历史背景的研究，这是他的成名作，与 1960 年获得伦敦大学博士学位、后来任教于哈佛大学的韩南教授的博士学位论文——关于《金瓶梅》小说故事来源的研究可谓异曲同工，只是较为晚出而已。

杜德桥的另一部名著是《妙善传说》[②]，流传甚广。至于这个课题的研究机缘，我曾推测可能是受了魏理的影响，因为杜德桥在书中多次提到魏理那篇著名的文章《观音与妙善传说》[③]，并就此向他求证。但据他自言，这其实只是一个很不重要的机缘。更重要的是，他受了研究佛教传说故事的日本学者泽田瑞穗的影响。另一方面，在做博士论文《西游

---

① 以上叙述，据 2001 年 5 月 4 日笔者在牛津大学中国学术研究所对杜德桥教授的访谈。参看张堂锜：《从牛津走向东方——英国汉学家杜德桥教授》，载其《域外知音》，（台北）三民书局，1996 年，页 25—34。

② Glen Dudbridge, *The Legend of Miao Shan*。按：此书有中译本，参看杜德桥著，李文彬等译：《妙善传说——观音菩萨缘起考》，（台北）巨流图书公司，1990 年。

③ Arthur Waley, Avalokiteśvara and the Legend of Miao-shan, *Artibus Asiae*, Vol. 1 (1925), pp. 130–132.

记》研究时，他已经注意到观音这个人物。杜德桥认为，佛教神话传说是很值得注意的，而中国学者对此关注不够。从《西游记》到《妙善传说》直至后来的其他研究课题，从其发展线路中，我们不难看出其中所体现的他的这一学术认识。如果用中国古典文献学所习见的术语来表达，这种认识实际上体现了一种重视溯源的意识。

在《西游记》和《妙善传说》之后，唐宋传奇成为杜德桥新的研究重点，溯源意识依然贯穿于他的研究，依然是他的研究的重要特色之一。他撰作研究唐宋传奇的专著《〈李娃传〉校注》[①]，并坦言这是模仿西方最经典权威的莎士比亚集版本（Adam's Edition of Shakespear）的做法，尝试用一种西方人研究莎士比亚剧作的方法来研究这一篇唐传奇，对相关的文献材料做穷尽式的搜索，对小说中涉及的史实背景、语词典故以及故事源流等做详细的笺释，并校勘诸本，以期形成一个最佳版本，最后再写一篇详细的序论，"就是用这种方式把三千字的《李娃传》写成了一本两百多页的著作"[②]。如果也用中国古典文献学所习见的术语来描述，《李娃传》的做法可以说与传统的"笺证体"相近。在中国学术界，周绍良的《唐传奇笺证》就是以"笺证体"研究唐传奇的代表作。[③]周著由两个部分组成，第一部分为《唐传奇简说》，第二部分是对《枕中记》等十四篇唐传奇作品的笺证，最长的一篇《〈长恨歌传〉笺证》长达六十六页（页264—329），可谓不厌其详矣，而杜德桥《李娃传》较之更有过之而无不及，无怪乎他自己也说，"可以用小题大做、微观等字眼来形容这种巨细靡遗的做学问原则"，"就像科学家把切片放到高倍数

---

① Glen Dudbridge, *The Tale of Li Wa: Study and Critical Edition of a Chinese Story from the Ninth Century*, London: Ithaca Press, for the Board of the Faculty of Oriental Studies, Oxford University, 1983.

② 《从牛津走向东方——英国汉学家杜德桥教授》，载《域外知音》，页32。

③ 周绍良：《唐传奇笺证》，人民文学出版社，2000年。

显微镜观察的实验一般”。[①]虽然严格地说来，杜、周二著体例不完全相同，但大旨相近，而周绍良所笺证的十四篇传奇中恰好不包括《李娃传》一篇。这样看来，杜著《李娃传》一书在学术上自有其不可替代的价值，而对杜德桥本人来讲，这项研究使其广泛接触了有关唐传奇的文献，开阔了文献视野，从而开拓出新的研究方向。

在研究唐传奇的过程中，杜德桥认真研读《太平广记》，其间，戴孚《广异记》一书引起了他的特别关注。这部书原本虽已残佚，但通过辑佚而复原出的三百多篇故事，仍然具有十分丰富的文学的、历史的、社会的、宗教的乃至人类学方面的材料和价值。前前后后，杜德桥花了十年时间在这项研究上，这期间，他一直思考如何选中一个最适宜的研究角度。这也是杜德桥著作中最有争议的一部。这部书出版后，学术界有两种截然不同的评价，褒之者认为其抉发隐微，殊有贡献，贬之者则认为不值得为这部鲜为后人提及的传奇集耗费偌多精力。大抵研究历史的人对这部书的兴趣和评价，高于研究文学的人。对于自称从 1972 年以后就“正式放弃了文学评论，改成以历史学家的眼光和态度去阅读文学作品”[②]的杜德桥来说，这种褒贬反差应该是在意料之中的。

从文献学上来说，《广异记》属于所谓“佚书”（lost books）。研读《太平广记》及研究《广异记》的经验，使杜德桥教授对佚书尤其是史子二部的佚书越来越感兴趣，也使他深刻地认识了这类残佚之书的重要价值，并促使他思考：中国典籍浩如烟海，一部书如何散佚，为何散佚，其中的原因与意义正值得学者深长思之。有的散佚之书具有不可替代的重要价值，其意义需要重新挖掘与认识。有鉴于此，他和中国社会科学

① 《从牛津走向东方——英国汉学家杜德桥教授》，载《域外知音》，页 32。
② 同上书，页 31。

院考古研究所赵超教授合作，完成了《三国典略辑校》一书。[①]《三国典略》完成于1200多年前的唐代，至迟宋初既已残缺不全，至南宋则疑已佚而不见。[②]清代辑佚之学昌盛，却未有人辑录过此书。杜德桥认为，此书具有重要的史料价值，书的全貌及其特点如何，都值得研究。

杜德桥的本行应该说是中国文学，可是他的研究经常游离文学研究，而走向历史的、宗教的、书目的研究。从某种角度上说，他的研究也许可以称为“历史书目学”（historical bibliography）。对佚书的研究，也属于历史书目学的研究之一。按这样一种思路，杜德桥还对佚书做了一些通论性的研究。他以三次专题讲演为基础，编集成一本小书。他认为，佚书有可能使我们了解它所产生的那个时代的历史的、社会的、文学的某些鲜为人知的真相。比如他曾经注意过的佚书《梁四公记》，就只存于《太平广记》和《太平御览》等书中，这是一篇盛唐时代的作品，作者佚名，它的内容很特别。这部作品引起他的注意，先是因为《西游记》写到女儿国，而《梁四公记》中也写到女人国，是《西游记》的材料来源之一。又如《丁约剑解》一篇，他从书目文献学和知识体系学的角度，对此篇作品的价值进行了阐发。[③]

1995年6月，牛津大学中国学术研究所正式成立时，作为讲座教授，

---

① （台北）东大图书公司，1998年。

② 北宋《崇文总目》卷三：“《三国典略》三十卷，唐汾州司户参军丘悦撰，以关中、邺都、江南为三国，起西魏，终后周，而包东魏、北齐，南总梁、陈，凡三十篇，今卷第多遗，自二十一以下卷阙。”按：南宋洪迈《容斋随笔》四笔卷八“历代史本末”条，将丘悦此书与王沈《魏书》、元行冲《魏典》、鱼豢《典略》、张勃《吴录》、韦昭《吴书》、孙盛《魏春秋》、司马彪《九州春秋》等同列为“三国杂史”，可见其未见到原书，故有望文生义之误。明周婴《卮林》卷四“历代史”条已指出此点，并批评道：“以景卢之精辨，而蹈斯踳驳，过庭之训，倘有未尽乎？”其责难稍嫌过于严苛。

③ Glen Dudbridge, A Question of Classification in Tang Narrative: The Story of Ding Yue, in Alfredo Cadonna ed., *India, Tibet, China: Genesis and Aspects of Traditional Narrative*, Florence: Leo S. Olschki Eitore, 1999, pp. 151－180.

杜德桥做了一场就职讲演。[①] 讲演稿后来整理成一个小册子，1996 年在牛津 Clarendon Press 出版。在杜德桥的学术论著中，这可能是比较少有的一篇宏观的论文。其中心观点是质疑中国文化研究中司空见惯的由上往下贯彻的影响思路（top-down policy）——这种思路强调中央政府及上层对整个社会的控制，强调正统的作用——而提出 bottom-up way 亦即由下而上的影响思路。他提出，中国南北东西各地之差别有可能大于中国与外国的差别，这个观点可能会让中国同行们感到震惊。虽然与其一贯的学术风格颇有不同，但我认为，这篇讲演正好可以解释杜德桥的研究旨趣，理解支撑其学术研究的重要思想理路，进而发现和理解中国历史文化的复杂性，这种复杂性超过我们的想象，可能也超过我们现有的理解。小说相对于诗文，民间信仰（popular religion，或译大众宗教）相对于正统的儒、道、释三教，都属于所谓下层文化，从这些文化要素出发，来观察中国社会与文化，或许会是另外一种样貌。显然，杜德桥的很多研究便是这种思路的具体实践。

总的来说，杜德桥认为自己的研究兴趣是多变的，“喜欢广博而弃专精，是我一贯做学问的方法”[②]。他不像有些学者一生集中研治某一专题，数十年如一日，持之以恒，开掘得越来越深细。他的兴趣变动不居，配合不同的题目，使用不同的研究方法。但纵观他的研究，仍然可以看出，在不同的研究中，贯穿着一个核心的旨趣，那就是穿行在历史、文学、宗教、传说故事、民间媒介之间。前后各项研究课题，粗看似乎不相关，细细看来却有先后相承的一条线索。后来的研究往往与前面的课题有一

---

① 按照惯例，升任牛津大学汉学讲座教授的人，应该在其就职时发表讲演，阐述自己的研究思路和学术思想。杜德桥升任讲座教授时没有做过这样的讲演，此时，适值牛津大学中国学术研究所成立，他决定补做一次讲演。

② 《从牛津走向东方——英国汉学家杜德桥教授》，载《域外知音》，页 30。

定的联系，大多是从前面的研究中生发牵引出来的。实际上，他既往的研究积累，为其所开掘的每一项新的研究奠定了良好的基础，提供了较高的学术起点。《〈柳毅传〉及其类同故事》（“The Tale of Liu I” and Its Analogues）就体现了这一点。

二、《柳毅传》的既有研究基础

唐代仪凤（676—679）年间，“应举下第”的落魄儒生柳毅，在返回湘滨故乡的途中，绕道泾阳去看望一个老乡。途中，他遇到了洞庭龙王的小女。龙女远嫁泾河龙王次子，既被夫婿所“厌薄”，又受到舅姑的“毁黜”，处境惨戚，“悲不自胜”。她拜托柳毅便道带信给洞庭龙王，请家中设法解救。洞庭龙王之弟钱塘君即刻飞驰泾川，吞食了泾河龙王次子，救出了龙女。为了答谢柳毅，钱塘君力主将龙女再嫁柳毅，柳毅则坚持认为他当初出手相助，并非有所企图，若娶龙女，于道义不合，故严词拒绝。其后，柳毅先后娶张、韩二姓之女，皆未久而卒，最终娶卢氏之女，夫妇之情谐洽。婚后，他才知道，卢氏女实际上就是洞庭龙女。在龙君的帮助下，柳毅既富且寿，优入仙界。

这就是著名的唐人小说《柳毅传》的故事梗概。早在唐代，这篇小说便已广为流传。仅《太平广记》所收录的唐代小说中，便有三篇作品提及柳毅的故事[①]，可证其在民间的流行。经过一千多年的流传，这篇作品早已成为唐代传奇小说的代表作，也已经成为中国小说史上的经典名篇。流传甚广的几种《中国文学史》《中国历代文学作品选》，或者选录

① 详细出处参看程国赋：《唐代小说嬗变研究》第三章《唐代婚恋小说的嬗变》，广东人民出版社，1997 年，页 56—57。

此篇佳作，或者给予重点论析，更加巩固了它的经典地位。[①]由于这篇作品内涵丰富，读者和论者见仁见智，其着眼点各有不同。现代选评家多看重其文学艺术方面的成就，称赞其“故事奇幻，想象优美，环境烘托，有声有色，极富浪漫主义色彩。其中刻画龙女温柔婉顺而多情的性格，柳毅见义勇为、威武不屈的品德，及钱塘君暴烈、刚强的气质，尤为出色”[②]。至于文学史家，则往往着眼于小说的类型学分析，并以此为基础，对这篇小说进行归类，但具体如何归类，则各家观点又不尽相同：或者将这篇作品视为“婚恋小说”[③]，或者将其看作是“一篇爱情与侠义相结合的神话小说”[④]，或者认为其“将灵怪、侠义、爱情三者成功地结合在一起”[⑤]，还有的学者着眼于故事的情节内核，着力追踪其作为故事原型在后代的嬗变，讨论不同时代、不同文体或文艺形式、不同作者观念对故事嬗变的影响。[⑥]

除此之外，当然还有其他的视角，比如说，我们可以将这篇故事作为“灵姻”或“人神婚恋”的典型，探讨唐代社会的民间信仰；我们也可以把此篇作品当作历史研究的史料，探讨唐代书生有关科举的人生经历与行走路线；我们还可以将“社树”作为一个切入点，探讨唐代社会流行的大众宗教[⑦]的情况……当然，我们也可以像杜德桥先生那样，将

---

① 例如袁行霈主编:《中国文学史》第 2 册，高等教育出版社，1999 年，页 390；朱东润主编:《中国历代文学作品选》中编第 1 册，上海古籍出版社，1980 年，页 382—397。

② 《中国历代文学作品选》中编第 1 册，页 382。

③ 《唐代小说嬗变研究》第三章《唐代婚恋小说的嬗变》，页 56—57。

④ 《中国历代文学作品选》中编第 1 册，页 382。

⑤ 《中国文学史》第 2 册，页 390。

⑥ 其主要嬗变作品有元代杂剧《洞庭湖柳毅传书》《沙门岛张生煮海》，明传奇《桔浦记》，清传奇《蜃中楼》《乘龙佳话》，清代文言小说《聊斋志异・织成》等。详参《唐代小说嬗变研究》第三章《唐代婚恋小说的嬗变》，页 56—57；另参该书第七章《唐代小说嬗变的原因》，页 152—160。

⑦ 关于大众宗教之定义及其对中国古代社会之影响，详参［美］韦思谛编，陈仲丹译:《中国大众宗教》，江苏人民出版社，2006 年。

《柳毅传》及其类同故事合而论之，进而更好地观察《柳毅传》的结构特点，理解其历史意义。

三、杜德桥的方法与观点

杜德桥这篇论文的题目是《〈柳毅传〉及其类同故事》，原载孔慧怡（Eva Hung）主编《中国古典文学悖论》（*Paradoxes of Traditional Chinese Literature*）[①]，汉译本载《欧洲中国古典文学研究名家十年文选》[②]。analogue 一词意为“类同”，指与一物相似而具有可比较性的东西。正如杜德桥自己所解释的，“‘类同’这一术语的选择是经过了审慎考虑的，之所以将它们称为‘类同故事’，我是想明确表明：我要力图避免任何有关渊源关系或直接影响的预设前提”，虽然“有充分证据表明，这几个故事的出现都早于李朝威所创作的《柳毅传》”。[③] 众所周知，在跨国的比较文学研究中，有所谓法国影响研究与美国平行研究两种学派。将中国文学内部的两篇或多篇作品进行比较，也可以有影响研究与平行研究两种方法。一般来说，平行研究较虚，因而其随意性较大；而影响研究看似较实，因为事先预设了被比较的作品之间存在渊源或影响关系，但是，在研究中要真正落实这种关系并不容易，如果缺少证据而生拉硬扯，即不免牵强附会。“类同”是一种特殊的比较，使用这一概念，既可得比较之便利，又在很大程度上避免了牵附的尴尬，给予研究者较多的自由和较大的回旋空间。

---

① Hong Kong: University of Hong Kong Press, 1994, pp. 61–88.

② 乐黛云、陈珏、龚刚编选：《欧洲中国古典文学研究名家十年文选》，江苏人民出版社，1998 年，页 234—258。

③ 《欧洲中国古典文学研究名家十年文选》，页 236。

一篇文学作品，既可以视为独立完整的个体，围绕其文本做深入的精读（close reading），也可以发掘环绕其周边前后左右的各种联系，多方位地发散思考，进行既有深度又有广度的精读。类同比较的目的，不是辨认相互间的影响，也不是要确认彼此间的渊源关系，更不是评判优劣，而在于利用、整合那些貌似不相干的故事和史料，从而将这些作品组成一个既彼此联系的又各自开放的文本系统，透过彼此对照，追溯系统内各作品形成的过程，并且千方百计地解释这一形成的过程，追索其成为经典作品的原因。对像《柳毅传》这样的经典作品，孤立起来精读已屡见不鲜，很难出新，而从类同比较的视角进行精读，则可以一箭双雕：一方面，那些原来不为人熟知的“类同故事”，因为纳入新的思维框架，而有了新的含义；另一方面，通过精读这些类同故事，我们可以更深刻地理解,《柳毅传》为什么写成这个样子，在其所采取的叙事形式及结构内容背后，究竟隐含有哪些意义。

杜德桥文中提到三篇《柳毅传》的类同故事。第一篇类同故事题为《三卫》，出自《太平广记》卷三〇〇，而《太平广记》又选录自戴孚《广异记》，这是“关于陕南华岳及华岳庙崇拜系列故事之一”。民间信仰一直是杜德桥的核心学术兴趣之一，而佚书《广异记》则是他特别留心过的，这两个方面正好突显了杜德桥的学术背景。故事讲的是北海龙王的女儿（龙女）嫁给华岳神的第三子（三郎），可是夫婿极为凶暴，龙女颇受欺压。这时，恰好一位宫廷卫士（故事中称为“三卫”）路过华庙，北海龙女托他传家信，事后，三卫得到了龙王的厚赐。龙王为了惩治恶婿，兴兵西伐华山。戏剧性的是，打了这一仗之后，三郎和龙女的感情反而好了。三郎不满三卫报信，欲加害于三卫，龙女及时提醒，使三卫安然无恙。“该故事精心策划构筑了一系列达成平衡和对称的社会交易系统”，但将其与《柳毅传》比较，可见二者颇不相同。“柳毅的行为最初激于

‘义’，但事件的发展却将他卷入另一套价值体系。要解决这些复杂性，第一个类同故事《三卫》便显得无能为力。”[①]

第二篇类同故事题为《蓝勃卢山龙池》，见于《大唐西域记》卷三。这是一段来自古代印度的故事，讲的是释种与龙池少女（龙女）遇合以及其创业开国的经过。失意远游的释种，正如落第书生柳毅；龙池少女自荐枕席，亦如洞庭龙女自愿求嫁。不一样的是，故事中的龙女自愿献身于释种，其原因则是在当时的印度，有这样一个重要的观念，“在慧根方面，龙是劣于男人和女人的”，“龙女憎恨自己的‘龙身’，所以在改形之后，‘既得人身，深自庆悦’。龙的形貌使那位释种小伙既厌恶又恐惧，因而龙王在其女的恩人面前表现得卑躬屈膝：‘不遗非类，降尊就卑，愿临我室，敢供洒扫。’”[②] 异类是成就释种与龙池少女这一社会交易的重要障碍，一旦这一障碍扫除，问题自然迎刃而解了。

《柳毅传》与这两篇类同故事既有相同，又有不同。它与第一篇故事相同的是，柳毅和三卫乐于助人，见义勇为，并因此获得物质报偿。不同的是，由于泾河龙王次子已死，洞庭龙女不可能与夫君重归于好，所以，龙女的前途未定，她的未来还需要安排。实际上，故事的后半段就是为了安排她的未来而准备的。《柳毅传》与第二篇类同故事相同的是，柳毅和释种一样，很容易就得到了龙女的芳心，而且，在这两对男女关系中，男子都是被动的一方；不同的是，释种接受了龙女，柳毅却拒绝了龙女。按杜德桥的说法，拒绝也是一种社会交易，“于是故事在此便产生了一种张力，它试图破坏预期中交易达成和冲突的解决。前述两个类同故事在此便派上了用场，它们有助于我们对这一张力作出解释：这来自于他们所分别代表的两个不同的故事模式”。“显然，如果没有破坏和

---

① 《欧洲中国古典文学研究名家十年文选》，页 241。
② 同上书，页 244。

冲突，这两个模式很难调合统一起来。”[①]

这两篇类同故事前贤已有揭示，第三篇类同故事则是杜德桥首次发现。这篇故事题为《汝阴人》，见录于《太平广记》卷三〇一，原出《广异记》。许生误拾一五色彩囊，不知此乃王女的遗物，王家遂上门提亲，许生不敢不允。作为报偿，王家资给甚富，而王女也将自己擅长的养生之术传授给许生。在“故事的开端”，便“直接导向了神灵的求婚之举”，也就是说，它一开头，就进入《柳毅传》故事的后半段。在故事中，由于女方主动，加之人神道殊，所以许生颇有顾忌，“不敢苦辞”；上门提亲的王女之兄也摆出低姿态，卑称“窃慕盛德，欲托良缘于君”，“幸得托奉高明，感庆无量”。他的这番言辞，令人联想到《柳毅传》中钱塘君所谓“欲求托高义”。当然，王兄没有特别提到“义”，因为许生与王女之间不存在救助与被救助的关系，没有“义”的前提与基础。因此，他只能以“世俗的富丽堂皇，与神女美满的姻缘，奇妙的养生驻颜之术，以及升入天堂般的满足感”，来弥补这一前提基础的不足。“所有这一切，均让我们看到了《柳毅传》的影子。”[②]

这篇故事与《柳毅传》的类同性在于，它也存在人神交易，虽然在其背后隐藏着的是古代中国的冥婚习俗，也就是说，这种人神关系实际上也可以理解为人鬼关系。由于“冥婚”与“神婚”之间具有某种“相似性”[③]，因而，人鬼关系也可以说是人神关系的一种翻版。由于交易双方不平衡，神以宝物施报，以造成新的平衡。考虑到这篇故事的冥婚习俗背景，许生答应王女的婚姻，就有了施恩的意味，王家厚待许生，正是钱塘君在《柳毅传》中所说的“受恩者知其所归，怀爱者知其所付”，

① 《欧洲中国古典文学研究名家十年文选》，页 246。
② 同上书，页 249—250。
③ 同上书，页 250。

这是王家和洞庭龙王家族共同信奉的社会交易的伦理原则。实际上，王兄的角色与《柳毅传》中的钱塘君相近，代表异类神鬼施加于人类的压力。

如果这几篇故事只有类同，而没有其他，那么，我们从中看到的，充其量只是相同的模式，于深刻理解助益有限。杜德桥论文最大的启示性，在于指出了《柳毅传》的颠覆性，它不仅颠覆了三篇类同故事的模式，而且颠覆了读者的传统期待。首先，泾河龙王次子被杀，夫妇不能重归于好；最简单的化解矛盾的可能性被排除了，矛盾被进一步激化。换句话说，第一篇类同故事提供的那种大团圆的模式被颠覆了，读者期待落空，而《柳毅传》却因此峰回路转，渐入佳境。其次，人龙交易，龙女主动示爱，并以各种方式补偿交易中不平衡的一方。释种得到的主要是政治利益的补偿，而柳毅得到的则是经济利益和优入仙乡的补偿。显然，洞庭龙女没有印度龙女那样的九头怪形，也不必要像她那样自卑，但是，她的寡妇身份和准弃妇心理，又使其内心不免虚怯。所以结婚以后，她还再三对柳毅解释："勿以他类，遂为无心，固当报耳。"对于人神"非类"的矛盾冲突，《柳毅传》提出并设置了新的解决方案。最后，对柳毅来说，世俗的富贵和仙乡的逍遥，固然很有吸引力，但应该服从更高的"义"的原则，必须"得之有道"。在这一方面，柳毅绝不像那个贪财虚荣的机会主义者许生，故事必须辗转铺垫，使柳毅形象在道德上日渐完满，在情节上增加曲折，并且曲终奏雅，走向所谓"恩义两不亏"、人生与道德双双圆满的大团圆结局。

至此，通过这些类同故事的比较研究，我们更加深刻地理解了《柳毅传》。这篇作品是如何构成的，为什么会如此，其艺术结构有何意义，也因而得到较完好之阐释。在一定程度上，可以说，《柳毅传》既包容了上述三篇类同故事，又给读者带来了全新的体验，"作者和读者对此类故事的发展模式都烂熟于心；在《柳毅传》中，他们所经验到的却是传统期待的被颠覆、扭曲、抛弃、延迟和迂回完成”[①]。从另一方面说，这意味着《柳毅传》的人间性、现实感与道义感大为加强。与上述三篇类同故事相比,《柳毅传》的人间性与现实感最为突出。在第一篇类同故事中，人神隔离相当明显，人只是交易媒介，在这种状态下，无法想象人神共同生活。在第二篇类同故事中，释种与龙女虽然生活到一起，但最终并不和谐，终于发生了释种切割龙女九头之事。在第三篇类同故事中，许生最后还是死了，王女则不知所终，人是人，鬼神是鬼神，并没有融为一体。只有柳毅和龙女，其喜怒哀乐聚散离合，一如天下有情人，他们最终结为神仙眷属，过上人间最美好最令人羡慕的生活。道义感，或者说“义”，是《柳毅传》的重要主题。我们甚至可以认为，柳毅名字中的“毅”字即“义”的谐音，有双关暗示之用。在本篇故事中，“义”字多次出现，特别值得注意的是，作者李朝威在篇末再次强调：“余义之。”[②]这不是偶然的。

作为《柳毅传》的主角，柳毅的身份也值得注意。他不是《三卫》中的宫廷卫士，也不是《蓝勃卢山龙池》中的释种，更不是《汝阴人》中“轻薄无检”的许生，而是“应举下第”的书生。换句话说，他是唐代社会中的士人。显然，这种社会身份决定了他的道义水准。作者选择士人为主角，突出主人公身上的道义光辉，强调人类的高贵品格，这些都是唐代士人的道德理想以及伦理价值观的反映。在作品中不乏这一方面的具体例证。例如，柳毅先娶张、韩二姓之女，相继而卒，后来娶假托卢氏的龙女，“男女二姓，俱为豪族”。娶豪族之女，正是唐代士人之

---

① 《欧洲中国古典文学研究名家十年文选》，页 253。

② 卞孝萱先生说：“‘冤’、‘义’二字，是《柳毅传》的要害。”参看卞孝萱：《唐人小说与政治》，鹭江出版社，2003 年，页 275。

普遍理想。柳毅的形象，以及他所代表的道德理想及伦理价值观，在唐代以及后代的士人社会中无疑会受到褒扬和重视。三篇类同故事只是借神怪陈说因果，炫耀富贵，相比之下，《柳毅传》的境界明显高出一筹，在思想内容上堪称有了突破。总之，正是由于其在思想内容与艺术结构上的双重突破，《柳毅传》才得以跻身于经典作品之列。

四、几点延伸思考

在这篇文章中，杜德桥还运用了“叙事单位”分析法。“叙事单位”也可以称为“情节单元”，每一篇故事都是由若干叙事单位构成的，分析叙事单位，就是分析故事的构成。这种方法在西方民间故事及叙事学研究中是很常用的。为了便于使用，学术界还对这些情节单元做了统一的国际编号。在中国民间故事及叙事学研究中援引这种方法，其代表性著作有德国艾伯华所著《中国民间故事类型》[①]。中国文化大学中国文学研究所金荣华教授也曾撰有专书，对六朝志怪小说的情节单元进行详细的分析。[②]从杜德桥这个研究案例中可以看出，这种方法在中国文言小说研究中还有很大的运用空间，也有很好的运用前景。这是第一点思考。

杜德桥文中处理的是唐代传奇小说中的类同故事，那么，在其他叙事性文学文本中，是否也可以使用这种类同比较分析的方法？在传统文献中，各种类型的类同故事，特别是跨越不同时代、不同文体的类同故事，是否可以联系起来，重新思考？还有一些故事源远流长，在各代产

① ［德］艾伯华著，王燕生、周祖生译：《中国民间故事类型》，商务印书馆，1999年。

② 金荣华：《六朝志怪小说情节单元分类索引》，（台北）中国文化大学中国文学研究所，1984年。金荣华又有《从六朝志怪小说情节单元的国际编号看一些中国民间特有的观念和信仰》，收入其《禅宗公案与民间故事——民间文学论集》，台北中国口传文学会，2005年。

生不同的歧变，能不能将这些歧变文本也作为准类同故事来看待，从而分析其歧变的原因？例如“灌坛令”的故事，至迟从汉代就开始流传，在涉及碑文、笔记、小说及诗赋等各种文体中，都有情节元素不尽相同的传本：

1. 汉碑《汉池阳令张君残碑》：帝简其庸，迁池□□（阳令），虽姜公树迹，雚檀（坛）流称。[①]

2.《隶释》卷一〇《高彪碑》：流化外黄，员昔雚檀（坛）。[②]

3.《博物志》卷七：太公为灌坛令，武王梦妇人当道夜哭，问之，曰：“吾是东海神女，嫁于西海神童。今灌坛令当道，废我行，我行必有大风雨，而太公有德，吾不敢以暴风雨过，以毁君德。”武王明日召太公，三日三夜，果有疾风暴雨，从太公邑外过。[③]

4.《搜神记》卷四：文王以太公望为灌坛令，期年，风不鸣条。文王梦一妇人，甚丽，当道而哭，问其故，曰：“吾泰山之女，嫁为东海妇，欲归。今为灌坛令当道，有德，废我行。我行必有大风疾雨，大风疾雨，是毁其德也。”文王觉，召太公问之，是日，果有疾雨暴风从太公邑外而过。文王乃拜太公为大司马。[④]

5. 王棨《麟角集》有《神女不过灌坛赋》以“飘风疾雨虑伤仁政”为韵。[⑤]

此外，唐代诗人高适、杜甫等人诗作中也多次用到灌坛之典。毫无疑问，这一故事产生于《柳毅传》之前，从神女的角色、哭诉的行为以

---

① 余嘉锡：《汉池阳令张君残碑跋》，载《余嘉锡文史论集》，岳麓书社，1997年，页556—562。

② 〔宋〕洪适：《隶释》，中华书局，1985年。

③ 文渊阁本《四库全书》。按：范宁有《博物志校证》（中华书局，1980年），改字太多，故不据引。

④ 〔晋〕干宝著，汪绍楹校注：《搜神记》，中华书局，1979年。

⑤ 《丛书集成初编》本。

及对德义的强调等方面来看，此故事也如杜德桥所指出的那几篇类同故事一样，“同属于一个共同的文学观念”[①]。如果将其组成一个更大的类同故事系统，也许会对相关故事有新的领悟。这是第二点思考。

从一个特定角度来看，《柳毅传》这篇小说的主题可以说是关于社会交易的，神与神之间（泾河龙子与洞庭龙女）的交往，柳毅与洞庭龙王家族包括龙女之间的交往，亦即人类与非人类的交往，恩与义的转换，物与情的交换，构成了故事中各种不同形态的社会交易。在三篇类同故事中，也有类似的主题。那么，社会交易也许可以作为一个有效的角度，来考察其他与此类同的小说故事。这是第三点思考。

对《柳毅传》及其类同故事，还有其他一些角度，适宜展开进一步追寻和思索。例如，《汝阴人》中涉及诸多唐代名物，深入研究，有利于具体细致地理解唐代社会的生活场景。又如《柳毅传》中写到南京，另一篇传奇故事《谢小娥传》也写到金陵（南京），而《三卫》则写到长安（西安），不同作品有不同的城市背景，究竟有什么文学和文化的意义？再如，《柳毅传》中的龙女为什么出自洞庭龙王家族，又为什么远嫁泾河龙子？洞庭与泾阳地理悬隔，两地龙王家族缔结姻缘，就大众宗教与民间信仰角度来说，有什么意义？据龙女所言，“洞庭之阴，有大橘树焉。乡人谓之社橘”，“叩树三发，当有应者”。与此形成对照的是，《三卫》中也写到“扣树”的情节，却没有细说是哪一种树木。洞庭在楚地，屈原《楚辞》早有《橘颂》之篇，《柳毅传》所写恰好也是橘树，难道是偶然的吗？这也是可以追问的。此外，有学者指出，柳毅姓柳，是影射柳宗元，《柳毅传》乃是为柳宗元辨冤而作。[②]这一说法是否成立，如果答案是否定的，那么，柳姓还有没有其他特殊意蕴？后来的各种改编

① 《〈柳毅传〉及其类同故事》，《欧洲中国古典文学研究名家十年文选》，页236。
② 《唐人小说与政治》，页274—276。

本，如何对《柳毅传》的主题进行淡化或强化，也值得关注。这是第四点思考。

本文论述多根据杜德桥论文之汉译本，实际上，汉译本并非没有问题。页 236 中称“狂暴的龙王之弟洞庭君”，显然是“钱塘君”之误。页 242—243 多处“遂”字误为“逐”，也许只是校对不够精细所致。页 244 称“名著《大唐西域记》的几种手稿尚存”，注 3、注 11 及注 33 等处也提到“手稿”，“手稿”均应作“抄本”。至于注释中所存在的专有名词错误，为数不少，而且特别刺眼。如《西溪业语》应作《西溪丛语》，“班桥”应作“(台北)板桥”(以上页 254)，“石田于之助”应作“石田干之助”，“宋敏秋”应作“宋敏求”(以上页 255)，“业书”应作“丛书”(页 257)，“王蒲”应作“王溥”(页 258)，等等，皆其一目了然者。至于应译而未译的英文、日文、法文的专有名称，如南港“中央研究院”、杨联陞等，也还有一些，此处不一一列举。总之，海外汉学论著的汉译，实在不是一件简单的事，绝不可轻忽视之。

（原载《世界汉学》第 8 卷，中国人民大学出版社，2011 年）

拾陆
欧美中国古典文学研究论著十种提要

一、《早期中国文学》，[美]华滋生著

Burton Watson, *Early Chinese Literature*, New York：Columbia University Press, 1962.

华滋生，曾任美国哥伦比亚大学教授，现已退休。他曾师从哥伦比亚大学王际真教授和日本京都大学吉川幸次郎教授等，对中日文学都有研究。他的才华和勤奋，使他成为战后成长起来的第一代汉学家中著译甚丰、成就斐然的代表人物，也是继魏理之后当代最著名的中日文学翻译家之一。他的译作甚多，仅中译英著作就有《论语》《左传》《庄子》《墨子》《荀子》《韩非子》《史记》《汉书选译》《汉魏六朝赋选译》《寒山诗一百首》《杜甫诗选》《白居易诗选》《苏东坡诗选》《陆游诗文选》等，而且基本上都是在哥伦比亚大学出版社出版的。他还为这家出版社翻译了《日本汉文学选集》、吉川幸次郎《宋诗概说》，主编了《哥伦比亚中

国诗选：从早期到13世纪》(*The Columbia Book of Chinese Poetry: From Early Time to Thirteenth Century*, New York: Columbia University Press, 1984)。

本书题名中所谓“早期中国文学”，是指公元100年以前的中国文学。作者以公元100年作为早期与中古的历史分界线，体现了他独特的学术思考。他认为，公元100年虽然处于东汉中期，但在中国文学史上却是一个重要的标志性年代。在文学上，以此为界，此前一时繁盛的汉代散文创作走入衰微，未再出现像司马迁、班固那样伟大的散文作家；而新生的五言诗此后正式走上文坛，并开启了一个由五言诗主导的新的诗歌时代。在政治上，东汉帝国的政局由此开始动荡，大约100年之后，终于将中国历史推入了一个分裂动乱的时代，直到六世纪后期的隋朝(遗憾的是，作者在叙述中，误将隋朝重新统一中国误作七世纪初期了)，才又宣告统一。从思想史的角度来看，佛教开始传入中国并正式立足，也在公元100年左右，它对中国思想意识及文化艺术形式的深远影响，在此后的时代里才次第展开，并逐渐显示出来。总之，无论从哪一个意义上说，从上古到公元100年的文学，都可以自成一个段落。

对于中国历史的分期，欧美汉学界使用了包括early China、early medieval China、medieval China、late imperial China在内的多个概念。但是，不同学者在不同场合使用early China这一概念时，内涵似乎并不明晰，所指也并不确定。例如，宇文所安在其编译的《中国文学作品选：从起源到1911》一书中，所用的early China就是指从先秦到东汉之前，下限比华滋生提前一百多年；而在《中国中古前期文学与文化史研究——马瑞志、侯思孟纪念论文集》的《序言》中，柯睿和康达维则认为early medieval China是从建安时代开始的，这等于承认early China

应止于建安时代，其下限又比华滋生推后了将近一百年。无论如何，这一套历史分期体系打破了朝代分期的固定模式。欧美学者对有关分期上下限展开的思考与讨论，对中国文史研究界是有参考价值的，值得我们深长思之。

严格来说，本书并不是一部精深的学术专著。相反，它主要面向一般英语读者，回答他们关于早期中国文学的形式、主题、重要特征及作品类型等方面的问题。作者指出，本书之所谓“文学”，并不是狭义的纯文学，而是指广义的文学，即所有能够清晰地、艺术地表达思想感情的作品，包括历史、哲学、诗歌三大部分。众所周知，早期中国文学与历史、哲学浑融未分，早期中国的文学观念也不明晰，这些特点决定了本书对文学的范围界定和本书的结构安排。本书正文共四个部分:《绪论》《历史》《哲学》《诗歌》。在《绪论》中，作者介绍了早期汉语的特点，帮助读者了解中国文学的语言背景。由于作者的文化背景，他在叙述中国文学时，有意识地做了一些中西文化的比较，例如《历史》章第九节就是关于中国古代史学与希腊罗马史学的比较;《哲学》章第三节则比较了庄子与古希腊罗马人对死的看法的异同。为了贴近本书主题，突出重点,《哲学》章并不系统分析诸子的哲学思想，而是侧重描述其文体与风格，叙述其文章所引起的人们的文学兴趣。《诗歌》章中对《楚辞》的叙述，主要采用了霍克思的观点，但其中关于中国诗歌在南方和北方的两次发轫、四言诗体的消逝以及汉赋创作的继兴等看法，仍是富有启发的。在每一部分后面，他还附了一份颇为详细的《阅读书目》(Suggested Readings)，分为通论性著作和译著两类。从这些书目中，可以窥见英语世界对中国早期文学的翻译和研究的大概情况，对进修者与研究者都有参考价值。同时，本书文笔流利清畅，可读性强，也是值得赞赏的。

《早期中国文学》是哥伦比亚大学东方研究委员会主持的“东方思想与文化研究导引”丛书之一。本书有中译本，题为《古代中国文学》，1969 年由台北华冈出版部印行，译者是著名戏曲学者、曾任教于夏威夷大学的罗锦堂教授。但此译本似乎流行不广。[①]

二、《楚辞：南方之歌》，[英] 霍克思译著

David Hawkes, *Ch'u Tz'u: The Songs of the South, An Ancient Chinese Anthology*, Oxford: Oxford University Press, 1959.

霍克思，生长于伦敦东区，中学毕业后进入牛津大学基督教堂学院学习古典学，未及毕业就转到伦敦学习军事日语，并辅导情报人员破译日军密码及分析战役报告。在这一过程中，霍克思对东方语言产生了浓厚的兴趣，并与著名汉学家魏理结识。第二次世界大战结束后，他回到牛津，在当时牛津唯一的汉学教师、传教士出身的修中诚的指导下学习汉语。1948 年到 1951 年间在北京大学留学。1955 年，他以《楚辞的年代与作者问题》的论文获牛津大学中国文学博士学位，1961 年出任牛津大学中国文学讲座教授。1979 年为了能全身心投入《红楼梦》英译，霍克思辞去这个教授职位。

此书是霍克思教授的成名作，是在其博士论文中的翻译部分的基础上修订而成的。除了《前言》和《目录》，书的正文部分包括《总论》、十七篇楚辞作品（《离骚》《九歌》《天问》《九章》《远游》《卜居》《渔父》《九辩》《招魂》《大招》《惜誓》《招隐士》《七谏》《哀时命》《九怀》

① 对本书的评述，参看拙撰《五种英文本中国文学史著作评述——兼谈中国文学史的编撰问题》，原载《跨文化对话》第 2 辑，上海文化出版社，1999 年。现已收入本书。

《九叹》《九思》)、《校注》、《附考》、《〈楚辞〉英译史》、《索引》。十七篇作品之顺序一依王逸《楚辞章句》，除了全文翻译及附加脚注之外，每篇作品之前还有类似题解的《说明》，要言不烦，往往融入作者的研究心得，间有辨析，值得注意。例如在《离骚》篇的解题中，作者比较了《离骚》中所体现的屈原与《史记·屈原贾生列传》所描述的屈原之间的异同；又指出，《离骚》最后两句“既莫足与为美政兮，吾将从彭咸之所居”，究竟是作者真实的告白还是比喻性的写法，关系到我们对全诗的理解。作者还简单分析了《离骚》中的神游描写，强调其背后的巫文化渊源、其所产生的文学影响以及艺术意义，观点皆有启示意义。《附考》部分是五篇小考证，对《离骚》原文翻译及理解中的几个难点，包括“摄提”“荃”“灵修”“女须”“兰”“椒”等，提出自己的看法。一方面，传统注家多以为，《离骚》中“兰”隐指楚怀王之少子子兰，“椒”隐指楚大夫子椒，霍克思则认为，子椒之说只是注家的想象，并没有得到史料文献的支持，子兰之说也同样没有根据。另一方面，《离骚》中这一类香草确实隐指某些现实人物，只是我们现在无法确认这些人是谁。总之，此书虽以翻译为主，然而，其《总论》《说明》《校注》及《附考》部分，却时见译者个人的研究见解。《〈楚辞〉英译史》追溯了《楚辞》的英译史，对 E. R. Parkers、翟理斯、理雅各、叶乃度、魏理等十余家译本有简短评论，对理解《楚辞》的外传也有帮助。

《楚辞》中花草之名甚多，给翻译带来很大困难。一则古代汉语中的这些专名今天也无法确认，即使可以确认，也往往是一个植物学上的学名，无法在文学翻译中应用。霍克思对此做了灵活机动的处理，有时根据中文字面创用新词，如将《离骚》中的“揭车”译作 cart-halt；有时借用某一拉丁文名词而加以英语化；有些花草名早有传统译法，沿用已久，如译“兰”为 orchid，明知其不对，亦不再另起炉灶，仍旧照用，以免造成更多困扰；有时则在英语植物种属名之前加上某个修饰限定词。显然，正如作者所指出的，这种做法不合科学，但是为了解决文学翻译中的问题，不得不采取这样的权宜之计。

作者自认为其译文介于直译与意译之间，其实，他不仅重视对原文的忠实和译文的准确性，也重视译文的可读性。一方面，他深受英国著名汉学家、翻译家魏理的影响。在具体翻译过程中，他也得到了魏理的很大帮助和鼓励。另一方面，《楚辞》的字句解释，往往涉及很多异文及通假字等问题。霍克思参考了古今各家注本，其中，闻一多的研究成果特别是其《楚辞校补》对其启发最大。因此，在本书《前言》末段的致谢名单中，他特别提到这两位学者的名字，尽管闻一多彼时已经去世十余年。

霍克思的汉学研究从《楚辞》起步，他也是西方最早翻译《楚辞》全书并专力对其展开全面研究的第一位学者。他的《楚辞》英译以及其他有关《楚辞》的研究成果，至今仍然受到中西学术界的重视。西方汉学家论著中涉及《楚辞》，经常征引此书。他关于《楚辞》研究的重要论文《神女之探寻》早被译为中文。史墨卿出版《离骚引义》书后所附英文翻译，即采用霍克思的译本。霍克思的楚辞翻译，不仅为西方汉学研究提供了一个中国文学经典基本文献，也为丰富世界文学宝库做出了贡献。

此书出版之后，霍克思还继续关注《楚辞》研究的课题，并发表了一些论文。其中比较重要的有《帝高阳之苗裔考》，后收入其论文集《古典、现代与人文：中国文学论集》，《楚辞》研究者自当参考。[①]

---

① 对此书的评述，参考了拙撰《论霍克思教授的〈楚辞〉翻译——读〈楚辞：南方之歌〉》，载中国屈原学会编：《中国楚辞学》第18辑，学苑出版社，2011年。今收入本书，即第拾贰篇。

三、《诗歌与政治：阮籍生平与作品》，[法]侯思孟著

Donald Holzman, *Poetry and Politics: The Life and Works of Juan Chi*, Cambridge: Cambridge University Press, 1976.

侯思孟的汉学研究是从阮籍研究起步的。1953年，侯思孟于美国耶鲁大学获得第一个博士学位，其博士论文即是《阮籍及其诗歌》。但这一成果最终公开正式出版，已经是在二十余年后。从美国到法国，从阮籍到嵇康，时隔多年再次回到阮籍，其学力自非当年可比。侯思孟将此书题献给他的第二个博士学位的导师、巴黎大学戴密微教授，显示他深受戴密微的影响。在《自序》中，侯思孟感慨当年选题之莽撞，又惭愧当年译文之粗疏。确实，理解阮籍其人及其诗文，学力固然重要，人生历练亦不可少。《自序》之后，是饶宗颐用汉字楷书书写的《题辞》。接下来是《魏晋帝王年表》（自曹操至司马炎），以备不熟悉这一段历史背景的读者参考。正文除了头尾的《前言》和《结论》之外，由十一章构成，略可分为三部分。第一部分讨论阮籍生活的政治环境：包括第一章《曹魏早期君主》、第二章《东平》、第三章《刺杀与退缩》；第二部分讨论社会问题，包括第四章《反对形式主义》、第五章《儒学文章与对庄子的奇特理解》、第六章《社会与孤独》；第三部分则阐述阮籍的内心世界，包括第七章《女仙》、第八章《追求长生》、第九章《神秘主义》、第十章《大人先生》、第十一章《诗歌》。有人提出，既然本书第四至第十章都是讨论阮籍的哲学与宗教思想，那就可以视为一体，只不过如此一来，则专论阮籍诗歌形式特点的第十一章便孤悬在外，全书的结构显得不那么匀称。

本书《绪论》开门见山，明确提出："三世纪是中国历史上最伟大的转折点之一，是一个人们生活的各个方面都发生了诸多变化的时期。"阮籍不仅是这一历史时期的产物，在很大程度上，他的思想和活动也构成甚至促成了这一历史时期的诸多变化。遗憾的是，由于文献史料的匮乏，绝大部分阮籍作品都无法准确系年，所有阮籍生平与诗文的研究者都面临诱惑和困惑的两难。所谓"诱惑"，是说阮籍幽渺隐微的表达习惯，诱使读者或研究家费尽心力去求取真解，甚至不免求之过深，导致过度阐释。所谓"困惑"，是说史料不足，注家纷纭，常常令人无所适从，怯言其志，甚至陷入不可知论的泥淖。侯思孟对此的策略有二：一是尽量多提供有关阮籍生平及著作的材料，以便读者自我判断；二是既然生平事迹无法准确系年，其思想发展历程亦难以真切地描述，与其强为系年导致削足适履，不如依照主题分章叙述。但这样做也产生了新的问题。政治与社会本来难以截然区分，何况在这两大题目下又细分出若干小的专题。作为一种特殊的史料，将某些诗文分列某一专题而不是另一专题之下，就难免引起争议。

作为一部评传来看，《阮籍生平与作品》是相当成功的。侯思孟从政治、社会、心灵各个角度，生动地描绘出了阮籍的形象。阮籍由儒入道，他反对儒家名教，主要是激于当时的现实，而不是针对历史上的儒学思想。同时，他也通过老庄思想、神仙学说及神秘主义来寻求生命的解脱。相对于思想形象，书中对阮籍诗歌艺术的解析显得较为单薄。一方面，侯思孟同意大部分《咏怀诗》是讽刺诗，但具体讥刺哪些政治人物，影射哪些政治事件，则不宜过于落实。有时候，他也情不自禁地竭力追索，偶尔求之过深。另一方面，阮籍《咏怀诗》毕竟是在中国诗史传统中生长起来的，《诗经》、楚辞以及汉末以来的五言诗，对《咏怀诗》的语言形式及其比兴手法都有所影响，而侯思孟为了强调《咏怀诗》乃阮籍诗心之独发，似乎有意无意地忽略了这一点。

在研究阮籍的过程中，侯思孟不仅翻译了阮籍全部 82 首五言《咏怀诗》，而且翻译了阮籍现存所有赋作以及大部分散文作品。这项工作为西方汉学界提供了重要的基础文献，具有原创性。作者在这方面倾注精力之多，用力之勤，功力之深，令人肃然起敬。阮籍《咏怀诗》语言隐僻，旨意幽微，在中文学界向来号称难解，以英文译解，更被一般人视为畏途。侯思孟广征群籍，遍参旧注，破解了许多难点，攻克了不少难关，在数典释义方面也提出了一些富有创意的新见解。在翻译解析文本的时候，他也提出了不少不可解的疑点，例如《清思赋》中的“离伦”与“膺贾”，《达庄论》中的“钟山之口”，《大人先生传》中的“制物”等，这些词语意象究竟应该如何理解，都有待进一步探究索解。此外，饶宗颐在《题辞》中提到，阮籍家学中的《易》学承传对阮籍思想可能有影响。他又提出，阮籍《乐论》所谓“刘子问曰”可能是指刘劭，而不是一般人所理解的刘伶。以往我们注意阮瑀尤其是他的文学对阮籍的影响，较少注意到号称“魏晋三玄”之一的《易》学的影响。这些材料与观点虽然由饶宗颐先生提出来，但毕竟是由侯思孟的书引发的，而且见于侯书《题辞》之中，值得特别提出以引起学界同人的注意。

此书出版之后，柯睿、伊佩霞等人在 *T'oung Pao*、*Journal of the American Oriental Society*、*The Journal of Asian Studies*、*Harvard Journal of Asiatic Studies*、*Bulletin the School of Oriental and African Studies, University of London*、*Pacific Affairs*、*Chinese Literature: Essays, Articles, Reviews* 等重要汉学刊物上共发表了七篇书评，可见其影响之广。本书的第八章和第九章，曾由钱南秀译为中文，改题《论阮籍二题》，刊于钱林森编《牧女与蚕娘：法国汉学家论中国古诗》，后又收入钱林森编《法国汉学家论中

国文学：古典诗词》。

1986 年 12 月 29 日至 31 日，“中研院”第二届国际汉学会议在台北召开。侯思孟向大会提交了论文《阮籍四言咏怀诗真伪考》，首次对二十世纪八十年代中期出现的十首四言《咏怀诗》提出质疑。他首先追踪了这组诗的文本历史，再对新发现的十首四言《咏怀诗》进行翻译解析，并将其风格与内涵与包括阮籍在内的当时其他诗作进行比较，从而得出结论：尽管其风格颇类三世纪作品，但这些诗与阮籍在其他作品中表达的思想与态度鲜有相同。此组诗为阮籍作品的可能性很小，如果真的是阮籍所作，也应该是很早期的作品，其创作年代与五言《咏怀诗》距离较远，乃至有思想上的差异。这是侯思孟阮籍研究的最新成果，是第一篇也是唯一一篇比较有分量的质疑这些诗作的论文，学界实在不应忽视。[①]

四、《嵇康及其〈琴赋〉》，[荷兰]高罗佩著

R. H. van Gulik, *Hsi K'ang and His Poetical Essay on the Lute*, Tokyo: Sophia University, 1941; Tokyo: Sophia University and Rutland Vt: The Charles E. Tuttle Company, 1969.

高罗佩，字芝台，号笑忘，室名中和琴室，荷兰著名汉学家。1933 年于荷兰莱顿大学获得学士学位，1935 年于荷兰乌特勒支（Utrecht）大学获得文学博士学位。随后作为荷兰驻外使节，在中国、日本、黎巴

① 对本书的评述，参考拙撰《千古惊知己——法国汉学家侯思孟的阮籍嵇康研究》，载江建俊主编：《竹林学的形成与域外流播》，（台北）里仁书局，2010 年，页 185—206。现已收入本书。

嫩、马来西亚和美国等地使领馆工作。1965 年出任荷兰驻日大使，1967 年不幸病逝。在外交本职工作之外，高罗佩一生专力于汉学研究，不仅出版了《秘戏图考》《中国古代房内考》等学术著作，对汉学研究做出了很大的贡献，还创作了通俗系列侦探小说《狄公案》，在社会上产生了广泛的影响。

高罗佩虽然生长于荷兰，却对中国传统文化有浓厚而广泛的兴趣。诗文小说，皆有关注；琴棋书画，无所不好。对于古琴，他尤其具有浓厚的兴趣。他本人爱好收藏明清古琴和琴谱，而且曾向古琴名家叶诗梦、管平湖、关仲航等人拜师学艺。第二次世界大战期间，他还与于右任、冯玉祥等人在重庆共组天风琴社，弘扬琴道，雅韵流芳。对中国古琴的挚爱，也促使他花费很多精力，研究古琴文化，撰成《琴道》[①] 一书。在撰写《琴道》的过程中，他对嵇康《琴赋》这篇作品展开了专题研究，不仅英译了《琴赋》全文，而且对作为思想家、音乐家和文学家的嵇康其人做了较全面的探讨。这项研究完成之后，其篇幅已长达一百余页，附入《琴道》一书似嫌体量过于庞大，遂独立印成一书。但实质上，这两部书是互补关系：《琴道》为《嵇康及其〈琴赋〉》提供了关于古琴历史背景及其文化意义的论述，而《嵇康及其〈琴赋〉》则为《琴道》提供了一个具体的研究个案。读者应该放在一起来阅读。

在《序言》中，作者陈述了此书的写作缘起，并简要回顾了西方汉学家对嵇康研究的历史。此书正文共分三个部分。第一部分包括四章：第一章《竹林七贤》、第二章《嵇康小传》、第三章《作为诗人和哲学家的嵇康》、第四章《作为音乐家的嵇康》，分别从群体归属与个体身份的

---

① R. H. van Gulik, *The Lore of the Chinese Lute, An Essay in the Ideology of the Ch'in*, Tokyo: Sophia University, 1940; Tokyo: Sophia University and Rutland Vt: The Charles E. Tuttle Company, 1969.

多个角度研究《琴赋》的作者嵇康。第二部分共三章，侧重从内容与形式等角度研究《琴赋》：第五章《文本及其注释》、第六章《格式与内容》、第七章《有关译文的备注》。为了帮助一般读者阅读理解译文，第七章中还简要解释古琴构造及其特点，并对《琴赋》分段，疏解段落大意。第三部分即是嵇康《琴赋》全文的译注。1969 年出版的修订本中还附有《琴赋》中文楷书文本。书中有三张插图：内封《嵇康抚琴图》取自作者本人所收藏的稀见明版《列仙传》；页 44—45 间是日本收藏的一具唐代古琴图；页 69 则是南京西善桥出土的《竹林七贤图》中的嵇康图。

在第一章中，高罗佩认为，竹林是洛阳北郊一处风景胜地，嵇阮诸人在公事之余，在此悠游休假，如同隐士。他们的生活与理想，代表道家的思想与行为方式，遂被后人塑造为道家理想中的隐士形象。而实际上，竹林七贤与当时魏晋之际政治都有密切联系。他还认为，当诸人相与聚会之时，实际上还比较年轻，而在后人的图画中，他们却被描绘成须髯飘拂的长者，这其实是再次承认七贤属于道家隐逸传统。第二章《嵇康小传》列举有关其生平的文献材料，遗漏袁宏《竹林名士传》，又称戴逵《竹林七贤论》作者未详，皆有待补正。韩格平《竹林七贤诗文全集译注》后附《戴逵〈竹林七贤论〉残句辑校》《袁宏〈竹林名士传〉残句辑校》，将相关材料辑录一处，颇便参考。在第六章中，高罗佩追溯《琴赋》主题的历史渊源，梳理了汉魏乐器赋发展的线索，并提到蔡邕、成公绥、闵洪等人据称亦有《琴赋》之作。其实，这是完全可以确定的。蔡邕等人之赋尚有佚文存于《初学记》《艺文类聚》《玉海》等类书中，可备参考。嵇康《琴赋》不仅有对音乐的生动描述和曼妙形容，而且对研究琴道颇有帮助。不过，赋中那些涉及音乐演奏尤其是古琴弹奏技法的词语，颇难理解。古今注家，包括李善和五臣在内，大多数并不精通琴道，注释之时只能侧重于语词的一般训诂。少数学者和一些琴学专家，如清代学者叶树藩、琴学大家朱丰杰、现代学者杨宗稷等，虽然注意结合对琴道的理解，对例如“间声”以及“搂批𢱢捋，缥缭潎洌”等琴学专门术语做注释，但由于唐前琴谱、琴道之类的文献多已失落，这些术语至今仍然无法求得确定一致的理解。总的来看，高罗佩对《琴赋》的翻译是采取学术性的直译，而不是可读性特别强的那种文学翻译，但是，他在译注中能够发挥自身的琴学修养，征引《步虚仙琴谱》《与古斋琴谱》等琴学文献，所提出的看法是值得我们参考的。

除了文献使用之外，本书也还存在一些细节上的瑕疵。以修订本而论，第一章脚注中“范宽”误作“茫宽”，第二章脚注引干宝《晋纪》误作“于宝《晋记》”，皆应改正。至于修订本中所附中文《琴赋》，“思假物以托心”一句书写时误脱“心”字，后在“托”下补入其字，遂使“托心”二字看上去像一个字；“若和平者听之”一句“平”字误书作“乎”，实白璧之微瑕，亦美中之不足。

五、《嵇康生平与思想》，[法]侯思孟著

Donald Holzman, *La vie et la pensée de Hi K'ang* (223–262), Leiden: E. J. Brill, 1957.

侯思孟，法国当代著名汉学家，1953 年毕业于美国耶鲁大学，曾任教于密西根大学，后赴法国，师从当时法国汉学界泰斗戴密微攻读第二个汉学博士学位。1957 年，侯思孟以一篇题为《嵇康生平与思想》的优秀论文，获得了巴黎大学汉学博士学位。同年，这篇论文便以专书的形式，作为哈佛燕京学社的专著丛书之一，在荷兰莱顿 E. J. Brill 出版社出版。

在此书出版以前，侯思孟就已发表两篇关于竹林七贤的论文：《竹林

七贤在中国历史上的地位》和《竹林七贤与当时社会》。嵇康与阮籍同属“竹林七贤”，也是这一群体中最重要的两位成员。侯思孟在耶鲁大学的博士论文以阮籍研究为题，将研究领域从阮籍进一步扩展到嵇康，是很正常的。实际上，在1956年，侯思孟另外还有两篇论文讨论嵇康与佛教及道教的关系，一篇是《嵇康与佛教》，另一篇是《阮籍与嵇康及其道教思想》。

《嵇康生平与思想》由两部分组成。第一部分《概论》共三章。第一章《三世纪哲学的文艺复兴》，叙述嵇康所处的三世纪的思想史背景。第二章《嵇康的生平（223—262）》，根据史传文献以及诗文作品材料考述嵇康的生平，所占篇幅最多（页12—51）。有意思的是，作者据王隐、虞预《晋书》中的有关记载，考证嵇家姓氏之所出，并提出“嵇”姓应读同“奚”（Hi）。此说是否可靠另当别论，但它确实体现了侯思孟研究中某些老派汉学家较真字句的特点。第三章《嵇康的思想》（页52—79）重点从嵇康的作品中探讨他的思想。作者认为，嵇康对于中国哲学思想尤其是道家思想有原创性的贡献。他将道家思想的重点转换到一个更个人化、更内省、更心理层面的基点之上，这种转换为其时正在进入中国的佛教开辟了思想史的道路。嵇康思想中的内省倾向表明，内省倾向是中国思想与生俱来的一个特点，并不是佛教带到中国来的，而这一点在中国思想史上的重要意义以往并没有引起足够的注意。显然，侯思孟在这里突出的是嵇康对佛教的影响，而不是佛教对嵇康的影响。

本书第二部分为嵇康四篇重要作品的翻译，包括《养生论》《黄门郎向子期难养生论》《答难养生论》和《释私论》。每篇译文都附有详细注释，列在当页下方。实际上，这四篇论说文正是前一部分第三章论述嵇康思想的主要文献依据，译注与论述相辅相成。《释私论》一篇以往不太受人注意，侯思孟对其却格外关注。在《释私论》题下，他写了一段较长的说明，引证“释法用私”“释争”“释忿去争”“释罪”等用例，确定“释”不是“解释”，而是“释除”“放下”之意。张溥《汉魏六朝百三名家集》此篇题作《无私论》，《晋书》本传谓“又以为君子无私，其论曰”，皆可佐证侯思孟的这种解释。近年出版的童强《嵇康评传》中亦特设《是非与公私》一节，其论述几乎完全以《释私论》为依据，虽然未及参考侯思孟此书，其思路却与侯思孟暗合。

书的最后附有一段关于《嵇康集》诸种版本的简单介绍。接下来是《参考书目》，《参考书目》中把“葛洪”误作“曷洪”（页 133）、“历代名画记”误作“历代明画记”（页 135）、“严可均”误作“颜可均”（页 136），等等，多因音近或形近致误。西方汉学论著中常见此类汉字排印讹误，虽属小节，亦应改正。《书目》之后，是书中所征引及翻译的嵇康作品的中文文本（页 137—189），最后是全书的索引。

顾名思义，《嵇康生平与思想》的重点不在其诗歌。书中虽然涉及并译释了一些嵇康诗歌，但都是围绕相关论述展开，为论题服务，是论证的副产品。书的第二部分亦只翻译论说文，未及诗歌，可以说是美中不足。有鉴于此，侯思孟在此书出版之后，又贾其余勇，于 1980 年发表了长达一百余页的长篇论文《嵇康的诗歌》。从形式与内容两方面来看，《嵇康的诗歌》一文都确实可以看作是《嵇康生平与思想》一书的补编。此文第一部分为《概论》，介绍前人对嵇康诗文的评论，考述嵇康作品及其版本。第二部分至第六部分，大体按照诗歌的主题类型，分为写给兄长的诗、写给朋友的诗、哲学思考题材（尤其是道家神仙题材）的诗、自传诗等几组，逐一对嵇康的诗进行详细译释。第七部分则是结论，论述嵇康诗的特点及其历史地位。此文译释了戴明扬《嵇康集校注》第一卷所收的全部诗作，可以说是对嵇康诗歌做了一个全面而详细的研究。

嵇康写给其兄的诗，即《兄秀才公穆入军赠诗十九首》，是嵇康最为重要的一组诗作。《嵇康生平与思想》中只翻译六首，本文不仅重新翻译这六首，于原译文颇有修订，又新译了这一组诗中余下的所有诗篇，并希望以对这些诗作的细读阐释为基础，剖析这一组诗的完整结构。比较新旧两种译本，大抵后出转精，彼此对读，不仅可以体会到侯思孟汉学功力之精进，亦足见其治学态度之严谨认真。嵇康诗歌对《诗经》《楚辞》以及汉末以来诗歌传统的继承和弘扬，他的四言诗在内容与形式两方面的创新，在文中都有翔实论析。此文后来收入侯思孟论文集《中国文学从上古到中古的演变》。《嵇康生平与思想》一书如有机会重印或译介，实应合并此文，读者更应并读之。

1997 年，侯思孟又发表论文《三世纪中国的抗议：阮籍与嵇康对司马氏篡位的反抗》，这是他在这一领域的最新成果，也说明他对嵇阮研究的兴趣历久不衰。[①]

六、《哀江南赋》，[美] 葛兰译

William T. Graham Jr., *"The Lament for the South": Yü Hsin's "Ai Chiang-nan Fu"*, Cambridge: Cambridge University Press, 1980.

本书作者葛兰，毕业于哈佛大学，师从海陶玮教授，攻读中国文学博士学位，1976 年获博士学位，曾执教于俄亥俄州立大学，1981 年 10 月因病不幸英年早逝。在西方汉学界，他是最早专力于庾信与六

① 对该书的评述，参考拙撰《千古惊知己——法国汉学家侯思孟的阮籍嵇康研究》，载《竹林学的形成与域外流播》，页 185—206。现已收入本书。

朝辞赋研究的学者之一，生前已出版《庾信及其〈哀江南赋〉》[①]、《祢衡〈鹦鹉赋〉》[②]。在庾信研究方面，除此书之外，为了准备下一部庾信研究的著作，他已投入了很多精力，完成了140篇庾信诗译注的初稿。他去世后，海陶玮教授对其译稿做了整理，选取其中对《拟咏怀诗》27首的译注，发表在《哈佛亚洲学报》上。[③]文章长达51页，颇有分量。

作为“剑桥中国历史、文学与制度研究丛书”（*Cambridge Studies in Chinese History, Literature and Institutions*）之一，这本晚至1980年才出版的著作，仍然是当时西方汉学界仅有的几种赋学研究著作之一。在1980年以前，欧美汉学界甚至包括中文学术界对于赋的研究非常少，仅有的一些研究也基本上局限于汉赋，甚至集中于汉赋的少数几位名家，对于六朝赋则罕有问津者。众所周知，庾信是南朝最重要的作家之一，其辞赋创作亦堪称集六朝骈赋之大成，而《哀江南赋》又以其精致典雅的语言技巧及沉郁深厚的思想内涵，当之无愧地成为骈赋的典范篇章，也是南朝骈赋的第一巨作。此前只有奥地利汉学家查赫有过德文译本[④]，但那是比较自由的翻译，并没有多少深入具体的文本研究。表面上，葛兰此书也只是这篇赋作的翻译，实际上，全书长达234页，它长篇的研究性绪论以及译文所附带的详细而专业的注释，使之在六朝赋研究中亦具有重要参考价值。因此，与其说这是一部译作，不如说是以译注的形

---

① William T. Graham Jr., Yü Hsin and “The Lament for the South”, *Harvard Journal of Asiatic Studies*, Vol. 36 (1976), pp. 82–113.

② William T. Graham Jr., Mi Heng’s “Rhapsody on a Parrot”, *Harvard Journal of Asiatic Studies*, Vol. 39, No.1 (Jun., 1979), pp. 39–54.

③ William T. Graham Jr. and James R. Hightower, Yü Hsin’s “Songs of Sorrow”, *Harvard Journal of Asiatic Studies*, Vol. 43, No. 1 (Jun., 1983), pp. 5–55.

④ Erwin von Zach, Die Chinesische Anthologie, *Übersetzungen aus dem Wen Hsüan*, Cambridge: Harvard University Press, 1958, pp. 1047–66.

式呈现的译者的研究心得。从这个意义上，可以说它是西方汉学界最早的一部研究六朝辞赋的专著。

作者谙于六世纪史事，故第一章及译文注释中，对侯景之乱前后的梁朝形势做了前所未有的、详细准确的描述；第二章对六朝赋的主题及其形式的特征做了简要介绍。在正文的译注中，作者对赋的语言及其用典做了深度解析，其中有些是中国学术界也未解决的疑难问题。作者在译释此赋时，能够援引庾诗以证赋，其方法也是十分可取的。显然，庾信赋中丰富的典故以及灵活的句法，给翻译者带来了很大的困难。作者广泛参考多种旧注，吸收其精华，在甄别去取中又充分发挥独立思考，对原文有了更深的理解。有些新注可补旧注之不同，例如“竞动天关，争回地轴”二句，译注中明确指明此句是隐喻梁代诸王争夺皇位，就说得比前贤更明确清楚。译者也许是出于学术研究的考虑，他在翻译中倾向于采用与原文字词尽量对应的直译，而不免牺牲了文章的流畅性与可读性。即使某些并不复杂的句式，也有可能造成误解。如“金陵瓦解”中“瓦解”一词译为 scattered like tiles，即过于直译；“三日哭于都亭”，“哭”译为 mourn，并不准确；“并能著书，咸能自序”译为 Both were recounted, both were retold，更明显有误。尽管如此，此书的译文总的来说还是严谨的，其详尽的注释更是其学术性的凝聚，价值比译文更高。

此书出版之后，赋学专家、西雅图华盛顿大学的康达维教授和六朝文学专家、法国社会科学高等研究院（École des Hautes Études en Sciences Sociales, Paris）的侯思孟教授分别在《哈佛亚洲学报》和《中国文学》上发表书评。侯思孟批评其对庾信生活的时代背景描述不够全面，对庾信个人的思想与心理的分析深度也不够，在论述中，对传统史料及史家观点的取舍亦有不当之处。康达维则侧重评论书中对六朝赋史的描述，认为其中对赋史的某些判断不够准确，某些译文亦有待商榷。但是在总体上，两位学者都充分肯定本书作者的文言造诣，肯定其文本理解的深度，亦肯定其译注的学术价值，同时对此书的学术意义皆给予高度评价。

七、《中国中古前期文学与文化史研究——马瑞志、侯思孟纪念论文集》，［美］柯睿、康达维编

Paul W. Kroll and David R. Knechtges ed., *Studies in Early Medieval Chinese Literature and Cultural History: In Honor of Richard B. Mather & Donald Holzman*, Provo, Utah: T'ang Studies Society, 2003.

《中国中古前期文学与文化史研究——马瑞志、侯思孟纪念论文集》由科罗拉多大学柯睿教授和西雅图华盛顿大学康达维教授联袂主编，是为马瑞志和侯思孟两位教授祝寿的纪念论文集（西文中称之为 Festschrift）。在此书出版的 2003 年，马瑞志教授已经寿登九十，而侯思孟教授也已经年近八十。马瑞志教授毕业于柏克莱加州大学，长期执教明尼苏达大学；而侯思孟教授先后毕业于耶鲁大学、巴黎大学，曾任法国国家科学研究中心古典汉学研究组主任、法国高等汉学研究院院长。将大西洋两岸这两位年纪相差十三岁的汉学家相提并论，完全是因为他们都将毕生精力献给了一个共同的事业——魏晋南北朝文学和文化史的研究。两位同样高寿的学者，也同样有着长青的学术生命，延续将近半个世纪。这册论文集的出版，正是以论学的方式向这两位前辈的学术成就致敬。论文集标题中的“中古前期”是欧美汉学界惯用的一个术语，具体使用中各家所指小有不同，本书指的是从建安直到唐朝建立为止的

大约四百年时间，差不多相当于中国学术界通常所谓的魏晋南北朝时期，这正是马瑞志和侯思孟一生研究所集中的时段。标题中的“文学与文化史”，也恰当地概括了两位教授学术研究的侧重和特色。

二十世纪五十年代以前，整个欧美汉学界的魏晋南北朝文学和文化研究几乎乏善可陈，看不到多少厚重、精深而严密的专门研究，更缺乏独树一帜的领军人物。自二十世纪五十年代以来，欧美汉学在魏晋南北朝文学与文化研究领域开拓良多，在很多方面都取得了长足进步，令人刮目相看。回顾这一历程，马瑞志和侯思孟这两位先生居功至伟。他们以各自取得的丰硕成果，显著提升了论著水平，奠定了坚实的研究基础，开创了全新的学术局面，同时也为后来者树立了崇高的标准和良好的榜样。可以毫不夸张地说，他们是近六十年欧美魏晋南北朝文学和文化研究领域的两面旗帜。在这个共同的研究领域中，马瑞志教授主攻后半段也就是南北朝文学和文化，尤以《世说新语》英译和对永明诗人的研究而驰声学界；侯思孟主攻前半段也就是魏晋文学和文化，在魏晋诗歌尤其阮籍、嵇康研究方面硕果累累。虽然彼此的论著范围偶有交叉重叠，但基本上可以说，二人各自方向明确，重点突出，好像有一个默契的分工，彼此的工作正好可以互补。这一点从本书所附二人论著目录中可以看得很清楚。书前另有马瑞志教授和侯思孟教授的学术传略，对了解两位学者的学术经历与贡献很有帮助。

这册论文集厚达469页，收录论文十篇，依次列目如下：

1. 威斯康星大学教授高德耀《“七步诗”真伪考》；

2. 西雅图华盛顿大学教授康达维《柑或南金：西晋文学中的地域认同》；

3. 斯瓦士摩学院副教授柏士隐《追求解脱：西晋的〈招隐士〉诗》；

4. 麻省理工学院客座研究员雷久密《原创性模拟的技巧：论陆机

拟古诗》；

5. 科罗拉多大学教授柯睿《紫微夫人的神曲》；

6. 现居加州圣地亚哥的独立学者斯皮罗《寻找顾恺之：论〈女史箴〉》；

7. 莱斯大学副教授钱南秀《从〈世说新语〉看魏晋人伦鉴识中女性的作用》；

8. 新加坡国立大学助理教授苏瑞隆《恩主对鲍照诗歌的影响》；

9. 佛罗里达大学副教授陈美丽《南齐咏物诗与恩主》；

10. 斯坦福大学荣退教授丁爱博《魏澹与〈魏书〉编纂学》。

粗略看一遍论文题目，即可看出其涉及面虽广，但处理的都是魏晋南北朝时期的课题，而且大多数是从文化视角切入文学史研究。例如，康达维的论文是从文化认同的角度，分析西晋文学作品中所表现出来的区域文化认同问题，其中对吴文化的特点、南北方文化冲突，都有很详细的分析。论文还附录了潘岳《为贾谧作赠陆机诗》和陆机《答贾谧诗十一章》的英译，这两组诗也是关于这一论题的重要史料。魏晋南北朝隐逸文化研究，一直是柏士隐所关注的学术专题。他的论文从马瑞志所译《世说新语》中所载王徽之山阴访戴一事中咏左思《招隐诗》一节谈起，分析西晋文学中的“招隐士”主题及其文学文化意义。柯睿在道教研究上造诣甚深，其论文是研究六朝道教上清派紫微夫人的诗篇。钱南秀的论文则将女性研究的视角引入《世说新语》的人伦鉴识研究之中。苏瑞隆和陈美丽的论文，不约而同地谈到了对魏晋南北朝文学发展有重要影响的恩主（patronage）现象，而在南朝尤其是齐梁时代，恩主的作用更是突出得令人无法忽视。柏士隐、钱南秀、陈美丽三篇论文与马瑞志学术的关系最为明显。在所有作者中，丁爱博年辈最高，与马瑞志是柏克莱加州大学的先后同学。丁爱博的论文正好避免了本书在北朝与史学研究上的空缺。

这本书可以看作是北美汉学界在魏晋南北朝文学研究领域的最新成果。作者之中，只有苏瑞隆目前不在美国，而任教于新加坡国立大学，但苏瑞隆是在美国西雅图华盛顿大学获得博士学位，师从康达维教授，因此其论文也完全可以说是美国汉学界的成果。

八、《唐代中国的宗教体验与世俗社会：戴孚〈广异记〉研读》，[英]杜德桥著

Glen Dudbridge, *Religious Experience and Lay Society in T'ang China: A Reading of Tai Fu's "Kuang-i Chi"*, Cambridge: Cambridge University Press, 1995.

杜德桥，英国剑桥大学博士，曾任剑桥大学讲座教授、牛津大学邵逸夫讲座教授，兼任牛津大学中国学术研究所所长，入选英国学术院院士。此书是第一部有关戴孚《广异记》的研究专著。《广异记》是唐代一部大型志怪小说集，约成书于780年以前。作者戴孚，两《唐书》无传，生卒年不详。据《文苑英华》卷七三七顾况《戴氏〈广异记〉序》所述："至德初，天下肇乱，况始与同登乙科。君自校书终饶州录事参军，时年五十七。有文集二十卷。此书二十卷，用纸一千幅，盖十余万言，虽景命不融，而铿锵之韵固可以辅于神明矣。二子钺、雍，陈其先志，泣请父友，况得而叙之。"可知戴孚是顾况的同年友人。《广异记》原书不存，后人辑佚得328条，其中278条见于《太平广记》。今有方诗铭辑校本，1992年由中华书局出版，与唐临《冥报记》合刊。

在研究唐传奇的过程中，杜德桥认真研读《太平广记》，戴孚《广异

记》一书引起了他的特别关注。《广异记》原书虽已残佚，但辑存的三百多篇故事，仍然具有十分丰富的文学、历史、社会、宗教乃至人类学方面的材料和价值。前前后后，杜德桥花了十年时间在这项研究上。这期间，他一直思考如何选中一个最适宜的研究角度。他最终决定不追求面面俱到，而是选择若干专题，从文学、社会与历史等多学科交界处展开论述。另一方面，从文献学上来说，《广异记》属于所谓“佚书”。通过对《广异记》的研究，杜德桥对佚书尤其是史子二部的佚书越来越感兴趣。中国典籍浩如烟海，一部书如何散佚，为何散佚，其中的原因与意义正值得学者深长思之。有的散佚之书具有不可替代的重要价值，其意义需要不断挖掘、重新认识。此后不久，他就与中国社会科学院考古研究所赵超合作，完成并出版了《三国典略辑校》。

这也是杜德桥著作中比较有争议的一部。这部书出版后，学术界有两种截然不同的评价，褒之者认为其抉发隐微，殊有贡献，批评者则认为不能把小说家言一一视为真实的历史记录。大抵来说，研究历史的人对这部书的兴趣和评价，大概会高于研究文学的人。“五四”以来，在中国小说史研究中，有一种流行而且至今影响仍然很大的看法，认为虚构创作的小说具有更高的地位与价值，而唐代及先唐小说，只是沿着从记录到虚构、从无意到有意作小说这样一条发展轨迹，逐步演进而已，好像其价值全在有无创作的成分，单纯记录的小说则鲜少价值。杜德桥反对以这种标准衡量那些短篇轶事或志怪小说，这一观点也引起了争议。对于自称从 1972 年以后就“正式放弃了文学评论，改成以历史学家的眼光和态度去阅读文学作品”的杜德桥，这种不同评价应当是在意料之中的。其实，从本书的正副标题上，已经可以清楚地看出杜德桥的旨趣与侧重点。换句话说，他要以《广异记》中的故事为材料，观察唐代世俗社会以及唐人的宗教信仰。《广异记》一书既不是正史，也不是宗教经典。它的作者并不是上层精英，而是戴孚这样的中下层官吏。这些故事虽然经过文士戴孚之笔记录下来，但它所反映的实际上是凡夫俗子民间百姓的社会心理和宗教信仰，其中很多内容可以视为当时人的“口述历史”。因此，从《广异记》来看唐代的世俗社会和宗教信仰，不仅是一个新颖的视角，而且可望获得不同的结论。

此书共有七章，也可以说由七篇专题论文组成。第一章《多重声音》，论述此书故事往往具有多重意义。作者从《太平广记》卷三〇五所载“王法智”条故事讲起。这篇原出《广异记》的故事，说的是浙江桐庐女子王法智为鬼神附体的经过。时间是在大历六年（771），当时作者戴孚正好在桐庐，与左卫兵曹徐晃、龙泉令崔向、丹阳县丞李从训等人亲眼目睹被鬼神附体的王法智的言行表演。这个故事中既有王法智的声音，又有死去多时的长安万年县男子滕传胤之鬼的声音，更有戴孚本人的声音。透过诸种声音，我们可以看到栩栩如生的八世纪唐代世俗社会的画面。第二章《当代人的看法》，主要是通过对顾况《戴氏〈广异记〉序》的细读解析，观察当时人对于此类志怪作品的看法，并以此贯穿志怪小说的历史线索。第三章《戴孚世界中各种力量的相互作用》，涉及在不同时间与空间背景中人与神、生者与死者、男人与女人等各种人物的相互关系及互动作用。本书不设概论章，无论从内容还是实际功能来看，第一章至第三章基本上采取总论性的写法，虽然视角有所不同，而余下四章则是各自独立的个案研究。第四章《华山的崇拜者》，分析由来已久的对西岳华山的信仰。第五章《尉迟迥在安阳》，以尉迟迥这一人物及故事为中心，比较正史、碑传以及轶事传说之不同。第六章《袁晁叛乱的受害者》，以若干篇有关袁晁叛乱期间浙东发生的故事为基础，探讨当时的民俗心理和宗教信仰。最后一章《与鬼神婚配》，主要讨论人神及人鬼恋爱，包括冥婚习俗及其仪式。有关这一课题，多年以前，美国著名汉学家薛爱华曾出版专书《神女：唐代文学中的龙女与雨女》[①]，应该参看。本书附录《〈广异记〉故事》对现存328条故事一一提要勾玄，提示其重要而稀见的文献出处，并详列西文文献中的相关论述。这是一项杜德桥所谓“历史书目学”的研究工作，为进一步深入探究《广异记》提供了坚实的文献学基础。

本书第五章曾被译为中文，题为《尉迟炯在安阳：一个八世纪的宗教仪式及其神话传说》，载乐黛云等编选《欧洲中国古典文学研究名家十年文选》。此外，作者本人另有《〈广异记〉新探》(《新亚学报》第15卷，1986年，页395—414）也值得参考。[②]

九、《晚唐诗歌》，[英]葛瑞汉译著

A. C. Graham, *Poems of The Late T'ang*, Harmondsworth, Middlesex: Penguin Books Ltd, 1965.

葛瑞汉（1919—1991），伦敦大学亚非学院古汉语教授、英国学术院院士。1919年出生于英国威尔士的珀纳思（Penarth），1932年到1937年在希罗普郡的埃尔斯米学校学习，后入牛津大学学习神学。毕业后不久参加皇家空军，后又接受日语训练，被派到马来亚、泰国等地担任日语翻译。1946年进入伦敦大学亚非学院学习，1949年获得文学学士学位，毕业后留校任古汉语讲师。1953年获哲学博士学位，其博

---

① 此书已有中译本，参看［美］薛爱华著，程章灿译，叶蕾蕾校：《神女：唐代文学中的龙女与雨女》，生活·读书·新知三联书店，2014年。

② 对此书的评述，参看《杜德桥及其〈柳毅传〉研究》，《世界汉学》第8卷，中国人民大学出版社，2011年。现已收入本书，即第拾伍篇。

士论文为 *Two Chinese Philosophers: Ch'eng Ming-tao and Ch'eng Yi-ch'uan* (London: Lund Humphries, 1958)，中译本题为《中国的两位哲学家：二程兄弟的新儒学》。[①]

葛瑞汉的汉学研究主要集中在中国哲学史与古代汉语这两个方面。翻译只是其余事，虽然他在这一方面也做出了很大的贡献。他不仅翻译了《庄子》《列子》等先秦哲学名著，也翻译李白《蜀道难》、李贺诗歌、《西湖诗选》以及其他一些诗赋作品。《晚唐诗歌》是葛瑞汉文学翻译的代表作。此书共选译杜甫（15 首）、孟郊（11 首）、韩愈（4 首）、卢仝（1 首）、李贺（22 首）、杜牧（20 首）、李商隐（23 首）等七家诗人。书中对诗人尤其是韩愈、李贺与李商隐三家的评介，言简意赅，颇具心得。书名中的"晚唐"与中国文学史上"四唐"说所指的晚唐差异甚大，与"三唐说"所指的晚唐也有一定距离。葛瑞汉认为，杜甫的诗虽然年代较早，其夔州以后诗作却对晚唐诗人产生了很大的影响。把这七个诗人收入一集的主要原因，是因为他们在开拓诗歌语言空间方面都有很大的贡献。总之，此书的"晚唐"不是历史的概念，而是艺术的概念。

葛瑞汉选译晚唐诗，有若干重因缘和多方面意义。首先是受到刘若愚的影响。在简短的序言中，葛瑞汉特别提到多年前他与刘若愚教授的谈话交流，这其实是本书的主要缘起之一。1962 年，刘若愚在伦敦出版《中国诗歌艺术》[②]，书中不仅论述了中国诗歌的艺术特点，也谈到如何在当今之世以新的理论视野阐释中国古典诗歌的问题。刘若愚向葛瑞汉介绍了李商隐的诗，介绍了如何以新的批评方法阐释晚唐诗，

① ［英］葛瑞汉著，程德祥等译：《中国的两位哲学家：二程兄弟的新儒学》，大象出版社，2000 年。葛瑞汉生平详见其讣告，*Philosophy East and West*, Vol.42, No.1 (Jan. 1992), pp. iii, 1–2。

② James J. Y. Liu, *The Art of Chinese Poetry*, London: Routledge and Kegan Paul, 1962.

也介绍了杜甫夔州以后诗作对九世纪诗风的影响，等等。这些观点对葛瑞汉影响甚大。葛瑞汉在绪论《论中国诗歌的翻译》中曾引刘氏此书参证。

其次是葛瑞汉对晚唐诗风的欣赏。他特别译出北宋魏泰《临汉隐居诗话》中的一段话，置于卷前，作为诗学标准："诗者述事以寄情，事贵详，情贵隐。及乎感会于心，则情见于词，此所以入人深也。如将盛气直述，更无余味，则感人也浅，乌能使其不知手舞足蹈，又况厚人伦，美教化，动天地，感鬼神乎？"[①] 诗歌只有"情贵隐"才能"入人深"，显然，晚唐诗很符合这一批评标准，因而在葛瑞汉的评价体系中占有很高的地位。这一方面可能也受到刘若愚的影响。事实上，刘若愚非常重视晚唐诗尤其是李商隐，1969 年曾在芝加哥大学出版社出版《九世纪的巴洛克诗人——李商隐的诗歌》[②]，而《晚唐诗歌》中译诗最多的便是李商隐。

最后，葛瑞汉有意为汉诗英译填补空白，同时在艺术上挑战难度，进行某些新的试验。在书前所附、可以视为全书绪论的《论中国诗歌的翻译》一文中，葛瑞汉论述了自己对英译汉诗的看法。无疑，二十世纪上半叶的汉诗英译在广度与深度方面都有长足进步，在英语世界获得了巨大成功，其中，意象派诗歌运动的影响不可忽略。葛瑞汉甚至认为，汉诗英译艺术就是意象派诗歌运动的副产品。由于这一运动对于意象的重视和强调，汉诗英译也着重传达汉诗的意象和意蕴，而不像以前那样过分拘泥于汉诗在字数声韵方面的格律限制。尽管如此，由于唐诗尤其是晚唐诗具有前所未有的语言密度、意味浓度和句法复杂度，甚至连魏

---

① 〔宋〕魏泰：《临汉隐居诗话》，载《历代诗话》，页 322。

② James J. Y. Liu, *The Poetry of Li Shang-yin, Ninth-century Baroque Chinese Poet*, Chicago: University of Chicago Press, 1969.

理那样的译诗高手也有意回避。而环顾整个欧美汉学界，在 1965 年之前，对这七家唐代诗人（除杜甫外）的研究相当粗浅，其诗作更是缺乏佳译。葛瑞汉所译诸家诗，包括杜甫《秋兴八首》、卢仝《月蚀》、孟郊、韩愈《南山》、李贺以及李商隐（包括《无题》《锦瑟》）的诗，向称难解，译为英文更为一般人视为畏途。虽然《南山》一诗并未全篇译出，而只译出其中的三段，但即此一端，已足窥见其功力。为了再现原文含蓄多义的语言特点，他有意省略人称、介词和虚字等，甚至不惜用中国式英语的句法，如对杜甫《江汉》一诗的处理。好在经过意象派诗歌运动，英语世界的诗歌读者对这种句法能够容忍和理解。他对复杂句法的处理，颇能准确对应原文，又保持诗意。如译杜甫《秋兴八首》之一中的“丛菊两开他日泪，孤舟一系故园心”：

The clustered chrysanthemums have opened twice, in the tears of other days;

The forlorn boat, once and all, tethers my homeward thoughts.

为了阐述自己的译法，葛瑞汉还比较了汉武帝《落叶哀蝉曲》的翟理斯、庞德、魏理以及艾米·洛威尔的四种译本，指出译者应该怎样守住本分，把握分寸。当然，此书也有一些瑕疵，如《秋兴八首》之一的“白帝城高”，是指诗人立于高高的白帝城楼之上，译为“in Pai Ti high on the hill”，便不够贴切。

此书 1965 年初版，1968 年、1970 年、1977 年多次重印，被列入联合国教科文组织的“中国翻译丛书”之一。本书的一些译作被选入白之主编的《中国文学作品选》① 而广为流传，这从一个侧面证明了汉学界对葛瑞汉译诗的充分肯定。

---

① Cyril Birch ed., *Anthology of Chinese Literature*, New York: Grove Press, Vol. 1, 1965; Vol. 2, 1972.

书的扉页上有“献给得保”（For Der Pao），指的是他的妻子张得保（Der Pao Chang）。在序言中，葛瑞汉也提到在翻译过程中给予他帮助的诸人，包括魏理、霍克思、陈志让、程曦、刘殿爵等，皆是英国汉学界名家，亦可使我们大致窥见其所处学术环境之一斑。

十、《妙善传说》，［英］杜德桥著

Glen Dudbridge, *The Legend of Miao Shan*, London: Ithaca Press, 1978; Oxford: Oxford University Press, 2004.

杜德桥，英国著名汉学家，毕业于剑桥大学，曾任牛津大学邵逸夫讲座教授，兼任牛津大学中国学术研究所所长。杜德桥在剑桥大学的博士论文，即1970年出版的《西游记故事来源研究》[①]。在做博士论文《西游记》研究时，他就已经注意到观音这个人物形象，并进而追寻中国女性观音的起源。《妙善传说》就是这一追寻的成果。

早在十六世纪，在欧洲与中国的最早接触之中，西方传教士就已注意到妙善传说。此后数世纪，妙善传说一直吸引着西方学者，早在1925年，英国著名汉学家魏理即撰有《观音与妙善传说》一文，有所论述。但是，在杜德桥之前，多数西方学者要么对此故事荒谬地轻信，要么就持漫不经心的怀疑态度，没有刻意做深入的探讨。因此，杜德桥此书可以说是世界上第一本深入研究妙善传说的开山著作。全书正文共六章，第一章《导言》，第二章《香山寺的观音信仰》，第三章《西元1500前故事之各种不同形态》，第四章《十六与十七世纪》，第五章《妙善故事的

① Glen Dudbridge, *The Hsi-yu Chi: A Study of Antecedents to the Sixteenth-Century Chinese Novel*, Cambridge: Cambridge University Press, 1970.

剖析》，第六章《各种解释》。据作者在《导言》自述，本书的研究方法是“依据新发现的证据来叙述妙善故事的背景和它从十一世纪到十四世纪间的演变过程；讨论往后几个世纪中所产生而未曾被详细研究之重要本子，并指出其间关系之某些模式；探索故事之原始资料、故事之发展模式，及其所牵涉之社会与文学环境；最后提出一种诠释，试将以上各种因素包容于一个单一明晰的架构中”。而其研究之目的，则是“探讨在传统中国社会中，一个故事如何为了适应各个不同阶层的兴趣与偏好而成型、而演变，同时，妙善传说并不是一个孤立或偶然的现象，而是与中国宗教传统中其他重要的传说与主题有着清楚的关系”。杜德桥进而提出，“为了研究这些问题，我们得深入探索隐约界于宗教、文学与娱乐之间的各种民间作品，包括故事本子、剧本、经文、唱本等”。实际上，本书所使用的材料相当广泛多样，涵盖正史、历代诗文集、笔记小说、方志、佛道二藏、戏曲宝卷等。重视故事的溯源与演变研究，穿行于文学、历史、民间传说以及宗教信仰之间，杜德桥学术研究的这些特色在《妙善传说》一书中也有突出的表现。

妙庄王之女妙善公主变成大悲观音菩萨的传说，与《楞严经》等佛经的记载大不相同，不过，宋代以后，这一传说却在民间广为流传。直至今天，我们还能从各种通俗文学作品，例如宝卷《香山卷》、明代小说《南海观音全传》和明代传奇戏曲《香山记》中，看到其不同的变型。但是，现存有关妙善传说的最早的一种文献，却是北宋的一通碑文。北宋元符二年（1099），这篇题为《香山大悲菩萨传》长达4000多字的碑文，由时任汝州太守的蒋之奇润色撰文，元符三年（1100）由书法大家蔡京书丹，立碑于汝州宝丰（今河南宝丰）东南数里之香山寺。这无疑是研究妙善传说最重要的一篇原始文献。然而，杜德桥撰写此书时，虽然费了不少精力，却没有看到此碑的正文，只找到蒋之奇在碑文后的赞语。

1980年，时为台湾大学外文系学生的赖瑞和读罢杜德桥此书，翻检了大量石刻文献资料，终于从阮元《两浙金石记》等书中找到了在杭州天竺寺重刻的同一篇碑文的后半篇，同时又在严观《江宁金石记》中发现了赵孟頫夫人管道升所写的《观世音菩萨传略》，并撰成《妙善传说的两种新资料——评杜德桥〈妙善传说〉》，发表于台北出版的刊物《中外文学》之上。[①]杜德桥看到这些材料之后，旋即写了一篇论文，对新发现的材料进行分析，对原书的论述有所补充。此即发表在《哈佛亚洲学报》第42卷第2期上的《石碑上的妙善：两篇早期碑文》。[②]1990年，赖瑞和前往河南宝丰县香山寺实地考察，元符三年所立石碑已不复存在，他看到的是元至大元年（1308）重刻重立的石碑。虽然文字基本完整，但是，每行碑文靠近碑额处却都缺了十来个字，碑的中部和底部偶尔也有一两个缺字，更早、更清晰完整的拓本则仍未找到。2007年3月，酷爱书画艺术的宝丰企业家曹二虎将搜集到的《香山大悲菩萨传》碑文残拓拿到文物出版社，并在文物出版社社长苏士澍、清华大学教授肖红指点帮助下，终于在北京大学图书馆找到二十世纪三十年代初入藏该馆的碑文拓片，品质完好。2009年，文物出版社已将此拓本影印出版。

此书于1978年初版之时，列为“牛津大学东方学研究专著丛书”第一种。1990年，台北巨流图书公司出版了李文彬等人的中译本，题为《妙善传说——观音菩萨缘起考》。赖瑞和也是此书的译者之一，其时他已经发现两通有关妙善传说的碑文，故原作者杜德桥根据这些材料，对

---

① 赖瑞和：《妙善传说的两种新资料——评杜德桥〈妙善传说〉》，《中外文学》第9卷第2期，1980年7月，页116—126。

② Glen Dudbridge, Miaoshan on Stone: Two Early Inscriptions, *Harvard Journal of Asiatic Studies*, Vol. 42, No. 2 (Dec. 1982).

原书做了一些订补。故中译本虽然是根据初版本译出，而与初版本有所不同。2004 年，《妙善传说》的修订本由牛津大学出版社出版，作者对第一版做了不少修正。特别值得注意的是，书中附有赖瑞和所访得的《香山大悲菩萨传》碑全文的校点本和英文翻译，只是拓本出版更在此书修订本之后，故未得附入。此亦读杜德桥此书者所不可不知者。

（原载《国际汉学研究通讯》第 1 期，中华书局，2010 年）

拾柒
五种英文本中国文学史著作评述
——兼谈中国文学史的编撰问题

本文所要评述的五种英文本中国文学史著作，是指：

1. H. A. Giles, *A History of Chinese Literature*, New York: D. Appleton and Company, 1901.

2. Ch'en Shou-yi, *Chinese Literature: A Historical Introduction*, New York: The Ronald Press Company, 1961.

3. Burton Watson, *Early Chinese Literature*, New York: Columbia University Press, 1962.

4. Lai Ming, *A History of Chinese Literature*, New York: The John Day Company, 1964.

5. Liu Wu-chi, *An Introduction to Chinese Literature*, Bloomington and London: Indiana University Press, 1966.

在英语世界中，这五种英文本中国文学史著作流行较广，也比较有代表性。因此，本文选择这些著作，对其内容及特点略加评述，希望借此对海外汉学研究的一个侧面做一些贴近的观察；并由此及彼，谈谈对中国文学史编撰问题的一些看法。

一、五种英文本中国文学史著作评述

上述五种英文本中国文学史著作中，H. A. Giles 之书年代最早。Giles 按其名英文音，应译作“贾尔斯”，但在其所编《古文选珍》一书封底上，有其本人认可的汉名写法，写作“翟理斯”，名从主人，故其汉名应作“翟理斯”。清同治六年（1867），翟理斯来到中国，任领事馆员，先后在汕头、厦门、淡水、宁波、上海等地任领事或副领事。光绪十九年（1893），翟理斯辞职回国，并从 1897 年起，担任剑桥大学中文教授，前后将近三十年。在他一生之中，出版有关中国的著述甚多，涉及中国文化的多方面，包括《中国画史》《中国古代宗教》《中国人名辞典》《中国文化》《中国与中国人》等，并译有《千字文》《老子》《庄子》等。他编撰的《英华大字典》，在西方汉学界流传甚广，影响也极大。

翟理斯的 *A History of Chinese Literature* 共分八卷（Book），依年代先后排列。第一卷封建时代（公元前 600 年到公元前 200 年），其下分为六章：第一章讲述传说时代、早期中国文明、写作的起源；第二章讲孔子与《五经》；第三章讲《四书》与《孟子》；第四章讲其他作者；第五章讲诗与卜辞；第六章讲道家与《道德经》。第二卷为汉代（公元前 200 年到公元 200 年），分为四章：第一章从秦始皇焚书讲到汉代诸作家；第二章为汉代诗歌；第三章为史学与词典学；第四章为佛教。第三卷为六朝时代（公元 200 年到 600 年），书中称为“小王朝”（Minor Dynasties），这是作者自创的术语。本卷共分二章：第一章讲诗及其他各种文学；第二章讲经典学者。第四卷为唐代（公元 600 年到 900 年），分为两章：第一章讲唐诗；第二章讲经典及一般文学。第五卷为宋代文学（公元 900 年到 1200 年），共四章：第一章讲活字印刷术之发明；第二章讲史学、经典及一般文学；第三章讲诗；第四章讲字典、百科全书（大型类书）及法医学等。第六卷为元代（公元 1200 年到 1368 年），分三章：第一章讲各种文学，包括诗；第二章讲戏剧；第三章讲小说。第七卷为明代（公元 1368 年到 1644 年），共有三章：第一章讲各种文学及李时珍《本草纲目》、徐光启《农政全书》；第二章讲小说与剧本；第三章讲诗歌。第八卷为清代（公元 1644 年到 1900 年），共四章：第一章讲《聊斋志异》和《红楼梦》；第二章讲康熙与乾隆；第三章讲经典及各种文学，包括诗歌；第四章讲墙壁文学、报纸、智术及幽默、谚语与格言等。

全书共 439 页，合书目索引而计，共为 448 页。对于一部纵贯古今的中国文学史著作来说，这个篇幅显然是十分有限的。作者接受友人 Mr. Goose 的建议，在书中尽可能纳入作品的译文，以便让读者自己来感受、来评判，同时也引证了一些中国学者的评论，便于西方读者了解中国人自己是如何理解、评析这些文学作品的。原作翻译在书中占据了不小的篇幅。本来，几乎每一部文学史著作都要遗漏一些在他人看来属于重要的内容，本书处于中国文学史编撰的开创时期，其中的疏漏就更难免了。对比更为强烈的是，作者在书中还叙述了许多一般认为不应该列入文学史范围的东西，比如法医著作、农书如《农政全书》、医书如《本草纲目》，还有《太上感应篇》《治家格言》《玉历钞传》《花镜》等当时民间流传较广的杂书[1]，为此花费了不少篇幅，这就使它的疏漏更加突出了。此书面世后，郑振铎先生曾撰写书评，指出它存在着疏漏、滥收、详略不均、编次非法等缺点，并认为其根本原因在于作者对中国文学没有做过系统研究。由于作者“对于当时庸俗的文人太接近了，因此，他所知道的中国文学，恐除了被翻译过的《四书》《五经》及老庄以外，只有《聊斋》《唐诗三百首》以及当时书坊间通行的古文选本等等各书”[2]。以今天的眼光来看，一百年前的翟理斯的学术视野很有限，眼光也不高，这是显而易见的。但应该说，在二十世纪初的西方汉学家中，翟理斯的学问算是渊博的。他的文学史将中国文人一向轻视的小说、戏剧之类都加以叙述，并且能注意到佛教对于中国文学的影响，就体现了自己独特的学术眼光，连郑振铎也承认，这两点可以纠正中国传统文人的尊儒和贱视正当作品的成见，是本书的价值与特点之所在。总之，郑振铎的批评虽然不是没有根据，但也不是没有可商榷之处，同时也未免过于严苛了一点。

陈受颐，广东番禺（今广州）人，出身于书香门第。他的曾祖父陈澧（1810—1882），字兰甫，是清代著名学者，曾主讲广州学海堂数十年，著有《东塾读书记》《切韵考》等著作。陈受颐1920年毕业于岭南大学史学系，1928年获得芝加哥大学比较文学博士。其后曾任中央研究院历史语言研究所研究员、北京大学历史系教授，1937年赴美，任夏威夷大学中国史教授、加州波莫纳学院东方学系主任兼中国文化教授。

Chinese Literature: A Historical Introduction，1961年在纽约出版，台

---

① 《花镜》一书，主要是讲花木种植之事。《太上感应篇》和《玉历钞传》二书则是近代道士造出来进行宗教宣传道德训诫的书。

② 郑振铎：《中国文学论集》下册，开明书店，1934年。

湾有翻印本。全书分32章，共665页（正文644页，索引21页），行密字小，每页有42行之多，篇幅比翟理斯书大出许多。32章的具体安排如下：1. 最早的文字记录；2.《诗经》；3.《论语》与《老子》；4.《楚辞》；5. 儒家经典；6. 晚周三子；7. 秦代文学；8. 赋；9. 赋以外的汉代文学；10. 魏晋；11. 中古文学；12. 分裂时代；13. 唐诗；14. 中国小说之黎明；15. 文学改革；16. 唐代通俗文学；17. 五代；18. 宋代文学：古文；19. 宋代文学：传统诗歌；20. 词的黄金时代；21. 词的变形与衰落；22. 辽金；23. 中国戏剧的兴起；24. 早期白话小说；25. 从话本到小说；26. 明代散文到诗歌；27. 明代戏剧；28. 清初诗歌；29. 清初散文；30. 清代小说；31. 西方的影响；32. 文学革命。

在美国读书界颇有影响的林语堂为本书作了序言。林序对本书评价很高，认为本书突出了历史脉络，把握了历史大势，并注意博采众家之说，融汇新的研究成果，而不做烦琐考证，在描述文学发展大势及文学思潮变迁中，时时贯穿着作者个人的见解。在这一点上，本书超出翟理斯所作，也超越了作者曾祖那一辈清代朴学家的狭隘宗派见解。林语堂认为，在相当长的时间内，本书可在英文本中国文学史著作中保持其权威地位。而英国著名的汉学家霍克思教授在其书评中，则指出陈氏本书在文章行文、材料处理与组织等方面所存在的诸多硬伤，批评之严厉不下于当年郑振铎之于翟理斯。[①]

实际上，在霍克思文中所指出的硬伤之外，还可以发现本书的一些明显疏误，例如，页124引文将《西京杂记》卷三所记扬雄语“长卿赋不似从人间来”，误作“《长门赋》不似从人间来”，并据以评述该篇赋作，等等。但平心而论，作者的工作态度是认真的，据其自言，为

① 霍克思是英国牛津大学中文教授，以英译《楚辞》享誉西方汉学界。此书评载《亚洲研究学报》第21卷第3期（*The Journal of Asian Studies*, Vol. 21, No. 3 [May 1962]）。

了写作本书，他前后花了八九年时间进行准备。在写作过程中，他得到美国洛克菲勒基金会（Rockefeller Foundation）和古根海姆基金会（Guggenheim Foundation）的资助，得以暂置教鞭，从事资料的搜集和研判。作者还专程到大英博物馆及巴黎法国国家图书馆，阅读斯坦因、伯希和等人所掠走的敦煌卷子。翟理斯的文学史，实际上是从孔子讲起，孔子以前的上古文明被极其简略地一笔带过。随后出版的德国顾路柏的《中国文学史》(*Geschichte der Chinesischen Literatur*, 1902)，也只追溯到管子（卒于前 645 年）。在半个世纪之后，陈受颐当然有条件超越这些局限。首先是考古发掘及文物材料的大量发现，如 1899 年发现的甲骨文及 1900 年发现的敦煌卷子，极大地开阔了世人对于上古文字及中古俗文学的视野；其次是相关领域的研究的进步，丰富了中国文学的知识。因此，陈书从甲骨文讲起，较为合理，对中国文学的渊源的追溯显得更实在，也更合理。

在结构上，本书以突出大家为特点。以宋诗一章为例，写得比较多的是欧阳修、苏轼、黄庭坚、陈师道、陆游、范成大、杨万里等诗人，四灵及严羽诗论则谈得较略。第 31 章基本上是叙述近代文学，从中西接触、传教士来华、严复和林纾的翻译、问题小说等方面切入，是比较特殊的一章。第 15 章所谓“文学改革”，实际上是把中唐古文运动与新乐府运动放到一起来讲，顺便讲到中晚唐的散文及诗，其结构安排有别出心裁之处。在具体的论述中，本书也有一些比较别致的观点。如称赋的铺陈夸饰技巧为“文学的体操与杂技”；又如在谈汉赋时，从个性入手，比较两汉赋家的不同，指出西汉赋家中多是无个性的宫廷文人，而东汉赋家较有自我意识，从个人的尊严意识的觉醒中，反映出文学自觉的渐进过程。

1962 年，华滋生出版其 *Early Chinese Literature*。华滋生是美国哥

伦比亚大学教授，曾师从王际真和吉川幸次郎等，对中日文学都有研究，曾译有《史记》《庄子》等书，并主编《哥伦比亚中国诗选：从早期到13世纪》。他的才华和勤奋，使他成为战后成长起来的第一代汉学家中著译甚丰、成就斐然的代表人物。本书是哥伦比亚大学东方研究委员会主持的“东方思想与文化研究导引”丛书之一。本书有中译本，改题《古代中国文学》，1969年由台北华冈出版部印行，译者是夏威夷大学罗锦堂教授。

所谓“早期中国文学”，是指公元100年以前的中国文学。作者认为，这一年虽然处于东汉中期，但在文学史上却是一个标志性的年代。以此为界，此前繁盛的汉代散文创作走入衰微，未再贡献如司马迁、班固那样伟大的散文作家；而新生的五言诗此后正式走上文坛，并开启了一个五言诗主导的新的诗歌时代；东汉帝国的政局从此开始动荡，此后的中国历史进入了一个分裂动乱的时代，直到六世纪末隋朝统一；佛教之传入中国并正式立足，也在公元100年左右，它对中国思想意识及文化艺术形式的深远影响，在此后的时代里才逐渐显示出来。可以说，这是一个颇有历史洞察力的观点，遗憾的是，作者在叙述中，误将隋朝重新统一中国误作七世纪初期了。

本书旨在回答一般英语读者关于早期中国文学的形式、主题、重要特征及作品类型等方面的问题。本书所谓“文学”，不是纯文学，也与通常所指有别，它实际上是指广义的文学，即所有清晰地、艺术地表达思想感情的作品，包括历史、哲学、诗歌三大部分。早期中国文学与历史、哲学的界限浑融未分，早期中国的文学观念也不明晰，这些特点决定了本书对文学的范围界定和本书的结构安排。本书正文共四个部分：《绪论》《历史》《哲学》《诗歌》。在《绪论》中，作者介绍了早期汉语的特点，帮助读者了解中国文学的语言背景。值得注意的是，作者在叙述中国文学时，有意识地做一些中西文化的比较，例如《历史》章第九节就是关于中国古代文学与希腊罗马史学的比较;《哲学》章第三节则比较了庄子与古希腊罗马人对死的看法的异同。《哲学》章不系统分析诸子的哲学思想，而是侧重其文体、风格及其引起的人们的文学兴趣。《诗歌》章中对《楚辞》的叙述，主要采用了霍克思的观点，但其中关于中国诗歌在南方和北方的两次发轫、四言诗体的消逝以及汉赋创作等的看法，仍是富有启发的。在每一部分后面，他还附了一份颇为详细的《阅读书目》，下分通论性著作和译著两类。从这些书目中，可以窥见英语世界对中国早期文学的翻译和研究的大概情况。同时，本书文笔流利清畅，加强了它的可读性。

赖明在 1964 年出版的 *A History of Chinese Literature*，也有林语堂的序言。作者生平未详，笔者所知的只有他大约是从台湾来美国的，曾编过一本《国语概论》之类的书。

本书正文 400 页，加上各种附录，计 439 页。全书分为 17 章，每章之下又分作若干节。其分章情况如下：1. 殷周二朝及春秋时代之诗歌；2. 春秋战国时代之散文；3. 战国时代之诗歌；4. 汉代之散文；5. 汉代之诗歌；6. 六朝诗歌；7. 唐代诗歌；8. 唐宋二代之散文；9. 唐代短篇小说；10. 宋代诗歌；11. 元明杂剧；12. 宋元明短篇小说；13. 明代长篇小说；14. 明清散文；15. 清代长篇小说；16. 现代中国文学（一）；17. 现代中国文学（二）。作者将中国文学史从上古一直写到当代，五十年代的一些文学发展情况在书中也有反映。

在《前言》中，作者指出，本书的目的在于以简单、有信息量、有趣的方式，向西方读者介绍中国文学，而不是罗列一大串中国文学作家和作品的名字，让读者望而生畏。为了便于读者理解和把握中国文学史，作者总结了中国文学发展的四个显著特征：第一，不同文体之黄金时代及其杰出代表基本上有定评，本书大致上即按此安排结构；第二，东晋以后，佛教对中国文学产生了巨大影响；第三，不同形式的诗歌、小说、戏剧之盛往往导源于大众自发的表达，其中又以诗体为最突出；第四，音乐与文学关系密切，诗、骚、乐府、词、曲莫不如此。本书即以此四点为线索，描述中国文学主要是文体演进发展的线索脉络。作者比较重视文体盛衰的周期性以及新旧文体的递嬗，并重点叙述名家名作。全书花费了超过三分之二的篇幅来介绍名家生平及著作，一般在每章第一部分叙述社会背景或文体的一般发展趋势，第二、三部分介绍作家生平，译介作品，而对于风格及其成因的描述与分析相对较少。如唐诗章，第一节讲新体诗之演进、唐诗发展的历史文化环境、初唐诗的概况，接着简要介绍王（维）孟（浩然）、高（适）岑（参）两派诗人，列举了一些代表作。第二节讲李、杜生平，用了13页篇幅，可谓不厌其详。第三节讲李、杜及其他人的诗，只有一页多用以分析介绍二人的诗风、个性及不同影响，大部分篇幅用来译介李白、杜甫、白居易、张籍、李商隐、韩愈等人的作品。文学背景的叙述较多，而艺术分析较少；具体的作家、作品和文体的介绍较多，而宏观的全局的把握不够，全书总体来说论述比较粗浅，这也是它的不足之处。总的来看，本书载录译作虽多，但不少汉诗英译显得较直，诗意不足。在一些细节方面，本书也还存在这样那样的讹误，如唐玄宗的拼法前后自相矛盾；五代十国之“五代”译为“five generations”，“冯延巳”误作“冯延己”等，不胜枚举。

作者也有一些值得注意的观点。林语堂在序中结合作者的论点，并加以发挥。例如，中国叙事史诗及短篇小说虽然有着丰富的素材，但发展却相对滞后，其原因首先是文言偏离白话，也就是偏离日常生活，不适合用来写小说，就像西方语言中的拉丁文。其次则是由于儒家对于想象的文学的偏见性的轻视。儒家将文学视为载道工具，道德化是一种不可逆转的趋势。假如把一个儒家学者关在监狱里三个月，他出来后肯定写一本道德箴言或人生哲思之类，而不会是想象性的文学作品。“五四”以来，与此相类似的说法颇有流传，几近老生常谈，但在两种文化的对比中重提这一话题，还是很耐人寻味的。

An Introduction to Chinese Literature 的作者柳无忌是南社著名诗人柳亚子之子。他 1928 年于劳伦斯学院获得学士学位，1931 年于耶鲁大学获英文博士学位，曾任教于南开大学等，后来历任耶鲁、匹兹堡、印第安纳等大学教授，长于中国文学和英国文学，在中国戏剧史研究方面造诣尤深，著有《中国戏剧史》三卷。

如果说陈受颐的书的特点是赅详，那么，柳无忌的书的特点就是简要。全书正文仅有 278 页，注 13 页，加上各种附录，也只有 321 页。正文共 18 章，从上古一直讲到现代文学。前有概论，介绍中国文学及其特色。附录中有《注释》《选读书目》《中国文学年表》《中文字汇表》《引得》等各项。其中的书目一项长达 9 页，不取中文著作，专取英文著述，并配有简单提要，大致反映了 1960 年那个时代欧美汉学的研究情况，颇便读者。另有图版 9 幅，都是精心选择的，如萧云从《离骚图》中的《山鬼》，元刊本《苏轼诗集》的书影等。著名华裔汉学家王伊同教授风格清秀的题签，也为本书增色不少。柳无忌还特意在书的扉页题上：“献给我的父亲柳亚子，1887—1958，中国传统诗歌的最后一位伟大作者。”这使对中国文学有兴趣的西方读者，一开卷就嗅到一股浓烈的中国人文气息。在吸引读者方面，这些设计俱见匠心，是起了积极作用的。

本书的特点是以作品为中心，向西方读者介绍中国文学史上有代表性的作家作品，至于作家的生平传记材料及社会背景方面的情况的介绍则删繁就简，以突出重点。作者是英国文学专业出身，又长期生活在西方，书中也经常随文做一些中西比较，与他的这一学术背景不无关系。比如，将司马迁与希腊罗马史学家希罗多德、普鲁塔克等人做比较，将汉赋与英国十六世纪早期伊丽莎白时代某些作家的文风做比较，将陶渊明与罗伯特·弗罗斯特（Robert Frost）做比较，等等。他认为，陶渊明的诗宜为西方人学习汉诗的首选，因为陶诗中没有什么典故，无须多少中国历史文化知识即可了解。此说其实未必然。陶渊明的诗固然平淡，但那是一种蕴含至味的冲淡，要体会陶诗的深厚意蕴和境界之美，并不是一件容易的事。在笔者看来，白居易、袁枚一类的诗也许更适合作为西方人学习汉诗的首选。英国著名汉学家魏理在翻译中国古诗时，对白、袁二人诗情有独钟，不是偶然的。

受其家学的熏陶，柳无忌十分重视诗歌，尤其是唐诗。本书第六、七章都是关于唐诗的。第六章讲初盛唐诗，第七章为中晚唐诗。作者对传统诗歌艺术有较深的体会，擅长作品的艺术分析，书中对李白、杜甫、李贺等诗人的评析，都能切中肯綮。在文学史叙述中，作者也表达了不少值得注意的看法。例如，关于中国戏剧故事中充斥的大团圆的结局，作者认为，传统的中国人特别关注道德，也特别富有善恶感，在文学观念上，这表现为一种文学的正义感（the concept of poetic justice），在行为观念上，也讲善有善报恶有恶报，佛道教中关于天堂地狱的说法，无非是这种观念的具体化而已。久而久之，这形成一种大众信仰，文学中的大团圆结局，就是为了满足这种大众信仰而出现的。其结果是：一方面通过在文学中、在舞台上伸张正义、颂扬美德、惩恶扬善，达到一种道德上的满足感、公正感和成就感，另一方面也同时阻滞了中国戏剧中的悲剧的成长。这也就是中国文学缺乏悲剧的重要原因之一。又如，作者认为，中国人对文学持有十分强烈的实用观点，中国文学是一种现实的入世的文学，因此，文学中实用的文体特别多。同时，在西方文学中地位十分崇高的诗歌，也成了中国人最日常的生活内容和最常见的社交应酬之一。中国诗的普遍性、通用性还表现在它在戏剧、小说以及其他多种文体中几乎无所不在。中国诗歌除了具有简洁性和音乐性两大特点外，还有化俗为雅、无事不可入诗的本事，这跟中国人的这种文学态度也是密切关联的。

二、五书异同及其分析

上述五种中国文学史著作，作者的学术背景各有不同，但却有一个共同点，即五个作者无一例外都在大学担任教职。这说明在西方，大学仍是汉学研究的大本营，对于传统中国的研究，尤其如此。五个作者之中，三人为华裔学者，其中至少有两人在美国受过教育并获得学位。两名外籍学者中，翟理斯曾作为外交官长期生活在中国，华滋生则是在美国本土学习汉学，未在中国受过教育，似乎也没有在中国生活的经历，但曾经在日本京都大学学习研究过一段时间。这种构成也大致可以反映八十年代以前英美汉学家的背景构成。

从国度来说，最早的一部英文本中国文学史著作产生于英国，是英国汉学家的著作。后来的四种则是出自美国汉学家之手，也都在美国出版。这是一个象征，象征着“二战”以后汉学研究的中心由欧洲向北美的转移。在二十世纪初，英国无疑是国外汉学的研究中心之一，第二次世界大战以后，一批汉学人才从欧洲、从中国、从其他地方流入美国，促进了美国汉学的成长。同时，随着美国综合国力的增强，也伴随着“冷战”中了解作为对手的中国的历史和传统的现实政治需要，汉学以及中国学研究获得了发展的契机。六十年代以后，汉学研究的中心从欧洲转移到美国的趋势已越来越明显。本文评述的五种文学史中，有四种都是六十年代在美国出版的。

研究外国文学，翻译是一项首要的工作。英美学者研究中国文学，汉语作品的英译既是一项不能回避的工作，也是一项艰巨的任务。翟理斯书中所引证的中国文学作品，除少数儒家经典出自理雅各所译以外，其他的作品包括文献基本都出自翟理斯手笔。翟理斯的翻译，尽量严格遵守原诗的韵式，读起来格律谨严、音韵铿锵。年代比翟理斯略晚而以英译汉诗享誉学林的魏理采用自由诗体，注意诗歌的内涵、诗句的节奏抑扬，而不是句尾的韵律。二者相比，各有短长，但仔细权衡，魏理的译作更得汉诗的神韵，而翟理斯的译作则多偏重汉诗的外形，得失多少，应该是不难判别的。陈受颐书中所引证的作品兼取名家译笔，包括魏理译的《诗经》及洪业译的杜甫诗，当然也有不少诗文是陈氏自译。陈书中受到疵议的，也大半是后一类译作。

众所周知，人文学者需要有特别强的语言文字的表达能力和驾驭能力。这种能力与学术水准相得益彰。在中国，已故著名美学家朱光潜和中国文学史家刘大杰，对汉语论述文体的掌握，都有极高的水平。在英美汉学界，英国魏理、美国耶鲁大学的史景迁、哈佛大学的宇文所安，在英文写作上也都堪称高手。对于以英语为母语的外国汉学家来说，以英文评述中国文学已不是一项轻松的工作。对于侨居外国的华裔学者，用非母语的异国语言文字来讲授或写作有关中国文学的内容，当然更是一场严峻的考验。一方面，对外国人误读中国文学作品和非母语英语写作中的误用误译，我们要尽可能给予宽容的理解；另一方面，我们理所当然地希望所有中国文学学者都不断加强中外语文的修养。

翟理斯写完《中国文学史》之后，曾在自序中很自豪地说，迄今为止，世界上还没有一部无论用什么文字写成的中国文学史，而这是第一部。这话也许需要做一点小小的修正。事实是，在此前三年，日本学者古城贞吉已经出版了一部《中国文学史》，1897年由日本富山房发行，那才是第一部中国文学史著作，翟理斯显然没有看到。不过，作为英语世界的第一部中国文学史的作者，翟理斯也是有理由骄傲的。这部书出版以后，不仅为作者在西方世界赢得了广泛的声誉，在中国也受到了很多的关注。三十年代，中国一些大学中文系曾用此书作为教学参考书，直到1963年，台北文星书店还将其影印出版过。本书对小说和戏剧、对民间通俗文学的重视，对后来的中国文学史编撰工作是有启发的。更重要的是，这部书还激发了中国学者自己撰写文学史的爱国热情和学术激情。前引郑振铎书评说："我希望在这书第二版未出来以前，我们中国人能够做出本英文的中国文学史矫正他的错失，免得能说英文而喜欢研究中国文学的人，永远为此不完全的书所害。"胡小石先生在其1928年出版的《中国文学史讲稿》第一章《通论》之《引言》中也说，中国文学史著作"中国人自己所出的，反在日本人及西洋人之后。这是多么令人惭愧的事"①，这两段话实际上说出了一代人的看法。

三、对中国文学史编撰问题的思考

从翟理斯书以后，将近一百年过去了。在二十世纪即将结束的今天，

---

① 胡小石:《胡小石论文集续编》，上海古籍出版社，1991年，页3。

我们回顾一下中国文学编撰所走过的历程，重温这几种数十年前出版的英文中国文学史著作，不免有一些感触和联想，也不免对中国文学史的编撰问题产生一些想法。

第一，从最简单的也最基本的技术方面来讲，西方出版的学术著作，往往附有索引，这几种中国文学史著作也不例外。翟理斯书不仅有索引与书目，而且在每页书的天头提示本页内容，这都是出于方便阅读的考虑。而环顾当今中国出版的学术著作，注意做到这一点的还是凤毛麟角。表面上看，这似乎属于细枝末节，但实际上，在信息爆炸的今天，它可以使读者最便捷地翻检到感兴趣的内容。这是尤其应当引起出版界的注意的。

第二，除了华滋生一书外，这几种中国文学史著作都是所谓通史，从上古写到当代：翟理斯书一直写到该书出版的前一年即 1900 年，陈受颐书也写到二十世纪三十年代，赖明书则写到二十世纪五十年代。作为一部中国文学通史，我赞成至少要写到 1919 年（或 1911 年），而不能止于 1840 年，如中国社科院文学研究所六十年代编写的《中国文学史》那样。这与中国传统诗文评中存者暂置不论的惯例也是符合的。至于断代文学史，则可以有多种多样的断限和写法，华滋生书就与通常意义上的先秦两汉文学史大不相同。

第三，在内容选择上，中国文学史著作也有必要做一番重新审视。我们习惯于讥笑翟理斯一书的文学范围泛滥而无所检束，但另一方面，翟理斯所持有的极为宽泛的文学观念并非一无是处，它提供了一个让我们反思的框架。翟理斯书不仅不受中国传统成见的束缚，在文学史的架构中给予小说戏剧以应有的地位，而且还写到民间文学、墙壁文学乃至笑话等等。中国文学的内涵与西方文学大有不同，以西方的文学观念来规范中国文学史的界域，是不合适的。研究中国文学的翟理斯显然已注意到这一点特殊性。除了按西方文学理论中所分的小说、诗歌、散文、戏剧诸体外，中国文学史应当包括更多的文体、更多的文艺形式和更多的内容。除了翟理斯提到的以外，在中国人的生活中极为常见的碑志、对联，在晚清以来十分流行的诗钟，明清两代主控天下读书人达数百年之久的八股文（有人根据一代有一代之文学的说法，甚至称八股文为有明一代的文学），都应当纳入中国文学史的研究视野和叙述范围。

第四，具体到中国文学史著作的结构安排，这几部书也给了我们有益的启示。文学历史的分期，是文学史著作中最首要的结构因素之一。近二十年来，国内学术界开始在文学史叙述中采用以世纪或年代分期，于是产生了八世纪诗坛、九世纪文学、十四至十六世纪文学一类的提法，其中，影响最大的莫过于"二十世纪中国文学"[①]的提法。以世纪或年代为准分期的做法，打破了以王朝兴亡或社会形态为依据分期的一统局面，对于新时期文学研究摆脱庸俗社会学的束缚、进一步解放思想，起了推波助澜的作用。实际上，以世纪或年代为分期标志，欧美汉学界早已有之，在上述五种中国文学史著作中，华滋生书就以公元100年为早期中国文学的下限。但在具体操作中，我们既不要拘泥于朝代或社会形态的分期，也不必死守世纪或年代分期，对于以整数世纪或整数年代分期的提法，特别要慎重。

陈受颐书在第十一章穿插中古文学一章，介于魏晋与南北朝之间，实在给我们树立了一个灵活处置的榜样。陈书所定义的中古为318年到1521年，从晋室南迁到明武宗去世、中国再次对外开放为止。其间最突

① 1975年，以瑞典汉学家马悦然为首的一批欧洲汉学家就开始编一本《中国文学手册（1900—1949）》，此一计划之中实已暗含二十世纪中国文学的概念。参看张静河：《瑞典汉学史》，安徽文艺出版社，1995年，页222—223。

出的问题是中印文化交流与佛教对中国文学影响以及边疆民族与异域文化的影响，亦即文化融合与民族融合的问题。这是一个文化和文学相当活跃的时代，与西方中世纪的野蛮黑暗不同。在这一时期的文学史中，新文体的产生、思想观念的活跃、文学想象力的丰富，都是相当突出的现象。作者将这一千多年又分作三小段：318 年到 742 年为第一期，这是散文和诗歌的时代，其间，印度文化和佛教的影响十分显著，七言诗体在文坛的地位逐渐上升。742 年到 1127 年为第二期，佛教影响深入到文学的主题及观念层次，变文和词产生。1127 年到 1521 年为第三期，散曲、讲经、词话、宝卷、诸宫调等诸种文艺形式产生，小说、戏曲等叙事文学日益成长。这里所用的中古概念，显然接受了西洋史学中中世纪概念的影响，但同时又结合中国文学的实际，加以变通。在结构上，作者不拘时代、灵活穿插的做法，也是可资借鉴的。此外，如果再大胆一些，我们也可以参考纪传体史书和佛经合本子注的著作形式①，对文学史著作的结构做一些新的尝试。

第五，与文学的历史分期相关的不仅有文学史的结构问题，还有文学研究中的术语问题。科学研究不断进展，也不断产生着新的术语，以表达新的概念、新的方法和新的思想。在中国文学史研究领域，西方汉学界所使用的术语与国内学术界不尽相同。有时候，不同的术语往往意味着不同的思维框架和不同的观察角度，新的术语往往意味着新的思维框架和新的观察角度。将“二十世纪中国文学”作为一个术语概念引入近现代文学研究，导致研究新局面的开拓，就是一个例证。但即使在

---

① 在中国传统典籍中，《世说新语注》《洛阳伽蓝记》等书都采用合本子注这种形式。关于佛经合本子注，参看陈寅恪：《支愍度学说考》，《金明馆丛稿初编》，页 141—167；又《读〈洛阳伽蓝记〉书后》，《金明馆丛稿二编》，页 156—160，二书并为上海古籍出版社 1980 年版。

西方汉学界内部，对某一术语的定义也不完全一致。例如关于“early China”，华滋生书中所使用的概念就与宇文所安所用的就不一样。[①]与此类似的提法还有early modern China、early imperial China、late imperial China，等等。这一套分期体系，对于中国文学史编撰是否有参考价值，也是值得深长思之的。王映真曾将英文“literature”（文学）和“aristocrat”（贵族）两个词合并，造出一个新词“literocrat”，以指称中国传统士大夫[②]，在这个意义上，这个新词的准确性是固有的英文词汇所不能比拟的。由此我们可以思考的是，在文学史的描述中，我们是否应该引进、寻找乃至创造一些新的术语或观念？

寻找乃至创造新的术语，并不一定非得到西方文化的语境中才能发现灵感的泉源，虽然在当今之世，吸收和融汇异型文化的话语已是大势所趋。中国传统文学评论文献中，有许多遗产值得进一步发掘利用。在“现实主义”“浪漫主义”“抒情”“写实”“理性”等批评语汇以外，传统诗文评中实际上还有另一套语汇，还有着需要我们凝神倾听、认真领会的众声喧哗。而且，即使一个十分简要的评语，其中也往往浓缩着理性和感性的多重评价，有待进一步落实、阐释的东西太多了。例如，以“沉郁顿挫”评杜甫的诗风，无疑是十分恰当的，问题只是我们如何对这一类语汇进行现代的阐释，将其中的深刻内涵激活。如果我们对文学批评有足够全面的知识，如果我们对文学历史有足够深入的理解，我们将会有更多的发现。当然，这些工作都需要在中西文化交融

---

① 宇文所安在其《中国文学作品选：从起源到1911》中，所用的early China是指从先秦到东汉之前，下限比华滋生提前一百多年。详参Stephen Owen ed. and tr., *An Anthology of Chinese Literature: Beginnings to 1911*, New York: W. W. Norton & Company, 1996。

② 参看*Chamber's Encyclopaedia III*, New York, 1950, p. 491。

的大背景下才能进行，借鉴现代西方文学批评的理论方法，来解析传统文学批评术语，也有可能赋予它以全新的含义。从这个意义上说，中国文学史编撰，特别是英美学者的中国文学史著作，也算得上一种跨文化的对话。

（原载《跨文化对话》第 2 辑，上海文化出版社，1999 年）

拾捌
学术翻译的软肋
——对欧美汉学论著中译诸问题的思考

新时期以来，随着国内外学术文化交流的日益频繁，对国外学术著作的译介也出现了一个新的高潮，无论是在西方学术史上占有重要地位的古典学术名著，还是反映哲学社会科学等方面的最新理论和最新研究进展的当代学人的论著，都源源不断地译介到了国内，并对国内学者和学术界产生了显著的影响。与此同时，特别是从二十世纪九十年代以来，国外学者有关中国研究（学术界一般称为“汉学”或者“中国学”研究，本文统一采用“汉学”之名）的成果，包括其理论、观点和方法，也越来越引起国内学者的重视，无论是专著还是论文，都越来越多被翻译成中文，介绍到中国学术界，并产生了前所未有的广泛的影响。国内多家出版社，包括中华书局（如刘俊文主编“日本学者研究中国史论著选译”丛书等）、生活·读书·新知三联书店（如“海外学人丛书”以及近年开始出版的“宇文所安作品系列”等）、上海古籍出版社（如“海外汉学丛书”“域外汉学名著译丛”以及《神女之探寻：英美学者论中国古典诗歌》《牧女与蚕娘：法国汉学家论中国古诗》等)、中国社会科学出版社(如“中国近代史研究译丛”以及《法国当代中国学》《美国中国学手册》等)、学苑出版社(如“列国汉学史书系”等)以及上海远东出版社(如“美国史学大师史景迁中国研究系列”)等，相继组织出版了一批颇有影响的国际汉学研究著作翻译丛书，其中规模较大、持续时间最长也最为引人注目的是刘东主编、江苏人民出版社出版的“海外中国研究丛书”。其他出版社有关海外汉学方面的译介与出版，也时见于坊间。此外，近年来在这一方面出版成绩最为突出的是大象出版社。其“大象国际汉学研究书系”包括“西方早期汉学经典译丛”“当代海外汉学名著译丛”“海外汉学研究丛书”等三个系列，架构宏大，颇为壮观。

除了中国社会科学院的国际中国学研究中心之外，近年来，国内大专院校也纷纷成立了一些国际汉学领域的研究机构，例如北京外国语大学海外汉学研究中心、华东师范大学海外中国学研究中心等，虽然各自的研究方向与工作重点有所不同，但不约而同的是，它们都投入了相当大的精力，从事国际汉学研究成果之译介。在比较文学与翻译学等相邻或相关学科，也有不少学者对国际汉学有浓厚兴趣，对国际汉学之研究与译介方面亦有所涉足。此外，介绍国际汉学之研究成果以及研析其研究方法与理论观念的论文，不仅集中见于以《世界汉学》《国际汉学》以及《汉学研究》等为代表的专业学术刊物之上，也散见于其他学术刊物乃至其他报章杂志，规模可观，有人甚至称之为“热点”，或者尊之为“显学”。

总的来看，我们应该承认，这是一个可喜的现象。至少，它标志着我国学术界的研究视野日益开阔，同时也显示了国内学者努力与国际学术界进一步沟通、对话的自觉意识。无论是对国际汉学成果的原原本本的翻译，还是提要钩玄的介绍，都多少从学术思维上给国内学者带来一些启发和刺激，从学术方法上带来某些更新和启迪，从学术观点上提供一些参考和借鉴，其学术贡献是有目共睹的。如果从更宏观的文化视野来看，则二十世纪九十年代以来汹涌而至的这一轮国际汉学译介热潮，正好与八十年代盛极一时的对西方哲学、美学包括文艺学等方面论著的译介相映成趣，充分反映了国内对民族本位文化研究之兴趣方兴未艾，彰显了中国学者在建设新世纪中国学术文化过程中对中外学术汇流的热切期望。

国际汉学研究成果绝大多数是以外语发表或出版的，因此，即使不是完整或纯粹的翻译，无论一般的评介或者专门的研究，都要涉及对外语文献的翻译与理解问题。理解的深度如何，翻译得准确与否，直接关系到评介的可信度与研究的质量。就近年出版物的情况来看，我以为，这一方面的问题可以说相当严重，而且似乎并没有引起学界足够的重视。长此以往，不仅会严重损害汉学翻译的声誉，阻碍国际汉学研究的发展，而且可能郢书燕说，以讹传讹，也会对国内学术研究产生不良的影响。国际汉学研究涉及的国别之多，语种之繁，远远超出个人能力范围。因此，本文只能以个人了解及阅读较多的欧美汉学研究为限，就欧美汉学研究论著中译中所存在的问题提纲挈领、分门别类、举证说明，以期引起学界同人的注意。实际上，在近年来的国际汉学论著中译中，欧美学者论著所占比例最大。虽然欧美汉学文献涉及多语种，其中，法语和德语的汉学文献数量和质量都相当可观，但是目前从英文译为中文者最多，加之个人的学识与知见有限，因此，损之又损，本文所论基本上只限于欧美汉学论著中的英文论著。最后还要说明，本文所谓“中译”，是广义的，主要包括单纯的翻译，也涉及少数以翻译为基础的对相关海外学者及其成果的评介与研究。

一、选目极不平衡

从整体上看，目前欧美汉学论著的译介，无论从学科领域还是从作者时代或地域分布上来说，都是极不平衡的。就学科领域而言，译入最多的论著，基本上是属于广义的中国史研究领域，包括社会史、宗教史、思想史以及近年来国外比较热门的性别研究，而有关中国文学与中国艺术研究方面的论著则译入较少。就作者的时代分布而言，大多数作者是现今仍然在世的当代汉学家，而已经过世的学者则很少进入译介者的视界。换句话说，就是较多关注学界现状，而较少回顾学术历史。与时俱进，后出转精，固然可以说是学术研究的通则，但是，有一些研究著作已经成为欧美汉学史的名著或经典，其作者虽已过世，但其成果却至今没有过时。例如，2009 年逝世的著名汉学家霍克思对《楚辞》以及《红楼梦》的翻译与研究等。又如逝世于 1991 年的美国著名汉学家薛爱华，生前著作甚多，但除了《唐代的外来文明》一种之外，其他皆未引起学界注意。[①] 某些著作虽然已被同类著作所取代，但从学术史角度来看，仍有其不可替代的价值。例如，作为第一部英文中国文学史著的翟理斯《中国文学史》，从今天的眼光来看，自然属于草创之作，粗浅得很，但此书早已成为欧美中国文学史研究的奠基之作，从研究西方汉学史的角度来看，这类著作自有其不可替代的价值。[②] 比喻来说，目前的汉学翻

---

① 笔者按：2014 年，薛爱华的《神女：唐代文学中的龙女与雨女》《朱雀：唐代的南方意象》二书已由笔者和叶蕾蕾合作译出，在生活·读书·新知三联书店出版。2019 年，《闽国：10 世纪的中国南方王国》由笔者和侯承相合译，在上海文化出版社出版；2020 年，《珠崖：12 世纪之前的海南岛》由笔者和陈灿彬合译，在九州出版社出版。

② 最近听说，有台湾学者正拟翻译该书。在这个意义上，卫三畏《中国总论》与翟理斯《中国文学史》是同类著作。令人高兴的是，《中国总论》已经有中译本，陈俱译，陈绛校，2005 年由上海古籍出版社出版，列为“域外汉学名著译丛”之一。

译基本上是“现在时”，而较少“过去时”。我以为，这一偏颇是亟待纠正的。

就地域分布而言，被译介较多的是美国学者的论著，而其他国家的学者，特别汉学研究比较发达的法国、德国、荷兰汉学家的研究成果，则较少受到注意。例如法国现代汉学家沙畹对于泰山的研究、伯希和的文献考据以及戴密微的佛教研究，德国当代汉学家瓦格纳对中古服食风尚的研究，荷兰现代汉学家高罗佩对嵇康以及古琴等的研究，都尚未引起中国学者足够的注意。

就具体书目而言，目前的译介也存在冷热不平衡的问题。总的来看，是明显缺乏整体与系统的规划，随意性大，常常“拉到篮子里就是菜”。少数汉学名家的著作受到特别关注，甚至不止一个版本。例如，著名学者刘若愚的《中国文学理论》至少有四种中译本，而著名汉学家费正清的自传也至少有两种译本，出版时间相距不远。[①] 由于不同译者或出版社之间缺乏沟通，重复翻译，导致资源浪费。各译本质量之优劣高下也差别很大。杜国清是刘若愚的学生，《中国文学理论》杜译本质量亦堪称最佳。又如，《中国制度史研究》（*Studies in Chinese Institutional History*）是杨联陞先生的一本英文论文集，这些论文于1946年到1957年间发表于《哈佛亚洲学报》，1961年由哈佛大学出版社出版。原书总共二百来页，算不上厚，文章不多，也都不长，可是所讨论的问题，除了杨先生所擅长的中国经济史领域之外，还涉及国

① 《中国文学理论》中译本有：赖春燕译：《中国人的文学观念》，（台北）成文出版社，1977年；杜国清译：《中国文学理论》，（台北）联经出版事业股份有限公司，1981年，2005年杜译本在江苏教育出版社以简体字出版；赵帆声译：《中国的文学理论》，中州古籍出版社，1986年；田守真、饶曙光译：《中国的文学理论》，四川人民出版社，1987年。费正清自传的两种译本为：黎鸣、贾玉文等译，黎鸣校：《费正清自传》，天津人民出版社，1993年；陆惠勤、陈祖怀、陈维益、宋瑜译，章克生校：《费正清对华回忆录》，知识出版社，1991年。

史诸朝兴衰、帝制中国的作息时间以及古代中国的人质诸问题，读来饶有趣味。这篇论文集早有中文译本，即1983年台北联经出版事业股份有限公司出版的《国史探微》。此书收录杨先生论文十四篇，除基本上涵盖英文本《中国制度史研究》（只少一篇）一书之外，还多出了原见于杨先生的另一本英文论文集《汉学散策》（*Excursions in Sinology*, Cambridge: Harvard University Press, 1969）的几篇文章。据杨先生自序中说，此书的选目乃至于书名，都是联经公司和余英时先生商定的，杨先生本人“抽暇看过全部译稿，很欣赏译笔之忠实畅达”。“只建议了很少数的小修改，并且增加了若干条按语补注”，至于附录中特别编制的论著目录，也“已经十得其九”。总之，杨先生对联经的这个版本不仅认可，而且相当满意。1998年，辽宁教育出版社编印“新世纪万有文库”时，曾将此书引进到大陆，列入其中的“近世文化书系”，2005年，新星出版社再次印行此书。这不仅表明了出版界对杨先生学术的推崇，也是对联经版《国史探微》的充分肯定。总之，这本书在海峡两岸已有质量可靠、繁简体不同的三个版本，不必再耗费人力物力去重新翻译。之所以这么说，是因为最近看到江苏人民出版社“海外中国研究丛书”出版了新的中译本《中国制度史研究》[①]。同书异译，不仅没有后出转精，后来居上；相反，新译本篇名翻译远不及联经本简洁、准确，某些专有名词的中文回译也纰漏屡见。唯一值得一提的是，新译本比联经本多了一篇《斯纨博士〈中国古代的食物与货币〉注解》，但是，如果只是为了这样一篇并不多么重要的论文，似乎大可不必重译全书。

① 杨联陞著，彭刚、程刚译：《中国制度史研究》，江苏人民出版社，2007年。

二、译文不准确

译文不准确是不少欧美汉学论著的中译本所存在的共同问题。其主要原因无非两方面：一是译者语言能力有限，无法理解到位，或虽有理解而无法顺利地表达出来；二是译者工作态度不够认真，很多译著又没有专人校读，即有漏译或错译，也无人纠正订补。1993 年，美国学者伊佩霞出版专著《内闱——宋代妇女的婚姻和生活》①，这是近年来有关宋代妇女史研究最重要的成果之一，值得译介。遗憾的是，江苏人民出版社 2004 年出版的中译本《内闱——宋代的婚姻和妇女生活》却问题多多，正如莉苇在书评中所指出的，译者甚至连书名都译错了，正确译法应该是《内闱——宋代妇女的婚姻和生活》。② 其他错译也不胜枚举。例如页 25 有一句译文“为什么男人发起女人忍耐”③，初读颇不解其意，后来检核原文，所谓“发起”的原文作 agitated，则此句译作“为什么男人好激动，而女人善忍耐”较好。又如，页 160、304“度宗（记录为 1264—1274）”，实应译为“度宗（1264—1274 在位）”。译者显然没有正确理解原文“r.1264—1274”中“r.”的意思，故凡是涉及皇帝在位年限的说明，本书几乎全部译错。再如，页 300 将“生育”（fertility）误译作“多产”。页 32 还有这样一段译文：

> 宋代并不是完全没有男女不分的情况。佛教的目标之一是在消除

---

① Patricia Ebrey, *The Inner Quarters: Marriage and the Lives of Chinese Women in the Sung Preiod*, Berkeley: University of California Press, 1993.

② 莉苇：《〈内闱〉一书的译名问题及其他》，《博览群书》2005 年第 11 期。

③ ［美］伊沛霞著，胡志宏译：《内闱——宋代的婚姻和妇女生活》，江苏人民出版社，2004 年。

阶级和种族界限的同时消除男女界限。名为菩萨的参悟者与其说被雕得既像男又像女，不如说融合了两性特征：可以说中国艺术家在塑像时对菩萨的性别做了大胆的想像。但是即便在这里，性别特征更分明的趋势也很明显，宋代的观音菩萨塑像越来越普遍地表现为女性。此段内容在英文本中页 37：

Sung China was not entirely without androgynous image. One goal of Buddhism was to transcend the distinctions between male and female along with those of class and ethnicity. The enlightened beings called bodhisattvas were described in sutras as neither male nor female but rather combining traits of each; Chinese artists, accordingly, often portrayed them with ambiguous sexual identity. Yet even here a trend toward making the sexes more distinct is apparent: during the Sung the popular bodhisattava Kuanyin came to be portrayed more and more regularly in distinctly female form.

我以为，这段文字更准确的译法应该是这样的：

宋代并非完全不存在男女两性同体的形象。佛教的目标之一，即是在超越阶级和种族区别的同时，超越男性与女性的区别。在佛经的描述中，觉悟者菩萨的形象既非男亦非女，而是融合了两性的特征，因此，中国艺术家在描绘菩萨形象时，也经常将其性别特征表现得很含糊。但是，即使在这个地方，将两性特征区别开来的趋势也是很明显的：在宋代，广受大众信仰的观音菩萨越来越多被描绘为明确的女性形象。

译者大概将 ambiguous sexual identity 中的第一个词看成了 ambitious，所以错译成了“对菩萨的性别做了大胆的想像”。对比之后不难看出，原译文与原文之间颇有距离。又如页 48 有这样一句译文：“‘渭阳’指《诗》

里的一首诗提到的一对甥舅，秦国康公在渭阳会见他的舅舅、晋国的文公，文公帮助他得到晋国的王位。”晋文公怎么可能帮助秦康公得到晋国的王位？太匪夷所思了。查原文为：The term *Wei-yang* alludes to one's mother's brother's family, based on a poem in the *Books of Poetry* that commemorated Duke K'ang's meeting at *Wei-yang* with his mother's brother, Duke Wen, who helped him gain the throne of Chin。原来是说秦康公帮助晋文公取得晋国的王位，译者误会其意。严格地讲，帮助晋文公复国的应该说是秦穆公，而不是时为太子、在渭阳送别舅舅晋文公的秦康公。原作者在此表述不准确，译者也没有发现并指出。此类例子甚多，亦不限于此书，限于篇幅，恕不多举。

三、专名翻译错误

专名翻译的准确与否，其实也能反映译者对原文是否理解，是构成译文准确性的重要部分。严复当年感慨“一名之立，旬月踌躕”，既突出了专名翻译的重要性，更强调了它的艰难。近年来在学术界尤其是翻译界传为笑话的几个例子，如把 Mencius（孟子）音译为“孟修斯”，将 *The Art of War*（《孙子兵法》）直译作“《战争的艺术》”，将 Chiang Kai-shek（蒋介石）译作“常凯申”，都与汉学专名翻译有关。可见，汉学论著中的专名翻译不仅有其特殊性，而且问题较多，甚至比较严重，所以这里特别析出，分类加以论列。

第一，关于人名翻译。汉学著作中的人名，特别需要注意的是两类人名。第一类是某些特殊身份的西洋人物姓名。一般来说，西洋人名只要根据其读音翻译就可以，如有固定译法，遵循固定译法即可。但在汉学著作中，有几种特殊身份的西洋人物姓名却是例外。一种是汉学家，另一种是从事涉华事务的西洋人，包括传教士、商人和外交官等。这些人往往取有汉名，或者为其自拟，或者虽非自拟而却得到其本人认可，行之已久，约定俗成。翻译这些人名要尊重成规，尽量采用汉名，否则，轻者造成一些混乱，重者造成这些名字既有社会知名度及其历史文化内涵的流失。[①] 例如，把著名汉学家 Bernhard Karlgren（高本汉）译为“伯恩哈德·卡尔格林”[②]，把 David R. Knechtges（康达维）译作“戴维·克内克特格斯”[③]，虽然与正确读音有点距离，不能算大错，但至少显得不够专业。有些西洋人名拼法相似，读音相近，如果译者不审慎地加以辨别，也会张冠李戴，产生讹误。例如，有一本影响颇大的译著，把翻译《晚唐诗歌》的伦敦大学教授葛瑞汉，误作瑞典著名汉学家高本汉。[④] 此外，也有少数汉学家拥有两个汉名，一个为其自拟，一个虽非自拟而亦得到本人之认可，如研究中国史的汉学名家 Denis C. Twitchett，其本人自拟汉名为“杜希德”，但国内学术界多数译作“崔瑞德”，据说他本人也认可[⑤]，但不知他是否有点将错就错的无奈。

第二类则是华人姓名，这些姓名原来为汉字，但到了汉学论著中，

① 在这一方面，《在华耶稣会士列传及书目补编》及《近代来华外国人名辞典》（中国社会科学出版社，1981 年），皆应参考。陈引驰《何以会出现这样的错误——从〈西方汉学界的中国文论研究〉谈考察海外汉学的若干问题》（《文汇报》2003 年 5 月 22 日“学林”），亦曾专门论及这一问题。

② 《北美中国古典文学研究名家十年文选》，页 681。

③ ［英］崔瑞德、鲁惟一编，杨品泉等译：《剑桥中国秦汉史》，中国社会科学出版社，1992 年，页 554 注 80。

④ ［美］高友工、梅祖麟著，李世耀译，武菲校：《唐诗的魅力》，上海古籍出版社，1989 年，页 53、页 190 注 14、页 191 注 36。页 53 云：“按照高本汉（A. C. Graham）的解释”，误。页 191 注 36 又云：“高本汉，瑞典著名汉学家，此句引自他所翻译的《晚唐诗歌》。”此注是译者自加，非原注所有，而将《晚唐诗歌》作者张冠李戴，明显错误。

⑤ 赖瑞和：《追忆杜希德教授》，《汉学研究通讯》第 26 卷第 4 期（总第 104 期），2007 年 11 月。如流行颇广的《剑桥中国秦汉史》《剑桥中国隋唐史》《剑桥中国明代史》（中国社会科学出版社，1990 年、1992 年）即译其名为崔瑞德。

通常变成以拉丁字母拼写，而拼写方案五花八门，因时、因地、因人、因方言读音而异。如果说，翻译前文所述的那些西洋人姓名，关键是找到正确的汉化方案，那么，翻译华人姓名的关键则是还原。如果华人姓名出自原书所征引的中文文献，原书又详列出处或附有中文，译者只要覆检中文文献，便不难还原其汉名。除非原作者不标文献出处，或者该文献极为罕见难得，否则，这类人名应该不易译错。遗憾的是，这一方面仍有不少错译的例子，反映出某些译者态度不认真，而且严重缺乏专业知识。有一本书居然将庾信、庾开府误译作“虞信”“虞开府”，将“林传甲”译为“林川稼”，最不可思议的是，它还将评点《三国演义》的清初人毛宗岗译成了“毛泽东”！[①]另一方面，如果华人姓名出自西文文献，未附汉字，则还原汉名相对要难得多。二十世纪八十年代以前，在欧美汉学界普遍采用的汉字拼写方案是威妥玛式，与中国大陆长期以来推行的汉语拼音方案颇不相同，容易引起误会。在一篇研究诸宫调的汉学论文中，译者竟将戏曲研究名家柳无忌译成“刘武之”[②]，即因此而致误。

翻译港澳同胞和海外华侨尤其是东南亚华侨的西文名字时，需要特别慎重。他们有的采用威妥玛式来拼写姓名，有的采用其他的一些拼写方案，最难办的是，有时他们并不依据普通话（国语）读音，而是根据方言（粤语、客家话、厦门话等）读音，发音不易掌握，还原更难。如著名汉学家兼翻译家刘殿爵（D. C. Lau），其姓名经常被译错，有人译作“D. C. 洛”[③]，有人译作“劳”[④]，著名学者陈荣捷（Wing-tsit Chan）

① 《北美中国古典文学研究名家十年文选》，页148、661、303。

② 《欧洲中国古典文学研究名家十年文选》，页347、374。

③ 《北美中国古典文学研究名家十年文选》，页106。又，同书页107弗朗索瓦·郑（François Cheng）是“程纪贤（程抱一）”之误译。

④ ［美］刘若愚著，田守真、饶曙光译：《中国的文学理论》，页211注30、页259。《内闱——宋代的婚姻和妇女生活》，页257、272、278。

之姓氏也常被误译为“詹”[①]，皆因此名乃据方音拼写所致。另一方面，有些在海外生活的华侨、华人及华裔汉学家，为了适应西方的语言环境，也为了生活和工作的方便，不仅全部将汉名改用拉丁字母拼写，有的还会将汉名缩写为字母，另起一个洋名代用，只保留姓氏全拼，中西合璧，形成诸如 John C. Y. Wang（王靖宇）、James T. C. Liu（刘子健）、James J. Y. Liu（刘若愚）之类的姓名。不熟悉欧美汉学界情况的人，往往不明所以，率尔直译，就不免弄出“王约翰”[②]之类的译名。略有所知而不加小心，也有可能出错。有人就将研究中国历史的普林斯顿大学教授刘子健，误译为研究中国文学的斯坦福大学教授刘若愚[③]，只因二人都姓刘，且洋名 James 相同。此外，还有一种特殊的情况，即华裔女性出嫁之后，又在自己的姓氏之前冠以夫姓，遂有张孙康宜、赵叶嘉莹之类的署名，某些西文论著征引文献目录中甚至只标其夫姓，汉译时若照搬不改，也容易引起误解或混淆。如夫家姓钟（？）的秦家德（Chung, Priscilla Ching），因此被人错译成“崇青”，而德国汉学家马汉茂（Helmut Martin）之妻廖天琪（Martin-Liao, Tianchi），也就被错译成了“廖马丁”。[④]但是，也必须承认，由于信息渠道的限制，某些人名（特别是某些已经作古的人物）有时很难还原。在这种情况下，与其硬译，不如存而不译，还不失为审慎阙疑的态度。例如 Ngo Van Xuyet（吴文雪）这个名字，因为是越南人用的汉名，较难还原，如果暂时找不到其对应的汉字，宁可保留其西文姓名之原貌，不要硬译为恩戈·凡·许叶[⑤]，以免误

---

① 《内闱——宋代的婚姻和妇女生活》，页 257、272、278。

② 《中国的文学理论》，页 212、262。

③ 《中国制度史研究》，页 54 注 5。

④ 《内闱——宋代的婚姻和妇女生活》，页 279、292。

⑤ 《欧洲中国古典文学研究名家十年文选》，页 117。又同书页 40 Vincent Yuchung Shih（施友忠）、页 44 Wing-tsit Chan（陈荣捷）、页 307 Chun-fang Yu（于君方）、页 334 Chung-wen Shih（时钟雯）等一概不译，则似失于疏懒。

导读者。

第二，关于书名、篇名、报刊及出版社名称的翻译。书名、篇名所涉及的基本是汉名还原问题。在西方中国中古史研究中，于二十世纪五十到六十年代陆续出版的、由加州大学卜弼德教授主编的“中古史译丛”是一套重要的基础文献研究丛书。丛书中有一种，是由柏克莱加州大学教授罗杰斯译注的《晋书·苻坚载记》。而《美国中国学手册》页369译作《福建地方史》[①]，相差实在太远了。显然，译者既没有认真考察Fu Chien的拼法，更没有核对原书。这是书名误译之例，篇名误译亦不乏其例。美国学者包弼德在其名作《斯文：唐宋思想的转型》中提出，吴筠精通道术，并引薛爱华论吴筠诗《步虚词》(Cantos on Pacing the Void)一篇为证，《斯文》中文本误译吴作为《玄纲论》[②]，不仅误诗为文，混淆文体，而且令人无法覆按查考。至于中文出版社名，在西文中或采用意译，或采用威妥玛式拼写音译，回译时也要小心。最可笑的是有人将分布在大陆和港台的三家商务印务馆都译成了“商业出版社”[③]！

报刊名称也是专名的一种，除了汉名还原之外，还涉及尊重历史名称和约定俗成的习惯的问题。与汉学研究相关的报刊名，在翻译时不仅有其特殊性，亦有特别的困难。这些专名主要包括两类，一类是一些重要的汉学研究期刊，另一类是近代以来西方人在华所办的一些西文报刊，其共同点是其大多数都有中文名称，或者有一个约定俗成的中文译名。在翻译这些专名的时候，如果不加注意，不使用原中文报刊名，

---

① 又，此书页326译Vivien W. Ng为恩格，亦误，此人是华裔，其名字中的“W.”是Wai-ying之缩写，其姓当是“吴”(或“伍”)。同书页325 Franklin Chewlin Ng(吴兆伦)，译姓不误，而名当译作吴兆麟。

② [美]包弼德著，刘宁译:《斯文：唐宋思想的转型》，江苏人民出版社，2001年，页378。

③ 《内闱——宋代的婚姻和妇女生活》，页243、248、263、268、269、271。按：此书再版重印时此诸处已改正。

或者不遵循既有的规范，就会误导读者，或者使读者不知所云。例如 *Monumenta Serica* 是一份历史悠久的老牌汉学研究刊物，其中文刊名是《华裔学志》（"华裔"二字在此指"中国及其周边"），而有人不了解这一历史，将此刊物名译为《档案丛刊》①，暴露了其对欧美汉学历史的生疏。再如，*Chinese Repository* 是十九世纪前期在广州的西方商人所办的一份英文报纸，一般译为《中国丛报》，而在《十九世纪西方人眼中的中国》的《参考文献目录》中被译作《中国宝库》②，甚至还有人译为《中国博览》③。*Tamkang Review*（《淡江评论》）是台湾淡江大学主办的一份重要的英文学术期刊，其作者涵盖中欧美各地，却不幸被误译成《坦岗评论》④。近代外国人在华所办报刊的名字，如 *Shanghai Evening Post and Mercury*（《大美晚报》）、*North China Daily News*（《字林西报》）、*North China Herald*（《北华捷报》）等等，诸如此类的专名翻译也要特别注意。

此外，外国来华公司，如英资公司怡和洋行（Jardine, Matheson and Company，又译渣甸洋行）、美资公司旗昌洋行（Russell and Company），情况与此类似，如果不小心，也容易出错。

第三，其他专有名词的翻译。汉学论著涉及中国研究的各个学科，每个学科都有一些专有名词，如果不能准确翻译，对于正确理解原著、推动相关学科研究影响甚大。中国历史学和地理学研究中，有各种各样的专

① 《中国比较文学通讯》2002年第3期，总第50期，页38。
② ［英］约·罗伯茨编著，蒋重跃、刘林海译：《十九世纪西方人眼中的中国》，时事出版社，1999年。
③ ［德］傅吾康著，陈燕、袁媛译：《十九世纪的欧洲汉学》，原载任继愈主编：《国际汉学》第7辑，大象出版社，2002年；后收入《欧美汉学研究的历史与现状》，页119—129。此译名见页122。另外，此文页124将诸桥辙次《大汉和辞典》误译为《中文大词典》；页125将翟理斯误译为翟理思，将其《华英词典》（*A Chinese-English Dictionary*）误译为《英汉词典》；页127误译卫三畏为塞缪尔·韦尔斯。
④ 《中国的文学理论》，页262。

有名词，业内人士耳熟能详，而圈外人则难以完整掌握。《蒙元入侵前夜的中国日常生活》中有这样一段译文："在洗澡时不仅要洗净身体，还要洗净头发。为此，官员的俸禄被称之为'沐食'；而有关洗浴的中文词也就得到了'十天之期'的涵义。'起先的洗浴日'、'中间的洗浴日'、'最后的洗浴日'分别意指一个月的上旬、中旬和下旬。"[①] 所谓"沐食"，实际上应该译为"汤沐食"，正史中多见；"起先的洗浴日""中间的洗浴日""最后的洗浴日"等，应分别译为上浣、中浣和下浣，南宋人惯常以此指每月上、中、下旬，宋元典籍中司空见惯。又如，《中国中短篇叙事文学史》有一句译文"中原和南方的大城市诸如扬州和广东省"[②]，明显不合常识，因为广东是省，无论如何不能说是大城市。我没有见到此句原文，但基本上可以推断其原文是 Canton，此词在西文中指广州，而不是广东。正确理解此词，不仅需要地理常识，还要具备一定的中外交通史知识。而将 t'ien-ch'un（忝眷）、t'ien-ch'i（忝戚）分别译为"贱亲""贱戚"[③]，不仅不合原文读音，也反映了译者不熟悉宋代书启的用词习惯。

四、中文文献未还原

将西文汉学论著译为中文，还原原书所征引的中文文献，是译者必

① ［法］谢和耐著，刘东译：《蒙元入侵前夜的中国日常生活》，江苏人民出版社，1995 年，页 89。此段译文后译者有注："此句中文出处不详，权且直译出来，留待方家指教原文所本。"

② ［德］莫宜佳著，韦凌译：《中国中短篇叙事文学史》，华东师范大学出版社，2008 年，页 71。

③ 《内闱——宋代的婚姻和妇女生活》，页 74。

不可少的一门功课。这一工作的质量与成败，取决于译者的专业学识、工作态度及其努力程度。在这一方面，《内闱》初印本存在的问题颇为严重，多处中文文献没有还原。例如页 79 有一段译文，原文中征引《事林广记》前集卷一〇所录《拦门诗》《答拦门诗》，页 109 引魏仲恭《朱淑真诗集序》，初印本皆未还原中文文献，重印本虽然还原，但仍有误字。应该说，还原这些中文文献，并无多少技术难度，只要找到那些并不特别难找的原书，就能解决问题。稍微有点技术难度的是给核查到的中文原文标点，《内闱》中也经常看到标点断句的错误。例如，页 47—48 将洪适《盘州文集》卷六四《第五子婚书》点得支离破碎，可见译者昧于四六文之形式，没有读懂原文：

> 三世联姻旧矣。潘杨之睦，十缁讲好。惭于曷末之间，宋城之牍岂偶然。渭阳之情益深矣。伏承令女，施鞶有戒，是必敬从尔姑。第五子学箕未成，不能酷似其舅。爰谋泰卦用结欢盟。夸百两以盈门。初非竞侈，瞻三星之在户，行且告期。①

再如页 56 又将原出《后村先生大全集》卷一四〇《祭赵闽宰》的一段四言韵文，点得不成样子。译者的文言文阅读水平，在此显露无遗。

与《内闱》相比，《中国总论》中译本在中文文献还原方面用力甚勤，态度也较谨慎。此书《译后记》说道："原著引用中文著作很多，尽可能按原出处回译；未能查到原文的，则据英文译出。有一些引文虽可检出其出处，但为了便于看出著者对所引原文的理解，或所引英译与原文有出入，如《诗经》《道德经》的部分引文，则按英译之意予以译出，而不按原来中文回译。"这样处理也是审慎可取的。但是，原书所引中文

---

① 按此段应点作："三世联姻，旧矣潘杨之睦；十缁讲好，惭于曷末之间。宋城之牍岂偶然，渭阳之情益深矣。伏承令女施鞶有戒，是必敬从尔姑；第五子学箕未成，不能酷似其舅。爰谋泰卦，用结欢盟。夸百两以盈门，初非竞侈；瞻三星之在户，行且告期。"

诗文仍有几篇未能还原，未免美中不足。例如，《中国总论》页 493—494 所译《苏蕙颂》，中文原题《拟织锦图诗》，旧题苏蕙作，译者因“不明出处”，只好“据英译再行译出”，句式或为五言，或为七言。[①]译者已经注意到《璇玑图》（图文见《回文类聚》卷一），却未注意到《拟织锦图诗》（图文见《回文类聚》卷二）时，以致未能还原出正确的诗句（“君承皇诏安边戍，送君远别河桥路。含悲掩泪赠君言，莫忘恩情便长去。……”），可谓失之眉睫。又，页 479—480 有一段内容为讲解《圣谕广训》的译文，译者亦“未能查得原文”，只好“据英文转译”。其实，此段文字出自王又朴《圣谕广训衍说》第七条（从“你们者些愚民，都不晓得道理，就依着他们佛书上说……”到“假如你们不跟着《圣谕》上的教训学，止把《圣谕》念上几千遍几万遍，难道朝廷就喜欢你，给你官做，赏银子钱与你不成？”）[②]。因原文甚长，恕不具录。

五、版本选择、译注及其他问题

欧美汉学论著之中译，还要注意版本的问题。一些影响较大的汉学论著，其发行量往往比较大，也就有不止一种版本，甚至版本情况相当复杂。魏理的汉诗翻译及汉学著作基本上都有多种版本。卫三畏的《中国总论》也有 1847 年初版和 1883 年修订本，二者颇有出入。中译本正确选择以修订本为据，并认真比较了两种版本的异同，“著者在修订时删

---

① ［美］卫三畏著，陈俱译，陈绛校：《中国总论》，上海古籍出版社，2005 年。按：《中国丛报》（Vol.10, No.12 [Dec.1841]）中亦谈到此诗，并载其图，然似不出卫三畏之手。

② 据日本早稻田大学藏〔清〕王又朴著，吴鸿恩辑：《圣谕广训衍说》，光绪戊申（1908）广州重刊本，页 3b—5b。

掉的句子，如果还能说明一些问题，酌情将其保留在‘译注’中”①。这些译注不仅体现了译者的敬业精神，也提高了中译本的学术质量。

在汉学论著翻译中，译注可以发挥很大的作用。除了对西洋故实应该加注之外，对原书中所存在的明显属于硬伤性质的错误也应该提出。《内闱》页252、269将《清尊录》的作者廉布（字宣仲）误作廉宣，即属应予是正之例。至于《中国中短篇叙事文学史》页28竟称竹林七贤“之中有一位是妇女”，页42将张华《神女赋》当作汉赋，页45称《齐谐记》书名取自《庄子·齐谐》，页157称元代王士禛《西厢记》，页232将《八洞天》解释“带有八个洞的天空”，诸如此类的错误，荦荦大端，译者不能默不作声，否则以讹传讹，似乎对读者不负责任。

此外，汉学论著的中译，还应该根据这类著作的特殊情况，相应做一些措辞变通，或者文辞删减。这些论著在西方出版，书名或篇题常常要加上“中国”字样，中译时有时可以删减，不必照搬。有些论著引中文文献，多加注其西语译本，如引丁传靖《宋人轶事汇编》，多加注章楚（Djang Chu）英文译本，这类征引有时过于累赘，也可以酌情删削。如果译者对所译论题有一定专业基础，甚或是同行专家，那么，在译完全书之后，倘能以某种方式（例如前言或后记）发表自己的译后感言，或补充材料，或就其引证及分析阐述加以评述，或发挥其论点，相信对读者、对于译本质量的提高，都是有积极意义的。

以上论述多就目前欧美汉学论著中译中所存在的疵病提出批评，只是举例性质。这绝不是说在这些例子之外便无其他疵病；更非全盘否定目前的汉学论著翻译。提出这些问题的前提，是以肯定欧美汉学论著中译的重要性为前提的，但也希望唤起更多翻译及阅读此类论著的同行的

① 《中国总论》之《译后记》，页1135。

注意。如果有更多译者不断提高自身学术修养和语言水平，增加对西方汉学历史及现状的了解，熟悉相关的专业规范，则这一特殊的翻译事业必将得到繁荣健康的发展，最终为这一领域的国际学术交流和国内学术进步奠定良好的基础。

（原载《文史哲》2011年第4期）

拾玖
作为学术文献资源的欧美汉学研究

一、欧美汉学研究是一种学术文献资源

欧美汉学是国际汉学十分重要的一个组成部分。即使从法兰西公学院正式设立汉学讲座算起，欧美汉学研究至今也已经有将近两百年的历史。如果从传教士汉学时代算起，欧美汉学的历史就更长了。在数百年的漫长历程中，欧美汉学形成了一套自成系统的研究方法，也积累了相当丰厚的学术资源，在学术研究的热点、学术活动的组织、学术对话的体制甚至学术文献的征引使用上，都早已形成了一个相当自足的体系。这里强调其“自成系统”“相当自足”，只是强调其有一独特的发展道路和学术特色，并不是说这个体系是自我封闭、不可对话的，更不是不可置疑的。近年来，国际学术交流日益频繁，中外学界之间的来往越来越多，各种信息获取和交换的渠道渐次建立并愈益畅通，欧美汉学界与中国学界之间的对话也越来越多。实际上，对国际汉学特别是欧美汉学研

究成果的关注，已经成为近年国内学界的一个热点，在外国语言文学、比较文学以及有关中国古代文史研究的各学科，都有越来越多的学者参与到这一研究领域，有效地推动了这一领域的研究，使其粗具学科之形态。

诚然，关注国际汉学特别是欧美汉学的研究成果已经成为学界的一个热点，但是，只有好奇式的关注是不够的，甚至只有简单的热情也是不够的。由于主观和客观两方面各种条件的限制，这种关注呈现出相当显著的时间、地域与专业领域的差别。就时间而言，近年来学界在观念更新和视野开阔方面可谓与时俱进，所取得的成绩与改革开放以前甚至是改革开放初期相比，足以令人刮目相看。就地域而言，以京、沪、宁、杭、蓉、穗等为代表的大城市和中心城市，国际交流更加活跃，对国际汉学研究信息的获取也相对较多较易，其学术积累也较为丰厚；而其他一些较为偏远的城市高校和研究机构，条件则明显逊色。就专业领域而言，也存在着明显的不平衡。就我个人的观察而言，与国内中国古代史研究领域的学者相比，中国古代文学研究领域的学者对国际汉学研究讯息的重视和掌握，就相形见绌了。

总体来看，目前的国际汉学研究仍然存在着不全面、不及时、重当前而轻历史、重表面而轻深入等种种不足。所谓“不全面”，如果以欧美汉学为例，则表现为这种研究集中在美国以及英、法、德、荷等少数欧美国家，而没有全面涉及其他各国，即使是美、英、法、德、荷诸国的汉学家或汉学研究机构，也有冷热的不同。所谓“不及时”，是说在介绍讯息方面总有时间上的滞后，虽然随着网络和电子数据传输技术的发展和普及，这一局面现在已经有了极大的改观，但并没有完全解决。所谓“重当前而轻历史”，即在介绍过程中偏重当前或“二战”以后的学者及其研究成果，对于汉学研究现状的关注比较多，而对于汉学史上的诸多学者及其成果往往轻描淡写，一笔带过。实际上，这些学者的研究成果有很多至今仍有重要的参考价值。即使在历史上那些通常比较容易被忽视的中国典籍的外译著作中，也蕴含着某些对于中国古典的正确理解和精细探讨，值得我们关注。所谓“重表面而轻深入”，就是很多研究偏重于研究情况的介绍，对于这些研究的文献、方法以及理论问题，则没有深入的探讨。要言之，这些不足又与目前国内学界的现状有密切关系。

二、如何更好地利用这一资源

要解决这些问题，首先必须更新观念。中国研究是一门世界性的学问，国际汉学研究是这门学问的重要组成部分。国际汉学研究的历史积累，不仅是一种特殊的学术史文献，而且是不应忽略的思想资源。因此，关注国际汉学研究论著，不能简单地满足于猎奇式的信息搜集，也不能停留于当前最新信息的获取，而应该将这些信息置于学术史的系统脉络中做认真检视评判，作为进一步研究的文献基础和思想基础。将国际汉学研究作为一种学术资源，既可以丰富我们的研究文献，也有助于开拓我们的学术视野。显然，对待欧美汉学研究，也可以而且应该采取这样的态度。由于其语言、文化及学术传统与中国有较大差异，欧美学者在学术表达与思考方式方面，与同属东亚汉文化圈的日本、韩国等地学者有较大不同。在欧美接受教育并任教的华裔学者，其语言表达与思考方式也难免受欧美语言、文化及学术传统的影响。从这一角度来说，重视欧美汉学研究成果，并将其作为文献资源加以整理，以便参考利用，其特具之急迫性不言而喻。个人以为，目前有如下几项工作亟待展开：

第一，从学术文献整理的角度，分学科、系统地编纂中外文对照的专业论著索引。就欧美学者的中国文学研究而言，这一工作显得相当迫切。这些论著至少应该包括汉学专著、汉籍外译本及其附论（尤其是其前言、后记）、各种教材（包括文学史与作品选）、期刊论文、学位论文等几大项。其中，汉籍外译本与学位论文这两项比较容易被人忽略。这些论著中提出或涉及的学术问题林林总总，如果并没有广为中国学术界知闻，当然也就谈不上批判或吸收。

第二，从学术史角度清理学术积累，编纂重要论著的书目提要。从汉学史上已出版的研究中国文学的专著中，选取有价值的、有影响的，特别是有学术史意义的著作，每种写一篇两三千字的书目提要，述其内容大要、方法特点，并对其做学术史之源流梳理。对这些海外汉学文献的整理，就是学术史的建设，其道理与第一点是一样的。

第三，从学术术语与话语沟通的角度，编纂一册中英文术语对照词典。就中国文学研究而言，目前在世界范围内，英语与汉语是两种最重要的工作语言。但是，对于同一个中国文学专有名词，往往有多种不同的英语表达法，国内学界英译中国文学术语时，词不达意、生拉硬扯的现象时或可见，极不利于中外学者的沟通和中外学术的交流。如有一册较好的中英文中国文学术语词典，不仅对于中国研究者，而且对于学习中国文学的外国人，都有很大的实用价值。

第四，在系统清理研判的基础上，编写一部国际汉学史略。坊间已有的几种国际汉学史，存在的问题或多或少，比较明显的有如下三点：

首先，是将各国汉学史彼此分割开来，作为一个孤立的对象，而没有将其作为一种互相联系、相互沟通的整体来看。欧美各国学者之间的联系非常多，他们同在一个学术刊物上发表论文，共同参加或组织学术会议进行学术对话，人员之间常有交往与流动。例如，“二战”期间以及“二战”以后德国汉学家大量外迁，有的去了英国，有的去了美国，就是一次相当集中的人员流动。而“二战”以后，美国汉学研究日益兴盛，在美国接受汉学教育的不仅有美国学生，而且有很多外国学生，包括来自中国以及美国以外的其他西方国家的学生。这些学生学成毕业之后，或留在美国各大专院校或研究机构从事教学和研究工作，或选择到美国以外的其他国家从事类似的工作。这种人员流动亦是学术交流的形式之一，它显著地促进了国际汉学学术共同体的形成。

其次，是较少注意国外汉学界与中国学术界的联系和互动。应该说，这种联系和互动早就存在，可以远溯至耶稣会传教士来华那个时代，二十世纪以来，中外汉学学术界的交往更加密切，必须作为国际汉学史的考察对象。这一方面，桑兵的《国学与汉学：近代中外学界交往录》（浙江人民出版社，1999 年）以及叶隽的《主体的迁变——从德国传教士到留德学人群》（上海外语教育出版社，2008 年）等书已经有了良好的开端，但这一研究思路仍有待推广，这种注意中外学界互动关系的意识亦有待加强。

最后，是较少注意域外汉籍与国际汉学研究之间的关系。近年来，域外汉籍研究越来越引起学术界的注目，但是，现有的研究比较多地集中在日本、韩国、越南等东亚诸国，而对欧美各国所藏汉籍的研究则比较少。另一方面，大多数域外汉籍研究者比较关注的是这些文献的珍稀性，而对非珍稀文献在域外所发挥的特殊作用关注较少。例如，曾经长期担任驻华外交官、后来担任剑桥大学汉学教授的威妥玛，收藏了很多汉籍，翟理斯曾经为其编撰了书目。这些书多非稀罕品，但却在一定程度上反映了那时代英国汉学界的文献视野。在翟理斯的汉学研究中，这些书目发挥了重要的作用。对照威妥玛书目与翟理斯的《中国文学史》《古诗选珍》《古文选珍》等汉学著作，便会发现，翟理斯诸书与威妥玛书目之间存在对应关系。

学术研究是不分时间的，不分国界的，不分语言的，所以，调查、整理、运用学术文献资源，也不能以当今为限，不能以中国为限，不能以中文为限。将欧美汉学研究成果作为一种文献资源，才能开阔视野，知己知彼，胸怀全局。在此基础上，中国学界的国际汉学研究才能跨越简单的讯息介绍，而进入真正的学术交流和融会贯通。

（原载《文学遗产》2012年第2期）

贰拾
汉学主义、中国学主义与国学主义

一、汉学主义与汉学历史

我的专业是中国古代文学与文化的研究，近十几年来，出于了解国外同行研究信息的需要，也比较关注国际汉学的研究动态。最近，注意到以顾明栋教授、周宁教授为代表的一些学者在报纸杂志上发表文章，提出“汉学主义”（Sinologism）的概念，并做了一些论述。这两位学者有不同的学术背景，他们对于同一问题的论述有各自不同的出发点，也有各自不同的指向。周宁教授研究西方人的中国观已持续多年，是这一领域成就卓著的学者。显然，他的论述更多是基于他自身所拥有的丰厚的形象学研究的基础，从文化交流史的角度，分析形象的走样、变形或者扭曲背后的深层原因及其意义。而顾明栋教授似乎更着重于将汉学主义视为一种包含概念、理论、方法和范式于一体的隐性体系，着眼于其方法论与认识论及其背后的意识形态意义。如果说，周宁教授的论述是历史研究的延伸，那么，顾明栋教授的论述则似乎可以说是学术史现状的分析。虽然各自切入的角度显著不同，但是，同样显著的是，他们具有相同的理论思考和现实关怀的热忱。这一点无疑应该充分肯定，并且应该特别加以注意。

“汉学主义”这个概念，是在“汉学”这个概念的基础之上提出来的。因此，在讨论“汉学主义”这一概念之前，我认为，有必要先厘清“汉学”这一概念的内涵和外延。实际上，对于“汉学”这一术语的界定和理解，目前学术界并没有达成一致的意见。其主要观点至少有三种：第一种认为“汉学”是指国外学者对于古代中国以及中国周边民族文化的研究；第二种认为“汉学”既包括国外学者对于中国历史文化的研究，也包括国外学者对现当代中国社会文化及其现状的研究；第三种认为“汉学”研究不仅包括国外学者对传统中国历史文化的研究，也应该包括中国学者对中国历史文化的研究。这三种观点对“汉学”的研究主体、研究对象，特别是研究对象的时空范围，理解颇相径庭。而“汉学主义”的概念，显然只能基于前两种观点之上，就这一概念展开论述的具体情形来看，应当更倾向于采用第二种观点对“汉学”一词的界定。对于研究对象的理解，第一种观点与第二种观点有所不同，但二者都强调其研究主体是国外学者，而且主要是指西方学者。但仔细分析起来，在国外（西方）学者这一共名之下，其实包含着千差万别的个体，就其研究方法和学术理念来说，个体之间的不同很难用简单的几句话就概括周全，说明清楚。

众所周知，西方汉学历史悠久，按照目前学术界比较通行的一种说法，它经历过游记汉学、传教士汉学、经院汉学以及现代汉学等几个发展阶段。不同发展阶段的西方汉学，连同其各自的特点及其优劣短长，构成了西方汉学的历史传统。从社会背景上看，西方汉学发展史几乎是与西方列强殖民史相伴而行，列强对中国的殖民政策导向，在一定程度上促成了汉学教育机构的成立和汉学教授职位的设置。从学术历史上看，西方汉学研究队伍较强、成就较高、影响较大的法国、德国、英国、荷兰以及相对后起的美国，也正是殖民时代的西方列强。这一现象无疑彰显了汉学研究兴起的殖民背景，但是，简单地将汉学研究与殖民话语等同起来，显然是不妥当的。殖民政策所刺激的是汉语教育和对中国知识的兴趣，而不是严格意义上的学术教育和研究兴趣，其所培养的人才也是商务、外交或者传教等方面的实用人才，而不是真正的汉学家，尽管在早期汉学家中，确实有很多人是由这些商人、外交官或传教士转变过来的。一方面，他们的身份背景当然会对其汉学研究产生作用，但同时也必须看到，他们在中国的实地生活体验，对于他们理解和研究中国社会文化，也产生了积极的影响。另一方面，从学术研究的角度来看，对今天的学术研究影响更直接也更大的，应该说是现当代西方汉学所代表的那个学术传统，而实际上，这个传统中又包括了传统欧陆汉学和战后美国中国学两个小传统。

这里所谓欧陆汉学，是指十九世纪以来在欧洲大陆形成的汉学研究传统。1814 年，法国在皇家科学院（今法兰西公学院）设置了西方第一个汉学与满文讲座教授，法国汉学界泰斗雷慕沙出任首任讲座教授，开创了西方汉学研究的语文学传统。这一研究传统以法国、德国、英国、荷兰等国为主要基地，其学术研究在领域上重视古典中国及其与四裔的关系，在对象上重视基础文献，在方法上重视语文学训练，并注意借鉴欧洲东方学以及古典学的研究成果。在这个传统中，有一批皓首穷经的学究型学者，他们取得了一系列令人瞩目的研究成果，为后来的欧美汉学研究打下了重要的基础，对十九世纪以迄二十世纪前半期的汉学研究，产生了深远的影响。直到今天，在某些领域、某些学者身上，仍然可以看到这一学术传统的余波。欧陆汉学的语文学研究传统，强调将文本阐释建立在字义训诂的基础之上，颇有点像中国传统的小学。但他们字斟句酌，例如，有人将“娥皇”译为Fairy Radiance，将“女英”译为Maiden Bloom，将“贵妃”译为precious consort，貌似直译，忠于原文，有时候其实也不免过度阐释，其中不免融入他们对中国历史和文化的想象，但这与“汉学主义”似乎并不是一回事。

战后中国学基本上是从第二次世界大战以后在美国发展起来的。第二次世界大战期间及战后，大批外国尤其是欧洲大陆的汉学人才移居美国，为美国汉学研究的兴旺发达提供了人才基础；战后美国的强盛国力，则为此提供了人力物力资源等经济保障；战后逐渐形成并日益加剧的东西方“冷战”的国际局势，又为推动汉学研究提供了强劲的政治后援。战后美国中国学在研究领域、对象以及方法等方面，与传统欧陆汉学都大有不同。其研究领域拓展到政治、经济诸领域，其研究对象则以现当代中国为重点，尤其关注中国的现状，其研究方法则大量引入西方现代社会科学各学科（如社会学、人类学、经济学、统计学等）的方法。如果说，欧陆汉学属于东方学或者西方古典学的一支，其古典与传统的指向较为明确，那么，美国中国学则是属于战后兴起的区域研究的一部分，其现代和实用的取向亦较明显。因此，在英文中，中国学被称为“中国研究”（Chinese studies）。总之，一方面，从学术传统和研究方法两方面来看，汉学与中国学都是外国人研究中国的学问，其与中国人研究自己的学问的国学是截然不同的。另一方面，同样是外国人研究中国的学问，中国学与汉学二者之间，其学术传统和研究方法又有明显的不同。

二、汉学主义与国学主义

如前所述，“汉学主义”这个概念，是以“汉学”这个概念为基础的。那么，顾教授等人为什么采用“汉学主义”的提法，而不采用“中国学主义”的提法？一种可能是，在他们看来，“汉学主义”就是“中国学主义”，这两种提法之间本没有分别，所以，用哪一种提法都可以，只不过“汉学”作为学科名称，其历史更为久长一些，因此择而用之。另外一种可能是，汉学主要是指外国人对古典中国的研究，而对于外国人来说，传统中国不仅有空间的距离、时间的距离，还有语言的隔阂，因此，其研究中的“汉学主义”倾向自也更为突出一些，故而采用“汉学主义”的提法。当然，这仅仅是我的猜测而已。不管怎样，在西方知识传统和学术体系中，汉学或者中国学应该说是一个比较边缘的学科，而这些年来，汉学研究或中国学研究在中国国内却受到了相当多的学术关注，在某些场合和语境中，这一边缘学术俨然已成为中心话题。“汉学主义”这一概念的提出，并且受到学术界的关注，似乎也与这一学科从边缘到中心易位的学术背景有一定关系。

顾明栋教授在论述中指出，“汉学主义”从根本上说就是一种思想殖民，其具体表现就是拒绝或者不愿意从中国自身来研究中国，而是站在西方的立场，以西方认识论为标准来认识和研究中国。他并且担心中国学者因为急于“与国际接轨”，而唯西方马首是瞻，在知识、精神和自我等方面陷入于自我殖民。从原始出发点来看，“与国际接轨”本来是一个很好的提法，问题在于不能将其简单化。所谓“国际”本来包括很多国家，所谓“轨”更不止一条，应该跟哪个国家、哪条轨道对接，也要具体问题具体分析。比如，对于西方汉学不能笼统对待，对于西方汉学家也不能一概言之，他们的身份背景、学术背景、学术方法及其理念各不相同，只有具体分析，才能准确立论。

在现当代西方汉学家中，华裔学者是比较特殊的一个群体。就身份背景来说，他们有的来自中国大陆，有的来自台湾或者香港，有的来自东南亚，有的是"二战"后赴美留学，有的是新时期以后才出国的，而赴美以前的教育背景与学术基础也各不相同。在他们身上有没有"汉学主义"？如果有，是如何表现的？与非华裔学者有何异同？这些都需要仔细分辨，有待深入讨论。

值得强调的是，西方汉学并不是一个封闭的系统，也不是一个静止的系统。它不断吸纳来自中国和西方的各种学术信息与研究资源，并且从十九世纪开始，通过中西方学者的合作、对话与交流，参与到近现代中国学术传统的建设进程之中。以英国汉学史为例，十九世纪英国汉学家理雅各与王韬合作翻译中国经典，二十世纪著名英国汉学家霍克思留学北京大学，著名学者李约瑟（Joseph Needham）不仅有在中国工作和生活的经历，而且其对于中国科学技术史的研究，也大量吸收华裔学者参与。而在二十世纪中国学术史上做出重大贡献的文史学者中，很多人都曾经留学西方、受惠于西方汉学，例如胡适、陈寅恪、李济、李方桂、周一良等。实际上，西方汉学传统早已进入中国现代学术传统之中。瑞典汉学家高本汉的汉语语言学研究，对于现代中国学术的影响，已是有目共睹。另一方面，像杨联陞、余英时这样的学者，他们既有良好的中国学术基础，又接受了良好的西方学术教育，由于长期活跃于西方汉学界，也就能将中国的学术方法及理念传播于西方汉学界。总之，当今之世，在中国或者外国研究中国学问，早已是你中有我，我中有你，很难确定哪些纯粹是东方的，哪些纯粹是西方的。近年来，在中国大陆、香港和台湾，都有越来越多从西方学成归来的学人，活跃于人文及社会科学研究各领域，在他们的学术中，多少都可以看出东西交汇的特征。如果说有“汉学主义”，那么，恐怕也不只是存在西方的研究和认识中，而是内在中国的学术传统之中。

2007 年 12 月 5 日，我曾经在南京大学研究生会“国学讲坛”上，做了一次题为《国学、汉学、中国学：一种学问，三个世界——全球化时代的中国文化研究及其他》的演讲。我的主旨是，从表面上看，国学、汉学和中国学各有各的历史，各有各的方法，也各有各的传统，但实质上，三者都是研究中国文化的学问；从长远来看是可以而且必须融通的，所谓天下大势，合久必分，分久必合。支持从分到合、由多返一的理由，存在于历史经验、体制建设以及全球对话等方面。当然，从目前来看，这种期望仍是理想多于现实。但是，正如刘东在为《喜玛拉雅学术文库·阅读中国系列》撰写的序言中所曾经指出的：“在这种深深的渴望之中，国学与汉学这两种自成系统的学术话语，在彼此解构与相互竞争的同时，就仍有可能彼此解毒和相互补充，从而在文明之间激发出辩证发展的‘中国性’来。”

我在那次讲座中，还提出了研究中国学问的三个世界的说法。无疑，这个说法借鉴了毛泽东主席关于“三个世界”划分的提法。毛主席的提法，体现了他对于世界局势的宏观理解，是从政治、经济、军事力量等方面所做的全局把握。我在讲座中借用其说，而加以变通，以中国为研究中国学问的第一世界，以日本为代表的东亚汉文化圈为第二世界，以欧美诸国为第三世界。现在看来，我当时做这样的划分，主要是看谁是研究中国学问的大国，而没有更多考虑谁是这一领域研究的强国。不管“汉学主义”的现象是否存在，这一提法至少提醒我们，在衡量和评判中国研究各方的实力时，不仅要看谁是大国，更要看谁是强国，谁的学术影响最深远持久。

纵观学术历史，可以看出，中国、日本、欧美，国学、汉学、中国学，各自有不同的学术焦点和研究范式，也有各自不同的观念与方法，并形成各自的学术圈子与传统。同样，他们各自也或多或少存在认识的盲点和观念的偏差。如果说存在“汉学主义”，那么，似乎也可以说同样存在着“国学主义”，只怕我们身处庐山之中，容易对“国学主义”习焉不察。无论哪一种“主义”，我觉得，都是对研究对象有距离感或者隔阂感，导致认识偏差，理解不足，其中可能也有非学术因素的干扰，但是不是严重到了必须以“主义”相称，我是有一点迟疑的。就学术论学术，具体问题具体分析，纠其偏差，补其不足，取其优长，似乎也就够了。

如果说汉学是对国学所代表的那一套中国知识与学术传统的解构，那么，在当下对“汉学主义”这一概念做一番理论探索，则有一种“解构的解构”的意味。当然，我们的目的不在于解构，而是希望在此基础上，能够有学术思考的深化推进。

（原载《跨文化对话》第 28 辑，
生活 · 读书 · 新知三联书店，2011 年）

图书在版编目（CIP）数据

凿壁借光：海外汉学论丛 / 程章灿著 . — 北京：商务印书馆，2023
ISBN 978-7-100-20828-4

Ⅰ. ①凿…　Ⅱ. ①程…　Ⅲ. ①汉学—研究—国外
Ⅳ. ① K207.8

中国版本图书馆 CIP 数据核字（2022）第 037982 号

凿壁借光
海外汉学论丛
程章灿　著

商　务　印　书　馆　出　版
（北京王府井大街 36 号　邮政编码 100710）
商　务　印　书　馆　发　行
山东韵杰文化科技有限公司印刷
ISBN 978-7-100-20828-4

2023 年 4 月第 1 版　　　　开本 670×970　1/16
2023 年 4 月第 1 次印刷　　印张 22 ¾

定价：126.00 元